东南学术文库
SOUTHEAST UNIVERSITY ACADEMIC LIBRARY

扩展与创新
劳教废止后社区矫正的职能定位与处遇模式

Extention and Innovation:
the Orientation of Function and the Treatment Mode of Community Corrections after
the Abolishment of the Labor Correction System

李 川 ● 著

东南大学出版社
· 南京 ·

图书在版编目(CIP)数据

扩展与创新:劳教废止后社区矫正的职能定位与处遇模式/李川著. —南京:东南大学出版社,2022.3
ISBN 978-7-5766-0052-0

Ⅰ.①扩⋯ Ⅱ.①李⋯ Ⅲ.①社区-监督改造-研究 Ⅳ.①D926.7

中国版本图书馆 CIP 数据核字(2022)第 042864 号

◎ 本书为"国家社科基金青年项目"成果(项目批准号:15CFX026)

扩展与创新:劳教废止后社区矫正的职能定位与处遇模式
Kuozhan yu Chuangxin: Laojiao Feizhi Hou Shequ Jiaozheng de Zhineng Dingwei yu Chuyu Moshi

著　　者:	李　川
出版发行:	东南大学出版社
社　　址:	南京市四牌楼 2 号　邮编:210096　电话:025-83793330
网　　址:	http://www.seupress.com
经　　销:	全国各地新华书店
排　　版:	南京星光测绘科技有限公司
印　　刷:	南京凯德印刷有限公司
开　　本:	700 mm×1000 mm　1/16
印　　张:	16.75
字　　数:	320 千字
版　　次:	2022 年 3 月第 1 版
印　　次:	2022 年 3 月第 1 次印刷
书　　号:	ISBN 978-7-5766-0052-0
定　　价:	78.00 元(精装)

本社图书若有印装质量问题,请直接与营销部联系。电话:025-83791830
责任编辑:刘庆楚　责任印制:周荣虎　封面设计:企图书装

编委会名单

主 任 委 员：郭广银
副主任委员：周佑勇　樊和平
委　　　员：（以姓氏笔画为序）
　　　　　　王廷信　王　珏　龙迪勇　仲伟俊
　　　　　　刘艳红　刘　魁　江建中　李霄翔
　　　　　　邱　斌　汪小洋　陈志斌　陈美华
　　　　　　欧阳本祺　袁久红　徐子方　徐康宁
　　　　　　徐　嘉　董　群
秘　书　长：江建中
编务人员：甘　锋　刘庆楚

身处南雍　心接学衡
——《东南学术文库》序

每到三月梧桐萌芽,东南大学四牌楼校区都会雾起一层新绿。若是有停放在路边的车辆,不消多久就和路面一起着上了颜色。从校园穿行而过,鬓后鬟前也免不了会沾上这些细密嫩屑。掸下细看,是五瓣的青芽。一直走出南门,植物的清香才淡下来。回首望去,质朴白石门内掩映的大礼堂,正衬着初春的朦胧图景。

细数其史,张之洞初建两江师范学堂,始启教习传统。后定名中央,蔚为亚洲之冠,一时英杰荟萃。可惜书生处所,终难避时运。待旧邦新造,工学院声名鹊起,恢复旧称东南,终成就今日学府。但凡游人来宁,此处都是值得一赏的好风景。短短数百米,却是大学魅力的极致诠释。治学处的静谧景,草木楼阁无言,但又似轻缓倾吐方寸之地上的往事。驻足回味,南雍余韵未散,学衡旧音绕梁。大学之道,大师之道矣。高等学府的底蕴,不在对楼堂物件的继受,更要仰赖学养文脉之传承。昔日柳诒徵、梅光迪、吴宓、胡先骕、韩忠谟、钱端升、梅仲协、史尚宽诸先贤大儒的所思所虑,求真求是的人文社科精气神,时至今日依然是东南大学的宝贵财富。给予后人滋养,勉励吾辈精进。

由于历史原因,东南大学一度以工科见长。但人文之脉未断,问道之志不泯。时值国家大力建设世界一流高校的宝贵契机,东南大学作为国内顶尖学府之一,自然不会缺席。学校现已建成人文学院、马克思主义学院、艺术学院、经济管理学院、法学院、外国语学院、体育系等成建制人文社科院系,共涉及6大学科门类、5个一级博士点学科、19个一级硕士点学科。人文社科专任教师800余人,其中教授近百位,"长江学者"、国家"万人计划"哲学社会科学领军人才、全国文化名家、"马工程"首席专家等人文社科领域内顶尖人才济济一堂。院系建设、人才储备以及研究平台等方面多年来的铢积锱累,为东南大学人文社科的进一步发展奠定了坚实基础。

在深厚人文社科历史积淀传承基础上,立足国际一流科研型综合性大学之定位,东南大学力筹"强精优"、蕴含"东大气质"的一流精品文科,鼎力推动人文社科科研工作,成果喜人。近年来,承担了近三百项国家级、省部级人文社科项目课题研究工作,涌现出一大批高质量的优秀成果,获得省部级以上科研奖励近百项。人文社科科研发展之迅猛,不仅在理工科优势高校中名列前茅,更大有赶超传统人文社科优势院校之势。

东南学人深知治学路艰,人文社科建设需戒骄戒躁,忌好大喜功,宜勤勉耕耘。不积跬步,无以至千里;不积小流,无以成江海。唯有以辞藻文章的点滴推敲,方可成就百世流芳的绝句。适时出版东南大学人文社科研究成果,既是积极服务社会公众之举,也是提升东南大学的知名度和影响力,为东南大学建设国际知名高水平一流大学贡献心力的表现。而通观当今图书出版之态势,全国每年出版新书逾四十万种,零散单册发行极易淹埋于茫茫书海中,因此更需积聚力量、整体策划、持之以恒,通过出版系列学术丛书之形式,集中向社会展示、宣传东南大学和东南大学人文社科的形象和实力。秉持记录、分享、反思、共进的人文社科学科建设理念,我们郑重推出这套《东南学术文库》,将近些年来东南大学人文社科诸君的研究和思考,付之枣梨,以飨读者。知我罪我,留待社会评判!

是为序。

《东南学术文库》编委会
2016 年 1 月

内容简介

针对违法犯罪治理的处遇职能论随着社会治理需求的复杂化与处遇机制的多元化而丰富发展。受到新时代风险管控与被害修复等新兴理念影响，科学的处遇制度应满足一般预防、特殊预防、风险预防、修复预防的多面向职能需求，处遇机制相应地必须形成惩罚威慑、教育矫治、监督管控、社会修复的复合模式，这一多元处遇职能与机制原理成为一般性的检验各种社会处遇制度的必要性与合理性标准。本书运用上述处遇职能论基本原理，从违法犯罪治理一体化视角检视劳教废止问题，从而发掘出被忽视的、决定劳教废止的关键动因在于其职能缺陷，由此进一步确立劳教废止后的职能漏洞所在；在职能漏洞填补的意义上提出并论证了真正契合劳教废止后填补需求的是社区矫正治理方案；而要实现社区矫正方案，就要适度扩张社区矫正适用范围到治安违法治理领域，这就为充分发挥社区矫正灵活多元的职能优势提供了制度创新契机。本书不仅进一步研究提出了新设治安社区矫正、实现行刑与治安违法处遇的双层社区矫正体系的制度构想，还研究提出了作为社区矫正制度扩张基础的多元职能体系与中间多元处遇模式，研究了治安社区矫正的制度设计与配套制度的完善；最后着眼于实践，提出了替代劳教的治安社区矫正的落实路径方案，即将治安社区矫正纳入治安管理处罚制度、丰富该处罚制度为处遇制度，同时解决治安管理处罚的单一惩罚机能问题，并且以治安社区矫正替代废止的收容教养制度的职能与措施，解决遗留的刑法与治安管理衔接适用问题。

目　录

绪　论 ………………………………………………………………… (1)

第一章　劳动教养废止的本因再检视 ……………………………… (22)
　　第一节　废止前劳动教养的基本特征 ………………………… (23)
　　第二节　劳动教养的三大主要缺陷及其价值威胁 …………… (37)
　　第三节　从制度改废之争反思劳教废止的真正动因 ………… (51)

第二章　决定劳教废止的处遇职能论原理 ………………………… (62)
　　第一节　社会处遇职能及其机制的演进谱系 ………………… (63)
　　第二节　社会处遇的多元职能与特殊职能 …………………… (83)
　　第三节　处遇职能视野下劳动教养废止的根本原因 ………… (110)

第三章　劳教废止后社区矫正填补方案的合理性和可行性 ……… (121)
　　第一节　后劳教时代社会治理空白问题 ……………………… (123)
　　第二节　社区矫正方案的最佳契合性 ………………………… (140)
　　第三节　社区矫正扩张的必要性与可行性 …………………… (150)

第四章　社区矫正扩张后的处遇职能原理 ………………………… (159)
　　第一节　后矫治时代广义社区矫正的多元职能 ……………… (160)

第二节　社区矫正复合职能体系的结构辨析 ·················(171)

第五章　扩张视野下治安社区矫正的新设与衔接 ·············(181)
　　第一节　扩张背景下治安社区矫正的产生与定位 ··········(182)
　　第二节　治安社区矫正之制度设置 ·····························(188)
　　第三节　治安社区矫正与行刑社区矫正的区分与衔接 ···(208)

第六章　折中处遇模式的形成与借鉴 ······························(213)
　　第一节　折中处遇模式借鉴的必要性 ·························(213)
　　第二节　折中处遇模式的优势与内涵 ·························(217)
　　第三节　折中处遇模式的制度定位选择 ·····················(229)

第七章　后劳教时代治安社区矫正的实践路径 ·················(232)
　　第一节　从处罚到处遇：纳入治安管理的治安社区矫正实现路径
　　　　　　···(233)
　　第二节　治安社区矫正制度对收容教育的替代 ············(245)

结　语　后劳教时代社区矫正扩张的核心价值 ·················(253)

绪 论

劳教废止后社区矫正扩张的创新原理

一、本书的研究缘起

2013年12月28日第十二届全国人民代表大会常务委员会第六次会议审议通过了《全国人民代表大会常务委员会关于废止有关劳动教养法律规定的决定》,标志着实行了半个多世纪的劳动教养(简称"劳教")制度被正式废止。劳动教养的废止无疑解决了该制度长期存在的规范缺失、程序失当、措施异化等种种严重弊端,是法治领域里程碑式的重大制度变革;然而就社会处遇的体系性意义而言,劳动教养制度绝非一废了之如此简单,这种在违法犯罪治理制度层面只废不立的做法并没有使原劳动教养对象无法得到有效治理的问题被妥当解决,反而逐渐形成了刑罚与治安管理处罚两大基本处遇制度都无法覆盖的治理真空领域。虽然劳教废止后存在诸如通过刑法修正案或司法解释扩张少量犯罪的入罪范围、纳入少量原劳动教养对象的零星应对做法[1],

---

[1] 例如《中华人民共和国刑法修正案(八)》将原"盗窃公私财物,数额较大或者多次盗窃的"规定修改为"盗窃公私财物,数额较大的,或者多次盗窃、入户盗窃、携带凶器盗窃、扒窃的",增设了盗窃罪的行为方式入罪标准,将入户盗窃、携带凶器盗窃、扒窃直接规定为盗窃罪,这就扩大了盗窃罪的犯罪圈,降低了盗窃罪的入罪门槛,将原本作为劳动教养对象的几种盗窃行为纳入犯罪处理,在盗窃这一局部问题上缓解了劳动教养废止之后原劳教适用对象无从治理的问题。但刑法的类似修改属个别现象,大部分原劳动教养适用范围的行为并未被纳入犯罪范围。

但考虑到曾经数量庞大的劳教适用对象[1]、相对完整的劳教运行体系、长期广泛的劳教实践积累以及威慑较轻违法行为的劳教独特功能,这些零星做法还远远不足以填补劳教废止后产生的社会处遇整体机制之治理漏洞;除非体系性地研究设置契合的社会处遇制度方案,否则就难以防范治安维护体系的缺口,进而产生社会治理的现实问题。因此本书正是基于这一研究需求切入,运用在劳教的理论探讨中相对被忽视的,但又对社会治理制度存废有普遍决定意义的处遇职能论原理,从回溯检视劳动教养废止的真正动因开始,深入挖掘尚未被明确的,却决定劳教废止的劳动教养深层职能之弊,并在此基础上发现劳教废止后的真正治理职能漏洞所在,为填补劳教废止的治理空白探寻真正科学完善的制度方案。

首先,随着时代变迁与社会处遇需求的日渐丰富,当前处遇职能论已经从传统的一般预防或一般与特殊的双重预防进展到整合一般预防、特殊预防、危险预防、修复预防的多元处遇职能论,而为满足多元职能,处遇制度应具备威慑、矫治、管控与修复的多重复合机制;进一步,在多元处遇职能中针对原劳教对象所属的较轻违法行为人还存在着特殊预防职能优先的特点。这一职能论如前所述,是检视劳教废止问题的基本原理。

其次,在多元处遇职能论视野下,以关押式教养为核心的劳动教养既不能满足多元处遇制度需求,也不能满足特殊预防优先的职能需求,从而具备根本的废止必要性。而劳教废止只消解了劳动教养基本的职能弊端,但本就未能满足的处遇职能并不会随着劳教废止自然得到满足,且劳教废止还使其本身存在的局部职能也同时消解,全面的职能空白自然就此形成,因而需要其他治理制度进行填补。然而现有的轻罪说、保安处分说、类型化分流处理说等填补方案相较之下都难以满足职能论的需求,而只有社区矫正方案基于其较轻人身危险性处遇对象的契合特点与灵活多元的处遇机制成为能够有效满足多元处遇职能需求的、填补劳教废止后治理空白的最佳制度选择。

再次,《中华人民共和国社区矫正法》(以下简称《社区矫正法》)为扩张社区矫正以满足劳教废止后的漏洞填补功能提供了充分制度空间。社区矫正要进一步发挥劳教废止后治理漏洞的填补机能,就必须超越当前仅限于行刑

---

[1] 数据统计,决定废止劳动教养制度时的2013年1月全国各地劳动教养场所仍羁押劳教人员6万余人。劳教人数达峰值的2003年,收容劳教人数达31万人。参见郭晶:《劳动教养废止后的制度抉择——基于"弊端革除"与"功能赋予"理念的碰撞》,《探索与争鸣》2014年第2期。

领域的狭窄适用范围,扩张到原劳教适用的治安违法处遇领域,这一扩张做法无论从理论上还是从世界已有先进经验上都有其合理性与可行性。而2020年7月1日生效的《社区矫正法》暂时并未明确地将社区矫正限定于刑罚制度的行刑措施属性上,从而为社区矫正制度向治安违法处遇领域扩展提供了法律机遇,扩张后的社区矫正制度通过新设置针对治安违法行为的治安社区矫正可以覆盖填补原劳动适用范围,充分发挥社区矫正本应充分发挥的制度功能,所以劳教废止也是社区矫正制度的发展契机。

最后,扩张后的社区矫正处遇职能也应实现多元化的定位,并相应在处遇措施种类上更新扩张并形成折中处遇模式,设置完善的治安社区矫正制度与配套制度,形成治安社区矫正与行刑社区矫正的双层并列机制并有效区分衔接,由此形成社区矫正扩张发展的成套原理与方案。最终就实现方案而言,针对替代劳教与扩张社区矫正所需的治安社区矫正的实践落实路径,相对合理的方案是将治安社区矫正作为措施之一纳入治安管理处罚制度,并以此为契机改变治安管理处罚长期单一惩罚性[1]的职能之弊,将治安管理处罚制度改造成治安管理处遇制度,进而参照这一模式将类劳教积弊之制以治安社区矫正制度替代,并整合进治安管理处遇制度,综合解决治安管理领域长期的制度弊端问题。

二、本书基本思路

(一)职能论视角的欠缺:劳教废止之本因再检视

回溯劳动教养制度的废止过程可见,劳动教养本以教育改造较轻危害社会行为人为制度初衷,但在长期实施过程中,劳动教养的先天规范不足与后期运行异化问题导致规范缺失、程序失当、措施异化失衡的严重积弊,进而威胁到法治、正义与权利等重要社会价值,从而引发对其制度正当性的否定和批判,最终被废止。然而值得思考的是,即便劳动教养制度有如此严重的弊端,然而这一废止逻辑是否如此顺其自然?在劳动教养制度废止之前,是否还有需要被进一步检视与说明的理论问题?劳教废止前关于劳动教养制度走向的改革论与废除论之争为我们回答这一疑问提供了重要的理论线索:改革论曾提出劳动教养有制度改良空间,针对劳教之弊,在制定授权、明确立法

---

[1] 虽然《治安管理处罚法》规定了处罚与教育相结合的原则,但是其具体规定都未体现出教育的可实施性,而是围绕着惩罚性的规定展开,这就造成实践中惩罚功能的决定性地位,教育矫治职能几乎无法体现。

和完善正当程序的基础上,劳动教养制度可以通过调整措施失衡问题消除其制度之弊,而不需要全面废止。如果改革论的这种见解有其合理性,我们就不得不思考:假如通过修正劳教制度的方式可以消除其曾有的规范、程序与措施的弊端,那么劳动教养制度的废止是否就过于仓促,还是劳教废止又存在其他尚未被挖掘的、更深层次的应然动因?要继续回答这一问题,就需要从违法犯罪治理的基本原理出发,超越规范与程序等外在视角,聚焦劳动教养作为一种违法犯罪治理制度的本质,探寻决定其制度存废的实质根源,并将其作为思考劳教废止问题的立场,也只有如此才能真正吸取劳动教养制度的根本教训,为研究未来合理的替代性制度方案打下坚实的理论基础。而这一深入违法犯罪治理制度的深层原理立场却是已有的关于劳动教养之理论探讨所相对忽略的,由此也导致了劳教废止后的真正治理漏洞尚未被深入地分析与检讨。

(二)社会处遇职能论:检视劳教废止的基本原理

1. 社会处遇及其职能论原理

根据犯罪学意义上社会治理的基本原理,对违法犯罪行为进行治理的制度又被称为社会处遇制度,是社会管理机制的基础组成部分,废止前的劳动教养、既存的刑罚与治安管理处罚可以说都是社会处遇制度的具体类型。由于违法犯罪治理一体化理念的影响,超越单纯刑罚制度而涵盖所有违法犯罪治理措施的处遇制度应运而生。处遇(treatment)特别指国家公权机关针对治安违法或犯罪的行为人所施加的各种强制性治理措施之概称[1]。应然处遇职能是确立社会处遇制度正当性的基本判断依据,只有当一种针对违法犯罪的处遇制度满足其应该达到的职能要求时,才能充分论证这种制度的存续合理性;反之,当一种处遇制度从其本质上就不具备达到处遇职能的应然要求时,就缺乏存续的基本合理性,废止即成为不得不做出的选择。因此判断劳动教养制度是否存在废止的必然性,除了前述规范、程序与措施的弊端方面的外在考量外,更关键的是从劳动教养作为社会处遇制度的本质出发,判断其是否能够满足应然的处遇职能要求。

应然处遇职能在理论上取决于违法犯罪治理与维护社会治安的现实需要。随着社会治理形势越发错综复杂,理念不断变化,在矫治教育、风险治理、恢复性司法等思潮的累积影响下,处遇职能也出现了从简单到复杂、从一

---

[1] 参见[日]森下忠:《犯罪者处遇》,白绿铉等译,中国纺织出版社1994年版,第4页。

元到多元的变化趋势,社会处遇职能体系已经从早期单纯强调惩罚机制的一般预防一元制体系逐渐丰富发展为一般预防、特殊预防、危险预防、修复预防相整合的多元职能体系,由此决定,对应的处遇机制也从早期的惩罚主义向涵盖威慑鼓励、教育矫治、危险管控、社会修复的复合性处遇体系转变,惩罚威慑的单一治理模式逐渐转变为兼顾多重处遇需求的复合处遇模式。因而,这种多元处遇职能需求就成为一般性的检验一种社会处遇制度合理性的基本标准。此外,除了一般性的多元职能要求,不同类型的处遇对象或条件下,可能也会在多元处遇职能内部形成相适应的特殊处遇需求。其中,针对原劳动教养对象的较轻违法犯罪人,在职能原理上就有其独特处遇需求,考虑到较轻违法犯罪人再犯预防的特殊规律,在多元处遇职能中应形成以特殊预防职能为优先、以教育矫治为核心机制的特殊性处遇要求。

2. 处遇职能视野下劳教废止的必然性

以上述处遇职能论标准检视劳动教养制度,会发现劳动教养基于其制度特质既无法满足一般多元处遇职能需求,也无法满足特殊预防优先的特殊职能需求,由此产生了制度废止的必然需求。考察劳动教养制度的本质特征,可以发现其区别于其他诸如刑罚、治安管理处罚的标志之处就在于以关押式教养为其典型执行方式[1],仅在两种例外的特殊情形下才有所谓的所外执行机制,但所外执行只是明确了实施关押式教养前提下的零星非常规状态,并非可选择的并行制度,因此真正代表劳动教养制度的就只是关押式教养方式。而正是这种关押式的执行方式的先天惩罚特质,导致了其一般预防优先的威慑管控单一思路,即便初始已强调了教育矫治的重要性,也在实践中无法得到保障,出现重管惩轻矫治的严重偏差,由此不仅从多元职能意义上特殊预防、修复预防、危险预防等职能无从保证,而且更难以在特别职能需求意义上实现教育矫治机制及满足特殊预防职能的优先性。因此,只要关押式教养的劳动教养执行方式不能得到改进,在处遇职能论意义上,劳动教养就始终欠缺作为一种社会处遇制度的合理性,而关押式教养又是劳动教养不得不选择的普适性执行方式,因此只有废除劳动教养制度,这种严重职能缺陷才能消除。

---

[1] 刑罚制度与治安管理处罚制度都有监禁与非监禁的多元种类可以选择,因此不会出现劳动教养以关押式教养为必要选择的独特情形。

（三）劳教废止后社区矫正填补方案的制度优势

1. 劳教废止后的治理真空

虽然从处遇职能论意义上，劳动教养因基于其制度本质所造成的严重职能缺陷而应该予以废除，但就治理逻辑而言，劳动教养的废止只是消解了其制度本身存在的种种弊端，而并没有真正解决对劳动教养对象的有效治理问题。必须承认，尽管存在严重的理论与实践弊端，劳动教养制度在实施期间仍曾发挥过对特定违法行为治理的独特威慑机能，不仅理论上有一定独立处遇价值，实际上也产生过相当的惩罚管控效用。因此在劳动教养制度废止后，就有必要继续解决对原劳动教养对象的合理处遇问题，通过选择合理的处遇制度补充劳教废止后的治理空白。而这就进一步需要在处遇理论上将原劳教的处遇对象与职能问题都纳入整体社会处遇体系中进行思考，从处遇职能需求的基本立场出发，探寻能真正吸取劳动教养弊端之教训、契合前述多元与特殊处遇职能需求的科学处遇制度。所以劳动教养的废止绝不仅是对弊端重重的已有制度的及时终结，更是违法犯罪治理机制合理化和科学化的新开端，是完善社会处遇体系构造与职能的良好契机。

2. 已有治理方案的职能论缺失

针对劳动教养制度废止后原劳教适用对象的处理，学界曾有轻罪化、保安处分化与类型化分流处理三种代表性填补方案，但这三种方案不同程度上存在着理论或实践缺陷，无法针对性地解决原劳教对象的合理处遇问题：轻罪化方案借鉴国外处遇较轻危害行为的合理经验，然而要实现就需要在我国设立新轻罪制度并大幅扩张犯罪圈，这不仅与刑法谦抑原则相悖，且存在制度成本高、与现有刑罚与治安管理处罚二元机制难以衔接的问题。保安处分化方案借鉴国外通行的刑事保安处分制度经验，通过新设置与刑罚并行的保安处分制度来将原劳教适用对象纳入刑事处遇，但保安处分因基于人身危险处分的逻辑而无法涵盖所有的劳动教养对象，同样制度成本高昂，与刑罚体系难以协调，且可能存在制度滥用危机。而向刑罚与治安管理处罚类型化分流处遇的方案相对于前两种方案不用对现有违法犯罪处遇机制做较大改变，因此成为实践中针对原劳教对象处理的实际做法。但类型化分流处理方案的问题也非常明显，其分流标准的相对不清晰容易造成分流的随意性，且现在仍然存在着的大量无法纳入刑罚与治安管理处罚的原劳教特有对象难以处理。最为严重的是，三种已有方案除了各自的合理性问题之外，其共同的深层次根本缺陷是，未能从社会处遇职能这一决定性原理视角出发来分析劳动教养制度废止后的实际措施职能需要,只求形式上对劳教对象的覆盖面,因此都存在职能论上的缺陷:轻罪化方案可能带来惩罚职能片面加重,保安处分化方案可能带来片面强调管控职能,而类型化分流处理方案则造成职能的分散及不同机制的支离破碎。可以说现有的三种补充性制度方案在科学性和可行性方面都难以契合劳动教养废止后的处遇职能需求而无法解决劳动教养的职能弊端问题,只能另行探寻合理的制度方案。

3. 社区矫正填补方案的合理性

从处遇职能论视角出发,全面吸取劳动教养在处遇原理上的重重教训,劳动教养废止后的填补性处遇制度应满足相应的标准,即必须是非监禁关押属性的、适宜用于较轻违法犯罪人的、既能满足一般性多元处遇职能又能突出特殊预防职能优先性的契合处遇模式。而检视世界范围内的相关制度经验并结合我国当下的社会处遇与司法体系具体状况,可以发现只有社区矫正制度才是能够满足处遇职能要求、非监禁性的最佳契合处遇机制:2020年7月1日生效的《社区矫正法》并未明确将社区矫正界定为局限于刑罚领域的行刑措施,从而为社区矫正未来向行政法等领域的制度延展提供了充分空间。同时社区矫正制度适用对象是较轻的违法犯罪行为人,处遇属性上以完全非监禁的社区内处遇为特征,而处遇职能上从制度产生的初始动因到制度的运作核心都坚持以特殊预防优先、教育矫治为核心机制,同时兼顾多元职能的实现。

4. 社区矫正范围扩张的必然性与可行性

上述这种具备填补劳教废止后治理漏洞的社区矫正制度是一般意义上广义的社区矫正制度,即涵盖违法处遇与刑事处罚各领域的、社区内矫正处遇的治理制度之总称。依照世界较为通行的对社区矫正的理论界定与实践运用,社区矫正制度绝不仅仅限于单纯的刑罚执行制度,甚至也不限于刑事执行领域,而是可以横跨违法犯罪整体治理的多层面独立处遇制度类型,国外社区矫正制度可以适用于刑罚领域之外的轻微违法矫治、未负刑责少年观护、刑事程序不起诉者监督以及常习犯改造等多重领域。正是因为广义的社区矫正制度广泛又灵活的适用性,其才有可能超越刑罚领域成为适用于原劳动教养所处的违法行为领域的填补性处遇措施。但我国当下实践运行中的社区矫正制度是狭义的社区矫正,是仅限适用于施加管制、缓刑、假释或暂予监外执行等刑罚相关情形的具体执行措施。造成我国社区矫正制度限于行刑的特性的原因在于我国社区矫正的引入时期较晚,是在犯罪与刑罚制度已经相对成型的情况下将社区矫正仅作为刑罚执行方式引进的,其被定位于缓刑、假释等制度的执行手段,不仅不是刑罚的独立种类,更谈不上对非刑事领域的治安违法行为的处遇适用。这对社区矫正的应用原理与普遍实践而言,毫无疑问限制了社区矫正本可以较为广泛的适用范围,从而也限制了社区矫正制度职能的充分发挥。

社区矫正超越我国当下的刑罚执行方式定位,成为具有灵活广泛适应性的一般社区矫正制度,对解决劳动教养废止后的治理漏洞问题而言,有其必要性与可行性。一方面,就填补劳教废止后漏洞的适用原理而言,未来社区矫正制度如果要适用于原劳教适用的治安违法领域,其适用范围就必须扩张至刑罚制度之外,成为可以针对原劳教对象所属的特定治安违法行为人的处遇措施,如此才能最大限度充分发挥社区矫正本应具备的职能有效性,成为真正填补劳动教养废止后治理空白的契合制度。另一方面,就实践发展经验而言,纵观世界上对较轻违法犯罪人的治理实践状况,社区矫正早已超越单纯的刑罚执行措施,成为覆盖违法犯罪治理各个领域的、广泛适用的社会处遇制度,在程序转处、保安处分、触法矫治各个非刑罚领域都发挥着重要的社会治理功能,这正体现了社区矫正制度适用的灵活性和功能的有效性,体现了社区矫正充分的制度潜力和发展前景。

(四)传统社区矫正职能的反思与扩张后职能的新定位

处遇职能作为社会处遇制度的基本目标方向,是决定制度设置和运行模式的前提和基础。基于这一原理,要深入研究扩张后社区矫正制度的具体设置及运行模式,就必须首先明确扩张后社区矫正的基本职能定位。而能够填补劳教废止后治理真空的复合社区矫正制度在职能上具有重新深入研究的必要性,这是因为社区矫正要替代劳动教养制度就必然要超越当前刑罚执行方式的定位,扩张成为涵盖治安违法行为惩治和轻刑犯行刑的综合社区处遇方式。而这一扩张不仅带来社区矫正适用范围的延展,也必然进一步引起作为制度目标的社区矫正职能的扩张调整。

1. 扩展后社区矫正的四重复合职能体系

由此,在反思特殊预防职能一元论的基础上,须进一步根据扩张后的社区矫正职能多元化的需求,探求社区矫正科学的职能体系。而纵观20世纪70年代世界对特殊预防职能一元论的批判与社区矫正职能的演进史,可以发现社区矫正多元职能的丰富内涵:对社区矫正从惩罚、矫治、管控、修复四个方向进行职能反思,超越传统特殊预防职能一元论,可以形成满足新时代社会治理需求、体现社会治理特色的威慑鼓励、规范矫治、监督管控、社会修复四种复合职能,这些职能与前述一般处遇职能意义上的一般预防、特殊预防、危险预防、修复预防恰成对照。此后四种职能不仅理论上结合社会思潮渐趋成型,在实践中也交错形塑了社区矫正的发展,社区矫正新兴机制如折中处遇等都体现了四者的辩证影响。

2. 四重复合职能的定位及其关系

扩张后的社区矫正制度应该是满足威慑鼓励、规范矫治、监督管控、社会修复职能的有机复合整体,四种职能在职能体系中各有其定位:规范矫治职能是社区矫正制度的优先核心目标,体现了社区矫正对较轻违法犯罪人处遇的职能特殊性,当然规范矫治的优先性是在兼顾其他职能的前提下的,这是其与特殊预防职能一元论的根本区别;威慑鼓励职能是社区矫正制度的基本属性,这是通过规定社区矫正的规范所天然体现出来的职能定位;监督管控职能是社区矫正危险预防的直接机制,这一职能通过即时危险管控保障了其他职能的长远展开;社会修复职能是社区矫正制度的扩展机制,延展了社区矫正影响社会的深度与广度。就职能相互关系而言,威慑鼓励与社会修复在发生阶段上有职能衔接性,规范矫治与社会修复职能具有职能互补性;从风险整合意义上,监督管控可以为其他职能提供有效实施的保障。此外,在统一的风险社会背景下,通过风险语境可以确定不同职能之间的关系与择取顺序。一方面,管控的现实风险、威慑的预期风险、矫正的再犯风险以及修复的间接风险都是社区矫正面对的风险治理需求的不同侧面,在社区矫正机制中应兼顾。另一方面,当社区矫正制度面临措施竞争时,不同职能各有其选择标准:监督管控所预防的现实风险最为急迫,应做紧急考量;规范矫治所管控的矫后再犯风险需在长远考量时优先选择;威慑鼓励所预防的潜在风险针对性弱,相对并不紧迫,应做次要选择;而社会修复所防范的社会风险最为间接,应为后选。

(五)替代劳教的治安社区矫正的定位与设置

1. 扩张背景下治安社区矫正的产生与定位

为了实现多元职能以满足劳教废止后的填补真空的需求,社区矫正需要扩张到治安违法行为的范围,因此就必然新增与作为刑罚执行方式的社区矫正属性截然不同的、可以适用于治安违法处遇的新的社区矫正形式。考虑到这一新增的社区矫正类型是以治安管理处遇为目标,在治安维护与违法行为治理意义上与治安管理处罚制度属性相对一致,因此这种社区矫正可以被称为治安社区矫正。

治安社区矫正与作为刑罚执行方式的行刑社区矫正从社区矫正的统一内涵上有其一致性,都是通过非监禁的社会内监管与矫治措施而展开的基本处遇措施,二者在职能与机制上有其共性。但同时二者在处遇对象、措施属性、制度定位上又有显著不同,行刑社区矫正制度就是当前法律明确规定的针对较轻犯罪人的社区内行刑的处遇方式,而治安社区矫正则是针对较轻违法行为人需要在社区内进行治理的处遇方式,需要进一步明确二者之间的相互关系。根据国外相关经验与社区矫正原理,治安社区矫正与行刑社区矫正之间存在属性上的基本差别,也非主次关系,因此采用并列形式比较合适,应承认治安社区矫正与行刑社区矫正分别在刑罚与治安管理处遇的不同适用领域,分开设计和实施两种社区矫正制度,由此社区矫正扩展后就形成了双层体系,即行刑社区矫正制度和治安社区矫正制度的二元并行架构。

2. 弥补劳教废止漏洞的治安社区矫正之制度设置

治安社区矫正是能契合劳教废止后社会治理漏洞的最佳填补处遇制度,从填补劳教废止后治理漏洞需求与社区矫正扩张需求出发,应对治安社区矫正进行具体制度设置。第一,治安社区矫正处遇目的上应明确其满足多元职能一般需求与特殊预防职能优先的特别需求。第二,治安社区矫正的适用应坚持对象设置法定化、处遇目标复合化、治安需求现实化的原则,与刑罚和治安管理处罚相协调,并承继原劳教适用对象,包括接近犯罪定量门槛的临界行为人、反复实施治安违法行为的常习行为人以及程序中免罪免罚的对象。第三,就属性而言,治安社区矫正应是具有保安处分制度和治安管理制度特点的独立的社区内治安处遇制度。第四,就适用条件而言,必须吸取原劳动教养适用条件不明确的弊端教训,同时又要承继劳动教养之行为特征与人身危险性特征并存的逻辑,既要参考治安管理处罚范围明确治安违法行为的行为适用条件,又要适用对象具备不会对社会造成危险但需矫正的人身风险性条件,围绕再犯风险判断确立人身危险性的标准。第五,关于治安社区矫正之适用期限,须根据合目的性、人权保障、期限幅度化等原则,根据与行刑社区矫正比较衔接的期限要求,一般应以最短2个月,最长不超过2年为基本期限幅度。对于具有较严重人身风险的,最高不应超过3年。第六,治安社区矫正的正当程序设置是制度设置的核心环节,吸取劳动教养制度的教训,治安社区矫正的程序必须纳入法定化和司法化的轨道,程序设计必须充分保障被处遇对象的申辩和救济权利,达到正当程序的基本要求。参与治安社区矫正适用程序的各方主体应当包括诉请机关、被诉请方及其代理人、决定机关以及其他参与人,应当允许律师在被诉请方被调查时介入并提供辩护或代理;基本程序可以参考刑事诉讼的模式并结合治安社区矫正相对明确简单的特性设置立案、调查、诉请、审理决定、复审几个步骤,其中立案调查与提请的机关应该与审理、复审的机关分开。前者可以赋予公安机关相应职权,后者应根据司法化需求赋予法院相应行使权力,可以设置治安法庭负责相应案件的审理决定。

出于法律体制的差别和价值取向的不同,我国的治安社区矫正制度既不同于西方国家的保安处分制度,也不同于其他行刑社区矫正制度,而是一种具有我国国情特色的,结合了社区矫正、保安处分与治安管理特点的特有劳教替代措施,其目标是填补劳动教养废止后的治理漏洞,以保障特殊预防职能优先原则的落实与多元处遇职能的实现。通过与社区矫正制度并行的治安社区矫正制度的设计和适用,我国可以逐步发展探索出符合我国实际需要的、有中国特色的特有的治安管理处遇制度模式,比如可将治安社区矫正纳入治安管理处罚,这也是社区矫正扩展可以为立法领域的制度发展做出的积极贡献。

3. 治安社区矫正与行刑社区矫正的区分与衔接

在明确治安社区矫正制度设置的基础上可以进一步确定行刑社区矫正与治安社区矫正双重层次之间的区分衔接关系。双层社区矫正在社会内处遇的执行方式上具有共性,决定了治安社区矫正与社区矫正在处遇目的和评估处遇标准上的一致性,从而实现定性意义上的二者处遇逻辑的一致性。

而就区分衔接关系而言,一方面,我国相对独特的犯罪行为定量标准决定了双层社区矫正的区分标准。作为双层社区矫正适用对象的犯罪与治安违法行为在行为定性上有一致性,如都有盗窃、寻衅滋事等破坏治安、损害财产权利的行为,这是双层社区矫正进行区分时共同的基础标准;而进一步作为入罪门槛的定量标准则起到了将处遇对象分流到双层社区矫正各自适用领域的区分作用,即达到入罪定量门槛的如达到数额或特定情节入罪标准的纳入刑罚,可进行行刑社区矫正,而达不到入罪门槛的同性质行为就纳入治安管理的范围,可以实施治安社区矫正。另一方面,处遇对象的人身风险性特征成为双层社区矫正的一致衔接依据。就社区矫正基本理论而言,人身风险性特征是社区矫正制度的适用起点,是决定针对性的社区矫正措施的前提和基础,无论是行刑社区矫正还是治安社区矫正都必须基于被矫正对象的人身风险性特征而展开,根据人身风险性的程度展开相适应的社区矫正措施,这是基于社区矫正自身特点所形成的双层社区矫正的制度衔接基础,决定了双层社区矫正内在的一致性。在这种衔接的基础上可以进一步强调两类社区矫正的共性特征,实现社区矫正双层体系的整合。

(六)多元职能论视野下折中处遇模式的形成与借鉴

1. 折中处遇模式借鉴的必要性

扩张后社区矫正须满足的多元职能需求决定了社区矫正必须是含有丰富机制的复杂制度,必须有丰富的可选择性措施用来满足社区矫正处遇的多元职能需求;且由于不同的处遇对象及同一处遇对象的不同阶段其职能需求的动态变化,因此在处遇措施的适用上也需要多元化措施手段来应对这一动态需求,社区矫正必须通过丰富多样的举措类型来满足变动中的多种职能需求。但我国社区矫正目前限于刑罚执行方式的狭窄领域,处遇措施缺乏相应的类型化机制建构且种类单一,这也导致了本应有体系化多元措施的社区矫正实践却采取了接近全开放行刑的宽松处遇模式,导致了应对多元实践需求时的诸多困难:一方面是社区矫正工作强度和压力大、资源紧张、兼顾多元职能时捉襟见肘;另一方面却是制度供给上相对空白,未能提供行之有效的针对性机制。虽然目前我国社区矫正实践中有电子腕带、阳光之家之局部制度试点等,但距离体系、系统性且规范化的多元处遇机制还尚远,处遇模式具有严重单一性。而反观社区矫正较成熟的国家,他们在长期实践中形成了能满足不同职能需求且可动态调整的、有效而节约资源的折中处遇模式[1],通过较为丰富的介于全开放与全监禁之间的多元措施体系来较为完善地满足对不同风险层次处遇对象的动态、复杂、多元职能需求,最大化发挥社区矫正的制度功效,非常值得参考借鉴。因此有必要在对成熟的折中处遇模式考察借鉴的基础上,形成我国多元、体系性的折中处遇模式并加以制度化完善,为确立我国未来扩张后社区矫正科学的多元处遇机制提供科学的方案。

2. 折中处遇模式的引入与设置

社区矫正必须通过丰富多样的举措类型来满足变动中的多种职能需求,而折中处遇模式在处遇制度设置上提供了社区矫正领域内适应不同职能变动需求的多类型折中处遇措施,在完全剥夺人身自由的监禁刑与相对彻底开

---

[1] 参见吴宗宪:《社区矫正比较研究(下)》,中国人民大学出版社2011年版,第430-431页。

放式处遇的定期报到制之间,既有倾向于隔离性和满足监督管控需要的居家处遇、中途之家和电子监控,也有倾向于矫正性和满足教育矫治的社会服务和日间报告所,还有倾向于惩罚威慑职能的改造营,以及满足社会修复职能被害人定向服务与被害加害协商会议等。

在社区矫正扩张的背景下,治安社区矫正与行刑社区矫正双层体系所赋予的宽广的适用范围为折中处遇机制的实现提供了丰富的需求前提与实现保障。但引入折中处遇模式,首先要考量的则是其制度定位问题。将折中处遇措施作为独立的刑罚种类或治安管理措施种类需要对当前的刑种或治安管理措施种类进行重构和设计,不仅会从根本上影响刑法基本罪刑体系或治安管理体系,也会影响总体的社会处遇制度的稳定性,因此不易实现。引入的折中处遇模式,应仅作为社区矫正的具体执行措施,待远期社区建设等配套体系完善后可以考量将折中处遇的具体措施直接作为独立处遇种类。对于折中处遇机制的具体推进路径,应结合我国具体国情分析,将之作为社区矫正下的具体执行模式,自下而上地通过试点确认具体折中处遇手段的有限性,在积极成效的基础上再通过立法由点到面地推开,真正解决我国社区矫正中存在的手段单一问题,也才能保障未来扩展后社区矫正的良好的实践效果。基于国情适用性与折中处遇机制的成熟性,我国未来可以在社区矫正中制度性与体系性地引入相关措施,明确其适用的具体情形与要求,形成具有我国特色的折中处遇模式。

(七)治安社区矫正的实现路径

如前所述,治安社区矫正作为社区矫正扩张后替代劳教的重要制度有其制度实现的必然性与可行性,要使得其真正能够在我国当下社会处遇制度体系中落地实现,还需要明确其具体的制度实践路径。而治安社区矫正制度落地实践时,首先面对的无法回避的关键问题就是明确治安社区矫正与治安管理处罚的制度关系。这是因为治安社区矫正的适用对象取决于原劳动教养制度的适用对象,而劳动教养适用对象几乎都是治安管理处罚对象的一部分,这就会导致治安社区矫正适用范围与治安管理处罚制度适用范围大幅重合,由此处遇重叠现象几乎难以避免。考虑到减少原社会处遇制度大幅变动与制度设置的成本,以及制度的科学性,相对较为合理的治安社区矫正落地方案应该是借助治安管理处罚制度,将治安社区矫正纳入治安管理处罚制度,作为措施之一。同时基于治安社区矫正多元职能优势,可以将其作为解决治安管理处罚制度过于单一、强调处罚职能弊端的契机,将吸纳治安社区矫正的治安管理处罚制度改革为治安管理处遇制度,处遇职能上实现从惩罚一元化到职能多元化的转变,并借助治安社区矫正落地的契机实现治安管理处遇制度的形成与完善,包括处遇措施多元化与司法程序化的合理改造,最终打造统一的治安管理处遇制度。此外,借鉴同样模式,有类劳教弊端的收容教育等制度也需要用治安社区矫正进行替代,并将其纳入治安管理处遇统一体系的范围,全面解决治安管理争议制度的弊端难题。

1. 从处罚到处遇:治安社区矫正纳入治安管理措施

就治安社区矫正制度的具体落实而言,并不需要重新建构一种新的处遇制度,而只需要对现有的治安管理处罚制度加以扩充,增加社区矫正作为治安管理的措施之一就可以实现治安社区矫正机制的建立。这是因为原劳教适用对象与治安管理处罚适用对象几乎都存在行为性质重合之处,几乎所有的劳动教养对象都是治安管理处罚对象的一部分,如果单独设立一种针对原劳动教养对象的治安社区矫正制度,就会出现同一对象既适用有惩罚属性在内的治安社区矫正,又适用治安管理处罚的双重处罚不合理现象,也会造成制度之间的冲突问题。现有治安管理处罚制度只要调整其狭窄的处罚机制,根据多元处遇职能科学化其治安管理机制,就可以实现从处罚到处遇的转换,将治安社区矫正制度纳入规制。所以在特定意义上,将治安社区矫正纳入治安管理范围,也进一步契合了处遇原理科学化的要求,是解决治安管理处罚制度职能与机制局限的良好契机。

就具体制度整合而言:首先,根据社区矫正形式相对灵活、适应性强的基本处遇特征,治安社区矫正在治安管理处遇制度中可以采取相对灵活多样的定位,即可以作为与罚款、拘留等几种治安管理处遇措施并列的独立的处遇种类,也可以作为拘留的具体替代性或缓执行措施,还可以与罚款制度进行选择性易科,最大化发挥其处遇功能。其次,就治安社区矫正在治安管理中的适用对象而言,治安社区矫正适用的对象的条件应该是以治安管理处遇范围内的危害行为为基准,并兼具人身危险性的独特对象,包括:原劳教适用对象中以定量不构成犯罪却具备犯罪行为性质的情形,性质上不具备犯罪行为特征而只是常习性违法行为人、检察机关免予起诉、人民法院免予刑事处罚的实施犯罪行为的人,收容教育的对象。再次,就治安社区矫正在治安管理中的处遇原则而言,除了治安管理处遇的一般原则,治安社区矫正还应有其必要性和比例性原则、教育矫治优先原则、社会参与和保护救助原则等特色原则。最后,就治安管理处遇中的社区矫正的程序及相关配套设置而言,治安管理处罚制度在转变为治安管理处遇制度之后,其基本程序也应该遵循司法化的要求,做相应改造:将公安部门的治安管理处罚决定机构转变为专门的治安管理处遇立案调查机构,作为治安管理处遇的启动和调查机关;治安管理处遇机构需向法院提交申请实施治安管理处遇的申请书和相关证据材料;由法院开庭审理判决是否予以治安管理处遇措施;法院作出的治安管理处遇判决交由专门的治安管理处遇机构来执行。早期改革条件不成熟时可以由公安机关继续过渡性地负责做出决定,但各决定部门应与调查部门分开。此外,治安管理处遇中社区矫正的实施机构同刑罚的社区矫正机构可以是同一机构,但必须区分实施。

2. 收容教育的治安社区矫正化改造

部分与劳动教养制度性质相近、同样被取消而有待填补的专门处遇制度,如收容教育制度,不仅同劳动教养制度一样存在着规范缺失、程序失当以及措施异化三大弊端,而且核心制度都采取了较长期限的关押式教育的模式,因此同样存在着处遇职能与机制上的根本缺陷。治安社区矫正模式也完全为解决具有类似缺陷的收容教育的弊端问题提供了标准的解决样板,通过将收容教育处遇对象纳入治安社区矫正的范围,就可以较好地解决收容教育反映的局部处遇制度难题。

三、本书的创新观点与创新价值

本书运用处遇职能论基本原理,从违法犯罪治理一体化视角检视劳教废止问题,创新性地发掘出被忽视的、决定劳教废止的关键动因在于其职能缺陷,由此确立劳教废止后的真正职能漏洞所在;进一步在职能漏洞填补的意义上创新提出并论证了真正契合劳教废止后填补治理漏洞的是社区矫正治理方案;而要实现社区矫正方案,就要将社区矫正适用范围适度扩张到治安违法治理领域,这就为充分发挥社区矫正灵活多元的职能优势提供了制度创新契机。本成果不仅进一步创新研究提出了新设治安社区矫正、实现行刑与治安违法处遇的双层社区矫正体系的制度构想,还研究提出了作为社区矫正制度扩张基础的多元职能体系与折中处遇模式,研究了治安社区矫正的新制度设计与配套制度的完善;最后着眼于实践,创新性地提出了替代劳教的治安社区矫正的落实路径方案,即将治安社区矫正纳入治安管理处罚制度,并将该处罚制度改造为处遇制度,同时提出解决治安管理处罚的单一惩罚机能问题的多效方案,并且提出以治安社区矫正替代类劳教的收容教育制度,解决遗留的治安管理制度问题。

（一）研究的主要创新观点

第一，制度职能决定制度设置的目标与出发点，本书在违法犯罪治理一体化意义上，根据新时代治理理念与治理需求，深入研究了对违法犯罪治理制度有普遍决定意义的社会处遇职能基本理论，系统阐明了一般预防、特殊预防、危险预防、修复预防相结合的多元职能体系及其内涵。

第二，本书以多元处遇职能论为基础，深刻挖掘了较被忽视但从根本上决定了劳教废止的职能缺陷问题，并以此为前提阐明了尚不清晰的劳教废止后治理的职能漏洞所在及其填补的职能标准。

第三，本书在对比几种现有的劳教废止后填补方案的基础上，创新性地提出了最具对象与职能契合性的社区矫正方案并论证了该方案的合理性与可行性。

第四，本书创新性地提出了充分发挥社区矫正本有治理职能、扩张社区矫正适用范围到治安违法领域的体系性制度方案，包括治安社区矫正的新设、双层社区矫正体系的形成等，为社区矫正扩张提供成套完善的方案。

第五，结合社会治理的现实需要，特别是劳教废止后治理漏洞填补的需求，本书提出了将社区矫正制度扩张后全新的多元职能定位与折中处遇模式作为社区矫正理论科学化的关键环节。

第六，针对作为劳教废止后填补机制的治安社区矫正的实践路径，本书创新性地提出了将治安社区矫正纳入治安管理处罚，同时将治安管理处罚制度改造成治安管理处遇制度的方案，同时该方案也是社区矫正有效扩张以及治安管理处罚改良化的有效方案，从而为社会治理实践提供多重制度改善契机。

第七，本书提出了以治安社区矫正替代类劳教的收容教育制度，并统一纳入治安管理措施的制度变革建议，为解决收容教育的弊端问题提供有效可行的方案。

总而言之，本书提出了多元职能处遇论原理、双层社区矫正体系方案、治安社区矫正制度设置、折中处遇模式、社区矫正配套制度、治安社区矫正纳入治安管理措施、收容教育的治安社区矫正化改造等多个存在紧密逻辑联系的创新论点，努力为解决劳教废止后治理问题与推动社区矫正扩张发展提出理论价值与实践价值兼具的有效方案成果。

（二）研究方法上的创新意义

传统的违法犯罪治理问题研究通常在现有刑法或行政法基本原理内部

寻求理论支持和实践基础,对诸如劳动教养废止、社区矫正扩张等涉及多部门法关系的现实治理问题,就可能由于部门法画地为牢的限制陷入局部理论要素反复整合、循环论证的逻辑难题,导致对解决制度现实具体问题作用有限。因此就违法犯罪治理这一具有跨部门法学科体系性的现实问题而言,从研究视角上有必要跳脱出单一部门法研究的局限,寻求更加广阔的研究视角与具有针对性的研究原理,本书正是在这一方法论意义上,从三个层面上进行了视角与原理方面的创新研究。

第一,本研究从违法犯罪治理或社会处遇整体的系统论视角着手,防范单一部门法的认识局限。违法犯罪治理或社会处遇体系是司法体制甚至社会整体治理的关键环节,本身是聚合了诸如刑罚、治安管理处罚等多种治理制度的环环相扣的系统整体,局部治理制度的调整往往牵一发而动全身,影响到违法犯罪治理整体体系的协调与稳定。因此无论是研究劳动教养作为一种违法犯罪治理制度的废止还是具备社会处遇属性的社区矫正向刑法范围外的扩张,都不能局限于某一部门法的内部,而需要从宏观社会处遇的系统视角或违法犯罪治理的整体立场进行把握,检视具体局部治理制度变更可能产生的对其他治理制度以及治理制度整体的影响问题。秉持这一系统论视角,劳动教养自身作为治理制度的意义就能得到关注与研究,其制度废止之后造成的其他治理制度所无法涵盖的治理真空问题就变得非常明显,也能够在整体违法治理体系的框架下广泛检视各种可能的填补方案而不会囿于某个部门法,从而选择出最契合的处遇机制。同理,在对社区矫正的扩张进行研究时,从违法犯罪治理或社会处遇的整体视角出发,就可以更全面地论证社区矫正范围扩张的处遇机制的合理性,研究可以横跨刑法与行政法的广义社区矫正制度方案,也才能最大化发挥出社区矫正对整体社会处遇机制本应实现的综合处遇职能。实践中违法犯罪治理各制度本就是相互联系的有机整体,只有在研究视角上符合这一现实原理,从违法犯罪治理体系的系统论观点出发,才能真正发现劳动教养废止的体系性治理漏洞问题,也才能为社区矫正扩张提供真正可行的方案。

第二,本研究将基于违法犯罪治理整体视角的、社会处遇自身独特而专门的处遇职能论等相关社会处遇原理作为理论基础,可以深刻挖掘诸如劳教制度存废等治理问题背后的真正理论动因,从而提出单纯运用刑法或行政法部门法法理相对难以发掘的有效见解。违法犯罪治理视野下的社会处遇原理虽然最早发端于犯罪学的研究,但随着犯罪预防前置要求以及违法犯罪治理的一体化趋势,社会处遇领域形成了相对自成一体的处遇基本原理。作为本书理论研究基础的处遇职能论正是处遇基本原理之一,无论刑罚、治安管理处罚还是劳动教养等社会处遇制度都应将这一处遇职能论作为制度合理性的判断基准。正是因为对处遇职能论视角的关注较少,在对劳教废止前的探讨中始终有改革论与废除论的争议,废除论难以有效回答为何不能通过立法程序与措施的正当化改革解决劳教弊端问题。而这正表明了缺乏处遇职能论作为根本判断原理去探讨劳教的职能严重缺失,即难以在逻辑上说明劳教作为一种处遇制度废止而非改革的关键原因,并难以发现劳教废止后治理漏洞的真正所在。同理,在作为处遇制度的社区矫正填补劳教废止后漏洞的合理性问题上以及社区矫正扩张的目标与设置研究上,也都需要处遇职能论作为理论基础来提供基本依据与研究方向。可以说处遇职能论作为社会处遇制度存在的基础理论,是贯彻于本研究的基本理论前提,使得本研究不为部门法法理所限,能深入挖掘出较被忽视的劳教制度存废的真正动因,并能合理扩张社区矫正的职能定位与处遇模式,形成劳教废止后填补漏洞的契合性治理方案。

第三,本研究关注到社会处遇制度的议题不可避免地受到社会背景特征和司法理念实践发展的影响,因此注意结合时代最新发展的处遇需求批判式分析封闭性传统理论模式可能出现的时代脱节问题,借鉴处遇制度最新理念发展使传统处遇理论面向时代背景与社会当下需求进行更新,从而保证指导理论科学且符合现实需求,由此才能保证研究成果的现实价值与有效指导意义。如就处遇职能论而言,许多传统见解还坚持一般预防与特殊预防的双重预防论甚至一般预防主义,而未能注意到在时代变迁过程中新出现的危险管控、规范矫治、恢复性司法等理念的影响下,处遇职能体系早已经发展成为一般预防、特殊预防、危险预防与修复预防的多元职能体系,并随着时代发展一直处在变迁之中。所以如果因未能关注到新的时代形势下的处遇要求而未对传统处遇论做出更新,封闭滞后的理论指导下的处遇制度实践则必然出现难题,诸如无法真正发现劳动教养职能之弊的研究局限就难以避免。同理,我国社区矫正职能论研究中,很多观点仍聚焦于20世纪70年代的特殊预防论,而未能关注到当下随着一般处遇职能论发展已经形成了教育、管控、惩罚、修复的复合职能体系,则必然产生社区矫正具体实践指导的误区,社区矫正中许多现实实践问题正是由此造成。本书坚持以当下新时代处遇需求与处遇理念为前提,并结合我国处遇制度的特殊需要,更新形成有现实意义的科学处遇职能论,防范滞后处遇理念的影响,才能真正得出具有实践价值、符合社会处遇需求的研究成果。

(三) 研究内容上的创新价值

基于上述违法犯罪治理的体系性独特视角,以较少受到关注但对处遇制度极为重要的处遇职能论为理论基础,并结合我国社会处遇的现实状况与实际需要,本书提出了从劳教废止的原因、劳教废止后治理漏洞的填补到社区矫正扩张方案的一系列创新的研究看法与观点。

第一,对劳动教养的废止过程进行了重新检视研究,力求在已有的规范、程序与措施积弊论点的模糊性逻辑之外挖掘从根本上决定劳教废止的真正动因,根据劳教作为处遇制度的基本属性,创新性地提出将处遇职能论作为分析基准,提出了尚未被关注到的职能缺失才是劳教废止的真正根源。关于劳教制度废止的原因,已有林林总总的观点分析,这些分析集中在劳教制度长期存在的规范缺失、程序失当与措施异化三大弊端,然而这些看法却难以否认劳教废止前改革论曾提出的通过立法正当化、程序司法化与措施改良化的制度修正解决劳教弊端而无须废止的观点,因此实际上对劳教废止的真正原因无法予以明确说明。而正是因为这种观点的模糊性,劳教废止之后仍然无法明确治理漏洞的填补需求与对应方案,造成了只废不立的治理困境。因此,本研究回溯到劳动教养作为社会治理处遇制度的根本属性,创新性地探寻了被忽视的作为处遇制度合理性判断原理的处遇职能基本理论,提出应以处遇职能满足情况作为劳教制度存废的判断基准。

第二,在创新性地研究对处遇制度合理性有决定意义的处遇职能论内涵的基础上,以科学的处遇职能论检视劳动教养制度,明确了劳动教养制度废止的根本动因在于其根本无法满足处遇职能需求的严重弊端,从而丧失了制度存在的基本合理性。处遇职能论虽然现有所谓一般预防、一般与特殊预防相结合等观点,但这些观点严重滞后,已脱离现有社会实际需要与世界上的成熟理论经验。本书完整阐述了处遇职能论新的丰富内涵:随着时代变迁与社会处遇需求日渐丰富,当前处遇职能已经从一般预防、一般与特殊的双重预防进展到涵盖一般预防、特殊预防、危险预防、修复预防的多元处遇职能,而为满足多元职能,处遇制度应具备威慑、矫治、管控与修复的多重复合机制;此外针对原劳教适用对象所属的较轻违法犯罪人还存在多元处遇职能框架内的特殊预防职能优先性。在这一处遇职能论视野下创新性地审视劳动教养制度,就可以真正发现劳动教养既不能满足多元处遇制度需求,也不能满足特殊预防优先的职能需求,从而具备根本上的废止必要性。

第三,进一步以新的处遇职能论作为理论基础,创新性地研究了劳教废止后处遇职能上的真正治理漏洞所在及其填补需求,并在比较现有的几种填补方案的基础上创新性地提出与论证了社区矫正方案的填补的最佳契合性。虽然劳动教养制度废止后学界形成了轻罪说、保安处分说、分流处理说等几种补充方案,但理论上尚未对劳教废止后的治理漏洞及其填补方案的选择标准有清晰的理论阐述,因此导致了对几种现有方案难以进行有效选择判断。而本书将处遇职能论作为决定处遇制度存在意义的前提理论,研究将职能需求作为判断劳教废止后治理需求及其填补方案合理性的理论基准,并以此审视已有的制度方案,明确了这几种方案在职能方面都有其明显缺陷,难以作为理想的填补方案。进而根据职能论意义上的填补需求,本书创新性地提出了社区矫正作为劳教废止后填补方案制度的合理性与可行性。社区矫正基于其较轻人身危险性处遇对象的契合特点与灵活多元的处遇机制,成为能够有效满足原劳教对象的处遇职能需求、填补劳教废止后治理空白的最佳制度选择,同时这也是充分发挥社区矫正本有的职能优势、与国际社区矫正广义应用经验接轨的新契机。

第四,从扩张发展社区矫正制度、充分发挥社区矫正职能的契机出发,进一步结合国外社区矫正的经验与我国当下社区矫正适用狭窄的状况,本研究提出了扩张社区矫正制度至治安违法处遇领域,充分发挥社区矫正灵活适用性与职能优势的创新方案,并深入研究了这一治安社区矫正的具体制度定位、设置及其与现有行刑社区矫正的衔接关系,提出了双层社区矫正的新并行体系、多元职能与折中处遇模式。扩张后的社区矫正制度通过新设针对治安违法行为的治安社区矫正机制可以保障多元职能与特殊职能需求的实现,并覆盖填补原劳动教养的适用范围,充分发挥社区矫正本应充分发挥的制度功能,所以劳教废止也是社区矫正制度的发展契机。而针对扩张后的社区矫正制度,本书研究创新性地提出了设置原适用于刑罚领域的行刑社区矫正与适用于原劳教所处的治安违法领域的治安社区矫正并行的双层社区矫正制度,以及完善该制度的新的多元职能定位、折中处遇模式、配套制度,并专门研究了扩张后新增的、用以填补劳教废止后治理漏洞的治安社区矫正的制度定位与机制问题。

第五,结合我国当前处遇体系实际特点,本书研究提出了整合治安管理处遇制度、实践治安社区矫正的创新路径,即基于处遇范围的重叠性与功能的交错性,将治安社区矫正纳入治安管理处罚制度,同时基于治安社区矫正职能多元化的优势,将治安管理处罚制度改造成治安管理处遇制度,作为解决治安管理处罚制度长期单一惩罚职能的缺陷之契机,将收容教育等积弊之制以治安社区矫正制度替代,并整合入治安管理处遇制度,在立法规范化与正当程序化的基础上形成科学统一的治安管理处遇制度体系。同时,这一方案也是解决我国治安管理唯处罚的单一职能弊端之契机,以及替代性地消除同劳动教养存在共性问题的收容教育制度缺陷的方案。

总而言之,本书从方法、原理、制度设置到实践路径都体现了研究的创新价值,除方法论创新上有跨越部门法的违法犯罪治理系统论新视角之外,既有以违法犯罪治理一体化、职能处遇论、人身风险论为代表的创新理论研究,也有双层社区矫正方案、治安社区矫正制度设置、社区矫正配套制度完善、治安社区矫正实践路径、收容教育的治安社区矫正化改造等创新实践设计,为以劳动教养与社区矫正为代表的违法犯罪治理制度研究提供了方案与原理上的创新示范。

第一章

劳动教养废止的本因再检视

2013年12月28日第十二届全国人民代表大会常务委员会第六次会议审议通过了《全国人民代表大会常务委员会关于废止有关劳动教养法律规定的决定》,标志着实行了半个多世纪的劳动教养制度被正式废止。然而在劳动教养被废止之后,我国一直并未体系性地新建或设置替代性社会治理制度接续对原劳教对象的治理。虽然实践中有零星的个别应对之策,但考虑到曾经数量庞大的劳动教养对象与长期、广泛积累运行的劳动教养制度实践,仅单纯废止劳动教养的这种只破不立的做法,就很可能在社会治理意义上造成对原劳教适用对象的特定治理漏洞,出现社会安全维护体系的缺口,因此就有必要对劳教废止后的许多重要问题进一步进行研究分析:如劳动教养制度是否具有独特的、其他社会治理制度无法替代的治理职能?劳动教养制度废止后,原劳动教养对象是否能被其他治理方式涵盖抑或还应设置新的替代或补充劳动教养制度的合适处遇方式?要回答这一系列问题就不得不让我们回溯关于劳动教养废止的理论纷争与制度动因,在科学检视劳动教养的机制特征与现实弊端的基础上,将劳动教养制度纳入社会治理体系的广义视角,从社会治理原理的深层逻辑上探究劳动教养废止的根本逻辑与关键本因,方能为劳动教养制度废止后的一系列问题寻求真正准确的答案,也为劳动教养废止后的治理问题提供科学的方案。

回溯劳动教养制度的现有废止逻辑可见,劳动教养本以通过劳动教育改造较轻危害社会行为人为制度初衷,但在长期实施过程中劳动教养先天存在的与后期积累的诸种不良特征导致其逐渐成为缺乏规范合法依据与程序正当性、措施失衡且适用混乱的积弊之制,进而严重威胁法治和人权,从而引发对其制度正当性的全面否定和批判,最终被全面废止。然而这一逻辑是否如此顺其自然?当然,就解决劳动教养制度备受诟病的规范缺失、程序不当和措施异化等种种问题而言,废除劳动教养制度无疑具有重要的进步意义,是法治进程中里程碑式的重大事件;但从违法犯罪治理整体体系而言,劳动教养制度绝非一废了之如此简单。体现这一问题复杂性的是,在劳动教养废止之前学界曾有废除论与改革论之争,其中改革论提出过一个值得深入关注和反思的逻辑问题:改革论认为劳动教养制度有制度改良空间,针对劳教之弊,在制定正当立法和完善司法程序的基础上,劳动教养制度可以通过强调教育矫治机能消除其制度之弊,而不需要被全面废止。如果这种见解成立,是否意味着对劳动教养制度的废止操之过急?这一问题使得我们需要进一步研究决定劳教存废的更深层面的决定性因素,即劳动教养制度除了所谓可以改良的规范缺失、程序失当以及措施异化的缺陷之外,是否在根本意义上具有无法矫正的弊端从而具有废止的必要性?要回答这一问题,就要回到劳动教养作为社会危害行为治理机制的本源意义上,根据违法犯罪治理制度的基本职能原理审视劳动教养制度自身机制对于其应满足的社会治理职能的满足价值。而这一点恰恰是包括废除论与改革论在内的现有劳动教养相关研究所极少关注的层面,这一根本层面上的分析缺失,也造成了对劳动教养制度废止后治理漏洞的关注与研究不足。由此可见,回溯社会治理基本职能及其决定的治理机制研究,对于劳动教养废止的本因再检视有重要的创新理论与实践价值。

第一节　废止前劳动教养的基本特征

劳动教养就字面含义而言是指劳动、教育和存养,简称劳教,其实质是劳动教养机关对特定危害社会的人实施的限制人身自由和强制劳动教育的惩治措施。劳动教养制度是中华人民共和国从苏联借鉴的一项社会治理制度,在我国创立于20世纪50年代,是特定时代治安管理需求的产物,随着在我国的逐步适用形成了自己的特色[1]。但劳动教养制度在长期运行过程中在

---

[1] 参见宋雅芳:《劳动教养存在的问题及对策》,《郑州大学学报(哲学社会科学版)》1998年第6期。

规范、程序等方面弊端重重,甚至严重威胁了人权与法治的基本价值,因此为了进一步完善法治建设,加强人权保障,2013年12月28日,第十二届全国人大常务委员会第六次会议审议通过了《全国人民代表大会常务委员会关于废止有关劳动教养法律规定的决定》,标志着实行了近60年的劳动教养制度被正式废止。劳教制度废止后,被劳教人员已逐步被释放,劳教场所逐步转为如强制戒毒所等其他功能性场所,劳教管理人员逐步转为如负责强制戒毒、司法教育等其他岗位工作人员。

必须承认,尽管存在严重的理论与实践弊端,劳动教养制度在实施期间曾发挥过对特定违法性社会危害行为治理的独特机能,在威慑轻型治安违法行为、防范治安风险、保障社会安全等方面起过重要的历史作用。然而,在长期的制度实践中,劳动教养制度在规范、定性、对象、功能诸方面形成发展并体现出来的越来越偏差的种种不良特征,为劳动教养在规范、程序与措施方面重重弊端的产生埋下了制度伏笔,成为劳动教养制度被最终废止的重要逻辑前因。

一、从管制政策到行政规制:欠缺正式立法的劳动教养规范

劳动教养制度在其废止前的长达半个多世纪的运行过程中,最受诟病的特征就是规范的极不完善和应然立法的根本缺失。当然,我国法治发展也是一个不断完善的过程,特定的法治发展进程对立法规范的要求在不同阶段也有所不同,因此劳动教养制度在早期的立法缺失问题有其特殊的时代背景。而在1997年依法治国作为基本国策确立之后,相关管理部门也试图对劳动教养制度进行规范化的尝试,但由于立法层级与规范内容所限,相关法规无论从属性上还是内容上都远远达不到正式立法的规范性要求,劳动教养缺乏正式立法规范的现象并未从根本上得到改观。正式立法规范的缺失为劳动教养制度的不当滥用与权利威胁埋下了隐患,也是劳动教养制度最终被废止的线索性源头之一。纵观劳动教养制度规范的发展史,劳动教养制度的规范可以分为政策管制和行政规制两个阶段,虽然行政规制阶段相对于政策管制阶段,在规范性意义上有了重大进步,但仍然远远跟不上依法治国精神下的立法要求,直接与《中华人民共和国立法法》(以下简称《立法法》)的基本规定相悖,代表着欠缺正式立法与合法授权基础的负面特征并未有所改变。

(一)政策管制阶段

劳动教养制度在规范起源上是作为社会治理的政治措施而在政策文件

中首先出现的。1955年8月25日,为了处置政治运动中清查出来的反革命分子,中共中央发布的《中共中央关于彻底肃清暗藏的反革命分子的指示》以政策宣示的意味指出:对反革命分子和其他坏分子,除了较重的判刑的办法外,"另一种办法,是不够判刑、而政治上又不适用于继续留用,放到社会上又增加失业的,则进行劳动教养,就是虽不判刑,虽不完全失去自由,但亦应集中起来,替国家做工,由国家发给一定的工资"[1]。可以说,该指示是我国设立劳动教养制度的首个正式政策性文件。从这份文件中就可以看出,劳动教养制度设置的初衷是基于政治考量的对特定人员的管制需要,初始就带有补充刑罚功能、集中劳动改造的性质。依据该指示的文件精神,全国各省市陆续建立起了劳动教养制度及其场所[2]。1957年8月1日,经全国人大常委会批准,国务院出台了《国务院关于劳动教养问题的决定》,其第二条明确规定:"劳动教养,是对于被劳动教养的人实行强制性教育改造的一种措施,也是对他们安置就业的一种办法。"这是我国第一次以行政法规的形式确立了劳动教养制度,并进一步将劳动教养定位于带有强制性和安置性的教育改造措施,但该规定内容过于原则,只有五个简单的且相对含糊的条文,对劳动教养运行制度并无具体规定,在性质上更多体现出正式政策宣示的特点,而缺乏具体明确的立法规制属性。随后1979年11月29日发布的《国务院关于劳动教养的补充规定》也只是寥寥数语,五个条文,主要体现了一种基于刑事政策的对劳动教养制度的进一步确认。

(二)行政规制阶段

直到1982年1月21日国务院转发了公安部制定的《劳动教养试行办法》,真正带有制度规制性质的关于劳动教养的行政法规才出现。该办法进一步明确了劳动教养制度的具体适用规则,对劳动教养的性质、适用及管理程序作出了更具体明确的规定。该办法基本上是对1979年《国务院关于劳动教养的补充规定》的延续和细化,例如其第二条规定的定位与1979年的这部行政法规基本保持一致:"劳动教养,是对被劳动教养的人实行强制性教育改造的行政措施,是处理人民内部矛盾的一种方法。"1982年的《劳动教养试行办法》虽然有适用规则,但对劳动教养的对象、启动、决定和监督等很多需要进一步细化明确的运行机制缺乏规范性规定,总体而言仍过于原则。而随

---

[1] 参见张英洪:《劳教制度:是改是废?》,《书屋》2004年第3期。
[2] 参见王公义:《劳动教养制度存废问题研究》,《中南民族大学学报(人文社会科学版)》2012年第3期。

着依法治国进程的深入以及对制度规范性和合法性的要求不断提高,1982年的这部部门行政规范早已满足不了立法层次要求,因为规范不明造成的实践混乱和措施滥用问题已经反复出现,但劳教制度规范化的步伐依然非常缓慢[1]。1986年9月5日颁布的《中华人民共和国治安管理处罚条例》以及承继其的在2005年8月28日颁布的《中华人民共和国治安管理处罚法》(以下简称《治安管理处罚法》)第七十六条都仅规定了公安机关可以劳动教养的三种具体法定情形,但是范围相较于《劳动教养试行办法》而言极度狭窄[2],且并未使用"劳动教养"的表述,而是代之以"强制性教育措施"[3],除此之外再无正式立法规定。而直到2002年4月12日公安部出台了《公安机关办理劳动教养案件规定》,劳动教养制度才相对完善。为了遏制实践中劳动教养范围不当扩大、乱象频出的问题,该规定明确了应当依法决定劳动教养的十种对象,并进一步体系性地明确了劳动教养的审核、聆询、决定、执行以及执法监督的完整程序。这一规定的出台是应对当时劳动教养规范严重缺失、对象和程序实践混乱的重要举措。而且为了进一步防范滥用、完善劳动教养制度,2005年9月13日,公安部还继续发布了《关于进一步加强和改进劳动教养审批工作的实施意见》,缩减了劳教期限,扩大了劳教案件的聆询范围,并规定了律师可以进行代理等法律服务。虽然通过公安部的两个行政规范性文件劳教制度有了相对具体的制度规范,但与其他同样限制人身自由的程序性立法规范相比,无论在权利保障的体系性还是司法救济的完善性方面,这两个行政规范性文件都依然有十分明显的差距,从根本上依然对劳动教养制度措施的滥用难以有效预防,未能解决长期存在的立法缺失问题。

由此可见,虽然劳动教养制度在长期发展过程中逐步通过行政规范性文件获得了一定程度的制度规制,相较于早期单纯依靠政策文件的运行模式有了明显进步,但是这些具体文件规定依然非常零散且很不健全。此外,更严重的突出问题是劳动教养制度作为限制人身自由的强制措施在立法意义上

---

[1] 参见刘仁文:《废止劳教后的刑法结构完善》,社会科学文献出版社2015年版,第7页。

[2] 根据《治安管理处罚法》第七十六条规定,仅对有"引诱、容留、介绍他人卖淫的""制作、运输、复制、出售、出租淫秽的书刊、图片、影片、音像制品等淫秽物品或者利用计算机信息网络、电话以及其他通讯工具传播淫秽信息的""以营利为目的,为赌博提供条件的,或者参与赌博赌资较大的"行为的三种情形且屡教不改的,可以按照国家规定采取强制性教育措施。

[3] 根据2006年1月23日公布的《公安机关执行〈中华人民共和国治安管理处罚法〉有关问题的解释》,"强制性教育措施"就是指劳动教养。

缺乏必要的正式法律对其进行规范,远远滞后于法治规范性的要求[1]。2000年《立法法》第八条明确规定对公民政治权利的剥夺、限制人身自由的强制措施和处罚必须由法律加以明确规定,因此采用剥夺、限制人身自由手段的劳动教养制度需要获得正式立法的授权,否则即违背基本法律的规定,面临合法性制度的重大疑问。这一问题成为悬在劳动教养制度头上的达摩克利斯之剑。

尽管公安部门一直在为完善劳动教养制度探索规范化方案,但是劳动教养制度适用过程中源于基本立法缺失的规范不足、定性不清、程序不当、重惩轻教等一系列问题一直难以化解;进一步在依法治国的背景下,欠缺正式法律授权带来的无法有效保障正当程序和合法权利的难题依然突出,这成为劳动教养制度逐步废除的重要动机。

二、介于刑事与行政措施之间:模糊不清的劳动教养定性

(一)基于规范文件的定性困难

规定劳动教养的规范性文件对劳动教养的性质界定体现了国家对劳动教养的具体制度定位,但是多个规范体现出的劳动教养之制度定性却一直是变动不居、难以确定的。随着规范性文件的定位不断变化,劳动教养制度逐渐从教育改造兼具安置就业的福利性质措施向强调强制性、惩罚性的行政措施的方向转变,但其较长期限限制人身自由的实施手段实质上又接近于监禁刑的定性,在实践中体现出实质上的迷你刑罚特质,有时甚至被用来替代正式刑罚。这体现出劳动教养制度介于刑事措施与行政措施之间、惩罚措施与强制措施之间的摇摆不定的模糊定性特征。

首先,在劳动教养制度实施的早期阶段,劳动教养制度一直被定位于行政强制性教育措施。1957年《国务院关于劳动教养问题的决定》把劳动教养定义为"实行强制性教育改造的一种措施,也是对他们安置就业的一种办法",认为劳动教养兼具强制改造和安置就业的属性。而1982年的《劳动教养试行办法》却去掉了其安置就业的性质,只是继续将劳动教养界定为"实行强制性教育改造的行政措施,是处理人民内部矛盾的一种方法"。其次,自改革开放之后,劳动教养的制度属性逐渐向行政处罚的方向转变。如前所述,1982年由国务院转发、公安部制定的《劳动教养试行办法》中申明了其强制

---

[1] 参见沈福俊:《关于废除劳动教养制度的思考》,《法学》1999年第7期。

性教育改造行政措施这一性质。发生改变的是1986年颁布的《中华人民共和国治安管理处罚条例》,该条例规定了劳动教养措施,意味着将劳动教养作为具有行政处罚属性的治安管理强制措施的手段之一。进一步界定其具有行政处罚属性的是1991年11月1日国务院新闻办发布的《中国的人权状况》白皮书,其明确写道:"劳动教养不是刑事处罚,而是行政处罚。"但是,1996年颁布的《中华人民共和国行政处罚法》(以下简称《行政处罚法》)规定的"行政处罚的种类"中并没有包括劳动教养。最后,根据2005年颁布的《治安管理处罚法》第七十六条的规定,劳动教养重回强制性教育措施的定位,但该定位却是规定在授权行政处罚的法律之中。该法第七十六条规定:"有本法第六十七条、第六十八条、第七十条的行为,屡教不改的,可以按照国家规定采取强制性教育措施。"劳动教养由此被赋予了"强制性教育措施"[1]的法律定性,但由于处于治安管理处罚的法律规定中,不可避免地又带有一定的处罚授权色彩。而对比作为行政强制措施的定位而言,2002年《公安机关办理劳动教养案件规定》中劳动教养最高三年(还可延长一年)的关押教养方式远远超过了其他各种行政处罚手段,甚至超过了某些刑罚措施,因此在惩罚限度上体现出与刑罚不相上下的处罚性质,因此也被视为实质上的迷你刑罚,实践中甚至被用来替代短期监禁刑罚,达到绕过正式刑事诉讼程序施加同短期刑相同程度制裁的效果。

综上可知,在规范性文件的表述中,劳动教养最初强调强制性和福利性兼具,开始被定性为"强制性教育改造措施和安置就业的方法",之后去掉了"安置就业"的福利属性,成为"处理人民内部矛盾"的强制性教育改造措施,但到底是刑事法上的措施还是行政法上的措施并未确定;从1987年开始,劳动教养开始被界定为"行政处罚",但《行政处罚法》中又未规定这一种类;直到2005年,劳动教养又重新回归行政性强制教育措施的定位,但是实质上与具有惩罚性的刑罚措施不相上下[2]。规范上的属性定位不清对劳教制度的合理界定产生了严重负面影响,劳动教养的范围、程序和强制措施徘徊于形式上的行政措施与刑事措施、教育改造与强制处罚之间难以确定,导致实践中以行政改造之名行实际刑罚之实的滥用和异化问题逐渐突出,成为劳教制度被废止的重要动因之一。

---

[1] 根据公安部颁布的《公安机关执行〈中华人民共和国治安管理处罚法〉有关问题的解释》,《治安管理处罚法》规定的"强制性教育措施"当时就是指劳动教养。

[2] 参见魏晓娜:《走出劳动教养制度的困局:理念、制度与技术》,《法学》2013年第2期。

（二）基于学理认识的定性混杂

伴随着规范上的变动不居和定位混乱，自劳动教养制度诞生之日起学界就对其存在着千差万别的认识，理论上关于劳动教养的性质更是众说纷纭，有多种不同主张：一是行政处罚论，认为虽然行政处罚法上并未规定劳动教养，但劳动教养实质上由于剥夺人身自由的特征而已经是带有行政处罚属性的措施[1]；二是行政强制措施论，认为劳动教养是行政法意义上的对较轻违法犯罪人实行的强制性的剥夺人身自由并进行劳动改造的措施[2]；三是刑罚的补充论，认为劳动教养由于其较长期限剥夺人身自由的属性而超越了一般行政处罚的范围，从而与刑罚程度相当，但又不是正式的刑罚制度，因此可以被认为是刑罚的必要补充措施[3]；四是保安处分论，认为劳动教养是刑事法措施意义上为了维护社会安全的需要而采取的非刑罚的改造预防处分的措施，带有明显的保安处分的性质[4]；五是综合论，认为劳动教养既具有行政处罚的属性，也具有刑罚的属性，因此其应该是综合行政处罚与刑罚属性的综合性措施[5]；六是独特措施说，认为劳教由于制度上的独特性，既难以归于刑罚，也难以归于行政处罚，因此劳动教养应该是一种具有独特价值的、不从属于行政法或刑法范围的一种独立措施[6]。以上对劳动教养属性的学理争论从某种意义上折射出劳动教养制度本身在法律定位上的尴尬处境，同规范文件上的定位混乱现象体现出同样的定性模糊问题。一方面，诸观点体现出了对劳动教养的行政措施与刑事措施属性的不同看法：第一、二种观点认为劳动教养是行政属性措施；而第三、四种观点则认为劳动教养属于刑事属性措施；第五、六种观点则属于折中式观点，认为劳动教养是介于行政属性措施和刑事属性措施之间的措施。另一方面，各种观点也体现出了对劳动教养的教育改造属性与强制处罚属性的不同认识：第一、三种观点强调了劳动

---

[1] 参见张京、苗欣兰：《浅析中国劳教制度的立法深化途径》，《人民公安》2010年第22期。

[2] 参见李晓燕：《论劳动教养制度的废存及违法行为教育矫治法的制定》，《法学杂志》2013年第3期。

[3] 参见刘仁文：《劳动教养制度及其改革》，《行政法学研究》2001年第4期。

[4] 参见屈学武：《保安处分与中国刑法改革》，《法学研究》1996年第5期。

[5] 参见研兵：《关于我国劳动教养性质问题的研究动态》，《犯罪与改造研究》1988年第1期。

[6] 参见苏利：《关于劳教立法若干基本问题的思考——兼评张劲松、黄世庚两同志建议稿》，《犯罪与改造研究》1988年第8期。

教养的强制处罚属性;而第二、四种观点强调了劳动教养的教育改造属性;第五、六种观点依然是折中观点,认为劳动教养兼具教育改造与强制制裁的属性。理论上的争议进一步表明在缺乏法律完整授权和明确定位的情形下,劳动教养制度与刑事法和行政法(治安管理处罚法)之间的关系交错重叠,导致劳动教养成为难以通过法律原理加以分析和释明的模糊制度。一方面,形式上是规定在行政规范中的强制处罚或教育改造措施,另一方面,又在实质上与短期监禁刑措施的严厉程度和剥夺人身自由属性相近,究竟是适用行政法理还是刑事法理莫衷一是。由此,当出现种种滥用扩张难题时,因为定性争议就无法通过法理分析而提供有效解决方案,最终其适用中的种种难题始终得不到解决而只能走向制度废止之途。

三、不断扩充且混乱庞杂:泛化的劳动教养适用对象

劳动教养的适用对象随着制度发展呈现不断扩充趋势,导致实践中劳动教养适用范围的不断泛化与措施的滥用。新中国成立初期,根据时代需求劳动教养初始的适用对象是"不好安置的反革命分子和坏分子",而发展到1957年,《国务院关于劳动教养问题的决定》则将劳动教养制度的对象扩展到常见的四种违反治安管理和轻微犯罪行为人,不过此时对不同情况施加了不务正业、有流氓行为、无生活出路、不服从分配或接受劝导等条件限制,依然体现出劳动教养初始预设时的安置目的。随着时代的发展,劳动教养制度越来越成为社会管理的重要手段,其适用范围因此也在不断扩展,由于缺乏必要的规范进行明确,各种规范性文件都在不断扩张着劳动教养对象,从四种对象、六种对象最后发展到二十几种类型的对象[1]。标志性地体现其宽广适用范围的是2002年《公安机关办理劳动教养案件规定》的第九条,劳动教养的适用对象在年满十六周岁的前提下被分为相对宽泛的十种明确情形与一种兜底情形,几乎囊括了所有的违法治安尚达不到刑事责任的常见情形:第一,"危害国家安全情节显著轻微,尚不够刑事处罚的";第二,"结伙杀人、抢劫、强奸、放火、绑架、爆炸或者拐卖妇女、儿童的犯罪团伙中,尚不够刑事处罚的";第三,"有强制猥亵、侮辱妇女,猥亵儿童,聚众淫乱,引诱未成年人聚众淫乱,非法拘禁,盗窃,诈骗,伪造、倒卖发票,倒卖车票、船票,伪造有价票证,倒卖伪造的有价票证,抢夺,聚众哄抢,敲诈勒索,招摇撞骗,伪造、变造、买卖

---

[1] 参见夏宗素:《劳动教养学》,群众出版社2003年版,第159页。

国家机关公文、证件、印章,以及窝藏、转移、收购、销售赃物的违法犯罪行为,被依法判处刑罚执行期满后五年内又实施前述行为之一,或者被公安机关依法予以罚款、行政拘留、收容教养、劳动教养执行期满后三年内又实施前述行为之一,尚不够刑事处罚的";第四,"制造恐怖气氛、造成公众心理恐慌、危害公共安全,组织、利用会道门、邪教组织,利用迷信破坏国家法律实施,聚众斗殴,寻衅滋事,煽动闹事,强买强卖,欺行霸市,或者称霸一方、为非作恶、欺压群众、恶习较深、扰乱社会治安秩序,尚不够刑事处罚的";第五,"无理取闹,扰乱生产秩序、工作秩序、教学科研秩序或者生活秩序,且拒绝、阻碍国家机关工作人员依法执行职务,未使用暴力、威胁方法的";第六,"教唆他人违法犯罪,尚不够刑事处罚的";第七,"介绍、容留他人卖淫、嫖娼,引诱他人卖淫,赌博或者为赌博提供条件,制作、复制、出售、出租或者传播淫秽物品,情节较重,尚不够刑事处罚的";第八,"因卖淫、嫖娼被公安机关依法予以警告、罚款或者行政拘留后又卖淫、嫖娼的";第九,"吸食、注射毒品成瘾,经过强制戒除后又吸食、注射毒品的";第十,"对实施危害国家安全、危害公共安全、侵犯公民人身权利、侵犯财产、妨害社会管理秩序的犯罪行为的人,因犯罪情节轻微人民检察院不起诉、人民法院免予刑事处罚"。第十一种是"有法律规定的其他应当劳动教养"的兜底情形[1]。

  从这一规定来看,劳教的适用对象在性质上已十分宽泛庞杂,几乎介于刑罚和行政治安管理处罚之间的各种违反治安管理和轻微违法犯罪的行为都可涉及,甚至经常侵入刑罚和治安处罚的已有领域,远超治安管理处罚和刑罚的对象范围[2]。根据属性不同,前述规定的对象总体上可以分为并无必然关联的四类。第一类是行为在性质上与犯罪相近,但量上尚未达到犯罪程度、尚不够刑事处罚的对象,上述规定中第一种到第七种情形都体现了这一性质。《中华人民共和国刑法》(以下简称《刑法》)分则对具体犯罪规定的特殊之处在于定性与定量标准相结合[3]。《刑法》总则中第十三条通过但书规定,"情节显著轻微危害不大的,不认为是犯罪",在某种程度上确立了犯罪

---

[1] 参见 2002 年《公安机关办理劳动教养案件规定》的第九条。
[2] 参见储陈城:《劳教违法行为的归宿——基于对"保安处分说"和"二元分流说"的批判分析》,《法学》2014 年第 8 期。
[3] 参见陈兴良:《作为犯罪构成要件的罪量要素——立足于中国刑法的探讨》,《环球法律评论》2003 年第 3 期。

需达到一定量上严重程度的一般性原则[1]。此外,分则在规定具体犯罪时,除了对犯罪行为的具体性质有明确规定,还在定量意义上规定了如数额、情节、结果等具体量化要素。危害行为的数额、情节、结果等若未达到《刑法》规定的定量因素便不构成犯罪,无法适用刑罚,但若不加处理或仅在《治安管理处罚法》规定的情形下适用治安管理处罚又无法涵盖对这些危害行为的治理,劳动教养则填补了这一空白,在此意义上作为对刑事处罚的补充性制裁措施。第二类是实施特定治安违法行为的对象,对应上述第八、九项的卖淫嫖娼以及吸食、注射毒品成瘾屡教不改的行为人,其特点是针对特定的戒除不良习惯或成瘾的需求而实施,此时劳动教养起到了类似于国外对常习犯和戒瘾需求者实施保安处分措施的作用。第三类对象是作为刑罚补充类的对象,针对经过刑事诉讼程序不予刑罚但又需要采取一定的处理措施的轻微违法犯罪人进行劳动教养,类似于国外保安处分的部分对象:按照前述第十项规定,即行为危害实质上达到了犯罪标准,但因犯罪情节轻微而检察院不起诉、法院虽然判决有罪但免予刑罚的主体。第四类是其他法律规定扩充的临时性劳教对象,这类措施可以授权由其他法律规定创制,因此是最容易被滥用扩充的类型。这一授权来自《公安机关办理劳动教养案件规定》前述兜底规定情形。早期实践中大量的规范性文件借此规定了劳动教养的形式,扩展了劳动教养的适用对象,如以自残手段逃避惩罚的违法犯罪分子[2],有配偶的人与他人非法姘居的人员[3]等。对这类对象的劳动教养主要是从填补社会管理的空白的意义上对危险对象临时适用的管束措施,但缺乏稳定明确的标准,实践中被大量扩充,成为劳动教养对象变动不居、肆意滥用的主要之处。实际上在 2002 年公安机关的规定出台之前,劳动教养对象随意扩充的乱象更为严重,任何规范性文件都可以成为劳教对象扩充的依据,如某地方随意发布文件规定,"以营利为目的,挂牌收购烟、酒等礼品,情节严重的"将予以劳动教养[4]。2002 年《公安机关办理劳动教养案件规定》理论上限缩了任何规范性文件都可以扩张劳动教养的范围而仅将授权范围限于"法律规

---

[1] 参见王政勋:《定量因素在犯罪成立条件中的地位——兼论犯罪构成理论的完善》,《政法论坛》2007 年第 4 期。

[2] 参见公安部、司法部[88]公(刑)字 75 号《公安 司法部关于坚决依法惩处以自残手段逃避惩罚的犯罪分子的通知》。

[3] 参见《最高人民法院 最高人民检察院 公安部关于重婚案件管辖问题的通知》。

[4] 参见时延安:《劳动教养制度的终止与保安处分的法治化》,《中国法学》2013 年第 1 期。

定",但仍然存在扩张的相对随意空间,也很难遏制劳动教养的扩张适用。可以说上述四类对象本身并无逻辑上的必然联系,之所以成为劳动教养的对象,是出于社会治安维护的相应要求:这些规定的劳动教养对象介于刑罚与治安管理处罚之间难以处理,从社会管理便宜的角度纳入劳动教养可以填补治理空白。但社会管理需求随着时代发展和社会的复杂化而范围越来越大,且随着不同社会情形需求千变万化,当刑罚与治安管理处罚都由于明确的法律规定而不易调整范围时,劳动教养对象就被作为便宜手段而不断扩充适用,从而出现范围越扩越大且适用对象混乱庞杂的乱象。

而进一步更深层次的探究,可以发现劳动教养制度的对象泛化问题与我国法律制裁体系的设置有关。"长期以来,我国的法律制裁体系是以社会危害程度为轴心,把违法行为划分为犯罪行为、需要进行劳动教养的行为以及给予行政处罚的一般违法行为,为维护社会治安,采取的是刑罚、劳动教养和行政处罚三级制裁体系"[1],即三元违法犯罪治理体制。在我国,限于刑法关于犯罪的概念是定性因素和定量因素的结合,如数额犯、情节犯、结果犯等,若危害行为未达到分则规定的定量因素便不构成犯罪,无法适用刑罚,而仅仅给予行政处罚可能又显得畸轻,劳动教养的存在恰好满足了这一需求,其在实践中常常是作为一种介于行政处罚与刑罚之间的制裁措施来使用。基于这种期望,劳动教养制度常常被认为应该覆盖刑罚与治安管理处罚之间的一切需要制裁的轻微违法犯罪人员:一是从定性上已经实施了刑法规定的具体犯罪属性的行为但在定量意义上如数额、后果未达到刑法要求的危害行为人,对其进行行政处罚又似乎太轻;二是行为危害不大,但主观恶性和人身危险性较大的威胁治安的危害行为人。前者是依据行为介于犯罪与治安违法之间的属性来确定,后者是依据主观恶性与人身危险性程度来确定[2]。而且这种衔接由于劳动教养对象缺乏明确界限且公安机关的规定又留出了扩充余地而模糊不定,因此劳动教养适用的对象范围时常侵入刑罚或治安管理处罚适用的对象领域,导致常出现这几类处罚对象交叉重叠、标准不定、处罚轻重颠倒的问题,这都是劳动教养对象不清造成的劳动教养的种种突出弊端。

---

[1] 参见赵秉志、商浩文:《论劳动教养制度的废止与刑法调整》,《法律科学(西北政法大学学报)》2015年第3期。

[2] 参见魏晓娜:《走出劳动教养制度的困局:理念、制度与技术》,《法学》2013年第2期。

四、重管惩轻改造：背离教育初衷的劳动教养功能

劳动教养制度一开始设立之时带有明确的教育矫治功能目标。从劳动教养的名称和早期定位都可以看出其明确的通过劳动教育改造违法对象的初衷。早期的劳动教养希望通过集中教育与劳动方法，安置并有效改造劳动教养的对象。然而，在劳动教养制度生效的半个多世纪里，随着其越来越被作为社会管理与秩序维护的重要手段，这一制度在实践中越来越成为通过惩罚和隔离功能来实现维护社会治安、稳定社会秩序的有效工具。因此威慑惩罚功能和管控隔离功能成为劳动教养制度实践优先考虑的功能，由此体现这两种功能的较长期限集中关押特性就在劳动教养制度中得到了进一步的强调和重视，这又进一步强化了管控隔离与威慑惩罚功能，反而教育改造功能这一成效缓慢且难以衡量的制度初衷被严重忽视和弱化，导致劳动教养实践中呈现出重关押轻改造的难题，而对改造的忽视又造成了无法防范劳动教养对象将来再犯的问题，屡教不改现象愈发严重。功能上的偏差是实践中劳动教养制度惩罚越来越严厉的重要原因，而过重的惩罚性最终导致劳动教养制度出现措施上的异化，不仅与受惩罚的违法行为性质之间严重失衡，而且惩罚的严厉性甚至超过了本应最重的刑罚制度而明显过当，成为导致劳动教养制度废止的另一重要原因。

（一）倚重的管控隔离功能

根据司法部公布的统计数据，自劳动教养制度创立至 2002 年，全国累计劳动教养 500 余万人，全国拥有 357 家劳动教养场所，最多时曾关押着 30 多万名劳教人员[1]。无论是新中国成立初期，还是改革开放后，劳动教养制度都因为其良好的管控隔离功能，为巩固国家政权、维护社会治安、稳定社会秩序发挥了重要的制度作用。管控隔离功能体现为劳动教养采取了集中教养的具体方式，对社会安全保障程度高、效果好；更结合了劳教适用时灵活好用、便捷高效的特点，克服了法律规定往往滞后的问题，使执法者可以根据形势的变化需要及时处理通过刑罚或者行政处罚手段难以解决的社会管理问题，满足社会安全隔离的即时需求。可见，管控隔离功能成为劳动教养制度废止前对象不断扩充和实践中大量运用的重要动因。因为社会管理中存在

---

[1] 参见储槐植、陈兴良、张绍彦：《理性与秩序——中国劳动教养制度研究》，法律出版社 2002 年版，第 275 - 276 页。

的各种管控隔离需求层出不穷,社会治理需要大量临时机动的隔离管制措施,而受到明确法治规范的刑罚或者治安拘留等由于标准明确而无法随意扩张滥用,而相较之下规范不清、边界模糊的劳动教养制度则无疑可以满足这种需求,这就造成劳动教养超范围之大量滥用问题,同时在大量滥用的同时又进一步强调突出了管控隔离功能,形成制度实践的循环依赖。

(二)强化的威慑惩罚功能

虽然无论是刑罚还是治安管理处罚都同劳动教养一样具备威慑惩罚功能,但劳动教养对介入刑罚和治安管理处罚之间的大量适用对象有其特别的威慑惩罚作用,在治理"大错不犯、小错不断、气死公安、难死法院"等轻微违法犯罪行为以及常习犯方面有特定的威慑打击效果[1]。我国《刑法》关于犯罪的界定属于定性要素标准和定量要素标准的结合,轻微违法或常习类违法人员的危害行为违法性较小,但主观恶性和人身危险性较大,因达不到刑法上对犯罪规定的定量因素而无法适用刑罚,若只是给予行政处罚又显得偏轻,起不到应有的威慑惩罚作用,此时劳动教养的威慑惩罚功能就体现出了明显的优势:劳动教养制度的关押教养的模式因为监禁属性而带有惩罚色彩,且关押教养的时限超过治安管理处罚的拘留措施甚至相当于短期监禁刑罚,由此劳动教养的威慑惩罚功能强于治安管理处罚甚至达到短期自由刑的水平,刚好可以弥补我国制裁体系中治安管理处罚与刑罚之间的结构性威慑功能缺损,对二者之间的违法行为对象起到惩罚吓止的作用,从而有效预防中度违法行为向犯罪或治安违法行为的蔓延[2]。实践中大量的劳动教养制度适用优先考虑的是其威慑惩罚不法行为的功能,希望通过劳动教养制度的惩罚性威慑社会中够不上刑罚但又需要威慑的潜在较轻违法行为人,补充刑罚威慑之不足。然而过分强调威慑惩罚也导致了劳动教养在制度实践中越来越倾向于长期性与严厉性,导致劳动教养制度的惩罚属性越来越重,在适用标准又相对模糊的情形下构成对基本权利的严重威胁。

(三)羸弱的教育改造功能

劳动教养从原初意义上就强调对教养对象通过劳动进行教育改造的内涵,可以说教育改造功能是劳动教养制度的初始之义[3]。劳动教养的诸种

---

[1] 参见储槐植:《再论劳动教养制度的合理性》,《中外法学》2001年第6期。

[2] 参见张绍彦:《改革制度,优化功能——十字路口的劳动教养叙说》,《法学家茶座》2012年第4期。

[3] 参见储槐植:《从国情出发思考劳动教养制度改革》,《中国司法》2009年第3期。

规范也都规定了劳动教养的教育改造功能,特别是明确了对常习犯和成瘾犯的戒除性教育可以对这两类人起到突出的挽救改造作用,劳教场所也或多或少采取了法治教育、道德教育、人格改造、技能培训等教育改造手段。教育改造功能的实现对防范教养对象再犯意义重大,也是在长远意义上维护了社会的安全稳定。但是随着后期劳教实践越来越注重立竿见影的管控隔离和威慑惩罚的功能,教育改造功能在实践中不受重视并大大被弱化,且随着关押人数的不断攀升而对个案教育改造有心无力。更为严重的是,劳动教养制度在集中教养过程中基于共同关押与社会隔离特点本身存在着对教育改造效果的不利影响,如果不能倾斜性地加大教育改造力度,教育改造功能更难以有效实现。相对于管控隔离和威慑惩罚功能,教育改造周期长、效果不能立即显现且难以评价,因此实践中不可避免地越来越倚重效应短平快的管控隔离和威慑惩罚功能。丧失了教育改造功能的积极性之后,劳动教养在实践中一度沦为围绕关押惩罚属性而展开的社会管理工具,用于社会临时治理需要,此消彼长之间教育改造功能被极度轻视[1]。这导致教养对象改造效果不佳,长远再犯率较高,从而进一步在实践中加大了管控和威慑违法对象的即时需求,形成功能上的恶性循环。这表明劳动教养实践机制逐渐背离了最初制度设置时以教育改造为主的初衷,变成强调隔离惩罚的单纯管制手段[2]。

由上分析可见,劳动教养制度就其满足惩处安置需求的初衷和填补社会治理不足的机能而言有其特定时代的制度合理性;但在30年的制度实践过程中,前述先天规范不足、制度定性不清、实施对象庞杂以及实践功能异化等诸多特征始终困扰着劳动教养的制度运行,由此造成了劳动教养在法治维护、程序保障以及功能正当等诸多方面备受诟病的深层制度缺陷,进一步形成对法治稳定和公民权利的严重威胁,从而引发对其制度正当性、合法性和合理性的全面批判。因此,如果要探讨劳动教养废止后的替代社会治理问题,从吸取制度教训与防范重蹈覆辙的意义上就需要根据前述劳动教养制度特征的影响深入检视导致劳动教养制度之废止的主要弊端,为劳动教养废止后的新治理制度设置提供合理形塑依据。

---

〔1〕 参见于建嵘:《劳动教养制度的发展演变及存废之争》,《中国党政干部论坛》2013年第1期。

〔2〕 参见张绍彦:《劳动教养的轨迹及去向》,《法学论坛》2008年第4期。

第二节　劳动教养的三大主要缺陷及其价值威胁

前述劳动教养问题重重的自身特征已经为其实践运行埋下了严重隐患，由此导致了劳动教养制度在运行中越来越明显的实践缺陷，最终严重威胁到了制度自身的正当性与合理性，导致劳动教养制度的废止。因此，如果要深入分析劳动教养的制度教训与废止逻辑，就要在明晰前述劳动教养制度特征的基础上，进一步总结分析由其导致的劳动教养制度的主要缺陷，以有效探寻劳动教养废止的背后动因。

在劳动教养制度废止之前，理论界早已认识到劳动教养的重重弊端，对其进行了全方位的批判。这些批判范围广泛、角度多元，为我们揭示了劳动教养制度弊端的不同侧面，为进一步总结归纳劳动教养制度的缺陷提供了丰富依据。梳理分析理论界种种对劳动教养制度的缺陷的批判，可发现根据批判的不同视角大致分为三个方面。一是基于法治立场对劳动教养规范的正当性和合理性的批判。如认为劳动教养规范性文件法律位阶较低，立法上存在违反上位法的重大瑕疵[1]；规范性文件内容模糊，执法者任意扩张适用范围，沦为"口袋条款"[2]；行政复议、行政诉讼等权利救济渠道缺乏立法细致规定，形同虚设[3]。二是基于程序正义立场对劳动教养程序缺失及其导致的权力滥用的批判。如认为审批权被公安机关垄断，缺乏中立性，违反正当程序，未形成有效的权力制约与监督机制；由于缺乏程序上的严格限制，权力滥用问题突出，"以教代侦"、"以教代罚"、打击报复、对检察院决定不起诉和法院判决无罪的人进行劳动教养等情况时有发生[4]。三是基于措施相当性立场对惩罚的严厉性和失衡性的批判。如认为劳动教养对象的行为性质与处罚严厉程度不均衡，劳动教养有时甚至比刑罚更严苛；劳动教养场所背离劳动教养的性质和宗旨，以强制劳动为主、教育矫治为辅，成为"第二监

---

〔1〕参见刘仁文：《废止劳教后的刑法结构完善》，社会科学文献出版社2015年版，第2页。

〔2〕参见张绍彦：《关于劳动教养立法的基础问题思考》，《法学》2001年第3期。

〔3〕参见宋炉安：《劳动教养应予废除》，《行政法学研究》1996年第2期。

〔4〕参见陈瑞华：《警察权的司法控制——以劳动教养为范例的分析》，《法学》2001年第6期。

狱"〔1〕。以上这些对劳动教养制度的批评,从不同的角度表明了劳动教养制度本身的诸多理论缺陷,而这些缺陷不仅表明了劳动教养制度废止的必要性,同时也提供了劳教废止后填补其制度空白时所必须关注和吸取的经验面向。也即如果希望未来的后劳教时代替代填补机制能够真正科学有效地解决劳教的诸多问题,从避免重蹈覆辙的意义上就需要对劳教制度的弊端进行全面、深刻的梳理反思,明晰缺陷之关键症结所在。

一、规范缺失

(一) 缺乏法律授权的规范正当性缺失问题

如前所述,现行劳动教养制度的多数规范性文件法律位阶偏低,与《中华人民共和国宪法》(以下简称《宪法》)、《立法法》、《行政处罚法》有冲突之处,与我国已经签署的《公民权利和政治权利国际公约》并不相符〔2〕。劳动教养工作的基本规范依据是国务院颁布的《国务院关于劳动教养问题的决定》《国务院关于劳动教养的补充规定》和国务院批准、公安部制定发布的《劳动教养试行办法》,其中前两个规范虽经全国人大常委会批准,但由于它们都是由国务院制定和颁布的,因而就性质而言是行政法规,第三个公安部发布的规范则属于部门规章,都尚未达到《立法法》规定的正式法律的层级。

而根据现有各种法律规定,劳动教养这种最高仅有行政法规授权的规范状况严重背离法律的基本要求,缺乏基本法律依据。一是依据《宪法》的明确规定,只有全国人民代表大会及其常务委员会有权制定法律。我国《立法法》第八条第(五)项明确规定:"下列事项只能制定法律……(五) 对公民政治权利的剥夺、限制人身自由的强制措施和处罚;……"第九条规定:"本法第八条规定的事项尚未制定法律的,全国人民代表大会及其常务委员会有权作出决定,授权国务院可以根据实际需要,对其中的部分事项先制定行政法规,但是有关犯罪和刑罚、对公民政治权利的剥夺和限制人身自由的强制措施和处罚、司法制度等事项除外。"劳动教养作为限制甚至剥夺人身自由的处罚,是

---

〔1〕 参见王书成:《"废除劳动教养制度建议书"的宪法学思考》,《山东社会科学》2009年第1期。

〔2〕 虽然我国只是签署了该公约而尚未正式批准该公约,但是签署公约也是对其规范精神的认可,公约规定应该成为规范化的努力发展方向。与该公约相一致的规范推进可以为将来批准公约创造条件。参见刘健、赖建云:《论我国劳动教养制度与国际人权公约的冲突及其调整——对免于强迫劳动权的剖析》,《法学评论》2001年第5期。

法律绝对保留事项,只能由全国人民代表大会及其常务委员会制定法律予以规定,而劳动教养明显欠缺这种规定[1]。二是如前所述,劳动教养制度具有行政处罚的制度属性,但我国《行政处罚法》第九条所明确列举的行政处罚种类中并无"劳动教养"。该法第十条第二款还明确规定:"限制人身自由的行政处罚,只能由法律设定。"劳动教养制度并未做到《行政处罚法》的规范化要求。三是1998年我国已经签署了《公民权利和政治权利国际公约》,该公约第九条第一款规定:"人人有权享有人身自由和安全。任何人不得加以任意逮捕或拘禁。除非依照法律所确定的根据和程序,任何人不得被剥夺自由。"这里的"法律",应指由立法机关制定的法律。从承担的国际义务考虑,劳动教养欠缺正式法律规定的问题必须解决。

可见,无论从《立法法》要求的基本法律授权还是《行政处罚法》要求的处罚明确规定授权,甚至基于国际条约法律义务,劳动教养制度都缺乏正式法律的应然授权。劳动教养规范的来源长期依靠行政法规规章,"劳动教养"一词甚至从未在法律中出现过,即便《治安管理处罚法》中的"强制性教育措施"实质上被认为是"劳动教养",这种实质认定也只是通过公安部关于《治安管理处罚法》的规范性解释中获得[2],但从未得到正式法律确认。由此表明,劳动教养缺乏合法正当来源、与法治精神相抵触由来已久,却直到废止前也并未通过正式法律得到合法制度授权,导致对法治体系构成伤害。

(二)导致任意适用的规范模糊规定问题

劳动教养的适用范围具有很强的随意性,其重要的原因在于劳动教养的相关规定不仅反复变化而且相当模糊,留下了可能任意扩张的极大漏洞。如前所述,劳动教养适用对象从《国务院关于劳动教养问题的决定》第一条规定的4种,到国务院转发的《劳动教养试行办法》第十条规定的6种,又发展到公安部制定的《公安机关办理劳动教养案件规定》第九条规定的10种,劳动教养的具体适用对象在不断地扩充,且充斥着各种例外模糊的规定。如1982年国务院发布的《国务院关于将强制劳动和收容审查两项措施统一于劳动教养的通知》规定,"对有轻微违法犯罪行为、尚不够刑事处罚需要进行强制劳动的人,一律送劳动教养"。甚至在2002年《公安机关办理劳动教养案件规

---

[1] 参见孙谦:《关于完善我国逮捕制度的几点思考》,《中国法学》2000年第4期。

[2] 根据2006年1月23日公布的《公安机关执行〈中华人民共和国治安管理处罚法〉有关问题的解释》第七条关于强制性教育措施问题的规定,"强制性教育措施"在劳动教养存续的当时就是指劳动教养。

定》出台前,连地方司法机关、公安机关也在通过各自的规范规定劳动教养的适用对象,使得作为行政机关的公安部、地方政府、地方公安机关和司法机关享有了任意扩张规定劳教对象的权力,可以根据自己的工作需要随意扩张劳动教养适用对象。于是其后果就是在《公安机关办理劳动教养案件规定》出台前,实践中任意扩张劳动教养对象范围的现象十分突出,有的地方性文件甚至规定,收购礼品烟酒者可以被判处劳动教养[1]。又如,按照《劳动教养试行办法》第九条的规定,劳教的对象是有地域限制的,即"家居大中城市需要劳动教养的人"和"家居农村而流窜到城市、铁路沿线和大型厂矿作案,符合劳动教养条件的人",但有的地方将劳教对象范围扩大到乡镇、农村地区。对于到底什么情形可以适用劳动教养,观点极不统一。有的认为适用情形多达20多种,还有的认为由于行政规范的语焉不详与不当授权,劳动教养的适用范围几乎等同于《治安管理处罚法》规定的所有行为范围,由此凡是可以被治安管理处罚的人,就同样能够被劳动教养[2]。

考虑到现实中存在这一突出问题,后来《公安机关办理劳动教养案件规定》第九条对劳动教养适用对象作出了列举式与兜底式相结合的详细规定,一定程度上起到了规范上正面明确的作用。然而,就算如此,在劳动教养实践中相对随意扩张劳动教养适用范围的情况仍反复出现,其根源仍在于相关规定过于原则与模糊,缺乏明确的细则,由此导致了实践适用范围随意性的重重问题,即出现了因规范不清而劳动教养行使较为任意的情形。例如,《公安机关办理劳动教养案件规定》第九条第一款第(一)项规定:"危害国家安全情节显著轻微,尚不够刑事处罚的",应当依法决定劳动教养。理论上对"危害国家安全"的界定,应以《刑法》分则中有关危害国家安全罪的规定和《中华人民共和国国家安全法》中有关危害国家安全的行为的界定为基本标准,但是"在实践中却曾出现过,将公民语言过激的行为视为危害国家安全并对其适用劳动教养的情况"[3]。这是由于对"危害国家安全"的范围如何进行界定并不明确而造成的。由此,劳动教养的相关规定由于过于模糊而可能沦为口袋规定,被执法者用于随意扩大适用范围。此外,相关规定对劳教适用对

---

[1] 参见时延安:《劳动教养制度的终止与保安处分的法治化》,《中国法学》2013年第1期。

[2] 参见夏宗素:《劳动教养走向违法行为矫治》,《中国司法》2005年第4期。

[3] 参见时延安:《劳动教养制度的终止与保安处分的法治化》,《中国法学》2013年第1期。

象有所谓兜底条款,但实际上却特别赋予了适用范围任意扩张的可能性,由此造成可能比单纯的规定模糊还要大的任意使用空间的后果。如前述《公安机关办理劳动教养案件规定》第九条第一款第(十)项的规定就将劳动教养的权限赋予其他法律规定来进行扩张。这实际上就是认为劳动教养可由其他任意法律另行扩张性规定,等于赋予了其他机关通过法律规定扩大适用劳动教养对象范围的权力,实践中很容易被进一步滥用。

值得注意的是,虽然前述规定了劳动教养适用范围的诸多规范,但是由于其本身都是政策性文件或行政规范,并未达到国家正式法律的规范程度,因此规定的效力性低且随意性大,规范文件间的彼此冲突和扩张都很严重,进一步导致了劳教扩张滥用在实践中几乎无可避免的后果。在某种程度上,劳动教养缺乏正式法律的规范问题必然造成其适用对象的模糊性和扩张的任意性。由于缺少正式法律规范的权威性明确规定,各种效力层次等级的政策文件和行政性规范文件才有了肆意对劳动教养适用范围进行扩张性规定的可能,并留下实践中无视规范随意扩张的制度漏洞。

(三)导致替代刑罚的规范定性不清问题

如前所述,规定劳动教养的规范性文件在其定性上几经变更、语焉不详。一方面规定劳动教养是对达不到犯罪定量标准的违法行为人的制裁措施,具有刑罚的补充性质;另一方面又规定劳动教养具有行政处罚或行政强制措施属性,却在行政法上缺乏明确授权,未明确其与治安处罚的区别。当存在刑罚、治安处罚、劳动教养的三元制裁方式时,由于刑罚和治安处罚相对具有严格、明确的正式法律规范并有较为严格的适用标准和程序要求,所以劳动教养这一相对模糊、缺乏明确规范性的制裁手段就成为刑罚、治安处罚无法适用或难以适用时的填补性适用手段,这导致劳动教养制度成为实际上出于便宜而替代刑罚或治安管理处罚的扭曲方案。如因证据不足难以达到公诉标准的被代以劳动教养处理,对检察机关不起诉、撤回公诉或法院判决无罪的代以劳动教养处理,通过劳动教养变相延长侦查期限,甚至可以对难以进行治安处罚的对象施加劳动教养措施[1]。

当现有规范无法对劳动教养准确定性时,劳动教养与刑罚、治安处罚一起形成的三元制裁方式之间就呈现界限不清、重叠混杂的非体系化状态。缺

---

[1] 参见魏东:《论以刑法修正案形式规范劳动教养——侧重于劳动教养制度的实体法完善研究》,《北方法学》2013年第1期。

乏规范性的劳动教养由于适用上的灵活性和便宜性,就会成为优先被选择适用的制裁方式。这必然进一步增加了劳动教养本身就存在的非规范性风险,同时也削弱了刑罚和治安处罚所具有的规范机能;刑罚和治安处罚依靠有效规范所树立的普适规则、比例原则、正当程序可能因为劳动教养的填补性而过分适用从而被架空,并且其背后的法治基础和权利保障机能被进一步破坏。

二、程序失当

(一)制约权力的司法决定程序缺失

我国《宪法》第三十七条第二款规定:"任何公民,非经人民检察院批准或者决定或者人民法院决定,并由公安机关执行,不受逮捕。"此处的"逮捕"代表了剥夺人身自由的强制措施,因此依据《宪法》的规定,限制、剥夺人身自由的强制措施必须经过司法化的程序,决定机关与执行机关应当分开,决定机关具有一定的司法中立性。而劳动教养作为限制人身自由的与逮捕相当的强制措施自然应该遵循这一规定,实现程序的司法化[1]。

但是根据劳动教养的相关法律规定,即《公安机关办理劳动教养案件规定》第二条第二款,"劳动教养审批委员会的日常工作由本级公安机关法制部门承担"。劳动教养审批委员会外在上似乎是并不隶属于执行机关的独立机构,然而,根据这一规定,实际上仍然由作为执行机关的公安机关来代表运作。这或许符合行政效率原则,且便于公安机关有效维护社会治安,然而由此带来的弊端却非常明显,即劳动教养的提请机关与决定机关合一,导致决定机关既非司法机关,也难以保持中立。由此非常可能导致对提请的劳动教养难以进行实质必要的程序性审查,决定程序形同虚设,由此可能进一步导致不受约束地行使决定劳动教养权力问题的发生,产生侵害公民权利的可能性[2]。如对本来不应该进行劳动教养的人决定实施劳动教养,或为了绕开较为复杂的刑事诉讼程序而直接决定实施劳动教养。

此外,劳动教养管理委员会作为审查批准执行事项的决定机关,虽然是由民政、公安、劳动部门负责人兼职组成的,但实践中仍然由公安机关或司法

---

[1] 参见李本森:《停止劳动教养制度的路径选择——以公法的强制性整体变迁为视角》,《中国法学》2013年第6期。

[2] 参见殷明胜、董文媛:《宪政视野下的劳动教养审批程序改革》,《河北法学》2006年第11期。

行政机关来主要决定行使[1]。公安机关曾经掌握了劳动教养程序从调查、审批到决定执行的全流程权限,甚至还有审查复议的权力。司法行政机关作为执行机关也有一定的直接调整劳教期限的权力。在这两项极大的劳动教养决定权力的行使中,仅有的具有司法属性的程序是检察监督,但也是非必要程序,仅限于提出纠正意见,对于主管部门不予纠正的,也没有进一步强制性的法定监督限制权限。

中立与司法化的程序可以保障程序的公平和公正,也能由于不同机关权力的互相制约最大化地防范单方权力的滥用,并提供相应的制度救济空间。劳动教养的程序设置显然并不符合中立的司法决定程序的要求,缺乏必要的司法决定程序机制,不能实现提请机关与决定机关的分立和制约,因而难以防范任意性的权力行使,也导致决定程序可能出现不公正的问题。诸如唐慧案所代表的频繁发生的突破规范而扩张滥用劳教手段的实践案件就明显地体现出,在没有制约权力的中立司法决定程序之状况下,公民权利就会受到威胁。

(二)执行中审批与解除程序极不健全

劳动教养在执行过程中的审批、解除等决定人身自由权利剥夺期限的程序不健全,决定相对随意性大,由此导致了适用相对随意的严重情形。一方面,在劳动教养执行过程中特定措施的审批权由执行机关内部自主决定,且仅靠形式文书,对涉及人身自由限制的事项如所外执行的审批缺乏必要的听证、申诉、合议等程序,由此导致了各种事项审批相对比较混乱随意的情形,严重影响了执行的公平公正。另一方面,在执行过程中,劳动教养的解除仅限于单方面的有权机关直接决定的过于简单的程序设置,既没有为程序对象设置必要的申诉救济程序,也没有坚持中立与司法的原则,不仅无法有效监督制约权力的运行,也无法保障执行中的公正性[2]。

与相对正式的刑事执行程序的减刑假释相比,劳动教养执行中的审批与解除程序最大的问题在于执行机关在程序上的单方面行政决定性,导致缺乏司法程序式中立决定的有效设置,劳动教养管理委员会内存在执行机关、提请机关与决定机关特定程度上的合一特性,导致了司法决定程序所具有的不同机关分立制约的正当程序特性无法实现,因此劳动教养执行实践在所外执

---

[1] 参见陈泽宪:《中国的劳动教养制度及其改革》,《环球法律评论》2003年第4期。
[2] 参见肖宝兴:《我国劳动教养制度的改革与完善》,《中州学刊》2012年第2期。

行与提前解除等关键问题上都存在一定程度的决定上的混乱,执法的公平正义性与执行对象的权利受到严重影响,这在本质上是由审批与解除程序不够健全、缺乏中立决定程序与权利保障程序所造成的。

(三)被劳教者的权利救济程序形同虚设

劳动教养的相关规范虽然规定了一定的被劳动教养人员的申诉、起诉等权利救济程序,但存在相当程度的适用困难,导致权利救济程序难以有效运用实现。

第一,行政复议由于难以保障中立性,加大了被劳动教养人员寻求救济的困难度。行政复议通常在系统内进行,行政复议机关的部分人员同决定机关重复或同属于特定行政部门,导致行政复议难以保障有效的中立性。《公安机关办理劳动教养案件规定》第七十二条规定:"被劳动教养人员对劳动教养决定不服的,可以依照行政复议法的规定向作出决定的劳动教养管理委员会的本级人民政府或者上一级劳动教养管理委员会申请行政复议。被劳动教养人员向上一级劳动教养管理委员会申请行政复议的,同级公安机关应当依法受理,并以同级劳动教养管理委员会的名义依法作出行政复议决定。"由此可见,在劳动教养系统同一审批机关系统内部进行的复议很难保证中立客观地做出决定[1]。

第二,被劳教者虽然享有行政复议、行政诉讼的权利,但复议诉讼过程中却不能使得劳动教养决定暂缓执行,导致了权利救济程序的正当性与有效性大打折扣。根据《公安机关办理劳动教养案件规定》第七十四条的规定,"在申请行政复议或者提起行政诉讼期间,劳动教养决定不停止执行",而恰成对照的是,《治安管理处罚法》第一百零七条规定:"被处罚人不服行政拘留处罚决定,申请行政复议、提起行政诉讼的,可以向公安机关提出暂缓执行行政拘留的申请。"劳动教养和行政拘留同为行政处罚,对于处罚较轻的行政拘留在申请行政复议、提起行政诉讼时可以暂缓执行,而劳动教养却原则上不能暂缓执行。其处罚力度大于治安管理处罚,其滞后的司法救济措施却没有治安管理处罚完善。此外,刑事诉讼程序中,在上诉过程中且判决尚未生效之时,刑罚措施也并不会执行,相比之下,劳动教养却无法因为复议、诉讼而未做出最终决定前停止执行,救济程序上的不足非常明显。

第三,即便对劳动教养决定可以提出行政诉讼,行政诉讼程序也受到一

---

[1] 参见汪家鎏:《论劳动教养司法化》,《云南大学学报(法学版)》,2004年第1期。

定的实践干扰,导致权利救济渠道有时形同虚设。《公安机关办理劳动教养案件规定》第七十三条规定:"被劳动教养人员对劳动教养决定不服的,可以依照行政诉讼法的规定向人民法院提起行政诉讼。被劳动教养人员因不服劳动教养决定提起行政诉讼的,公安机关应当以同级劳动教养管理委员会的名义依法参加诉讼。"甚至"有的市级公安部门甚至下发文件,要求涉及劳动教养的行政复议、行政诉讼案件的撤销率不超过5%"[1]。

综上可见,劳动教养作为一种严厉程度甚至超过短期监禁刑的强制措施在权利救济程序设置上不仅与刑事诉讼程序明确的司法救济原则相比相去甚远,甚至对比治安管理处罚适用的行政诉讼程序都有相当差距,无论理论上还是实践上都难以实现其对被劳教人员的权利的有效保障。

三、措施异化

(一)劳动教养与刑罚的严厉性倒挂失衡

劳动教养的适用对象主要是有轻微违法犯罪行为的、尚不够刑事处罚的人,其惩罚的严厉性应该明显低于针对危险性更大的犯罪人的刑罚措施方符合纵向的惩罚比例原则。但劳动教养制度采取剥夺人身自由的集中劳动教养模式,其性质与作为刑罚监禁刑的拘役、有期徒刑几乎相同。劳动教养无论在期限、实施方式还是是否替代等方面惩罚性强过管制、拘役甚至三年以下有期徒刑[2],就惩罚严厉性而言,与上述几种短期自由刑之间出现倒挂现象,造成劳动教养重过部分刑罚的扭曲失衡问题。

一是就关押期限而言,劳动教养与较轻监禁刑出现明显倒挂,时限可能大大超过较轻的监禁刑。劳动教养作为剥夺人身自由的监禁方式,期限相对较长,为一年至三年,必要时还可延长一年。但是刑罚中许多剥夺人身自由的刑期反而没有这么严厉。如管制的期限为三个月以上两年以下,数罪并罚最高不超过三年;拘役的期限为一个月以上六个月以下,数罪并罚最高不超过一年。例如两人共同盗窃案件中,因其中一案犯为17岁未成年人,检察机关做出不起诉决定,将该未成年案犯移交公安机关,建议作其他处理。而后法院判处另一成年案犯有期徒刑一年,然而未成年案犯则被劳动教养管理委员会决定劳动教养三年,反而被限制人身自由时间远远长于成年案犯的有期

---

[1] 参见叶竹盛:《把脉"劳教"》,《南风窗》2012年第18期。

[2] 参见李本森:《停止劳动教养制度的路径选择——以公法的强制性整体变迁为视角》,《中国法学》2013年第6期。

徒刑一年。这就出现了因犯罪情节轻微人民检察院不起诉、人民法院免予刑事处罚而被予以劳动教养的,其关押期限甚至长过同样案件中被判处的刑罚的扭曲情形。

二是实施方式上劳动教养甚至比刑罚还要严格,出现倒挂问题。被判处管制的犯罪人,在原居住地执行,实行社区矫正,属于限制部分人身自由的开放性刑罚;被判处拘役的犯罪人,就近执行,每月可以回家一至两天;而被劳动教养的人,则要收容于专门的戒备森严的劳动教养场所,节假日一般只能就地休息,比管制、拘役都要严格。正因如此,劳动教养场所被称为"第二监狱"〔1〕。

三是就能否以社区矫正替代而言,劳动教养体现出比短期自由刑更重的倒挂问题。刑法对于被判处拘役、三年以下有期徒刑的犯罪分子,在符合法律规定的条件下,还可适用缓刑,采取社区矫正的执行方式,如果没有违反相关规定,就不再予以关押,即不用在监禁场所服刑。而劳动教养则无此类规定,意味着劳动教养需要在劳动教养场所进行关押式劳教,这就在替代可行性上体现出更严厉的倒挂问题。如前案例中,对同案中的犯罪人可能定罪量刑时符合缓刑适用条件而执行中不需要关押,实施社区矫正,但危害性更加轻微的已经适用酌定不起诉、证据不足不起诉或者免予刑事处罚的被告人,却可能被施以剥夺人身自由的劳动教养措施,出现对犯罪人予以社区矫正,却对不构成犯罪的人或免予刑事处罚的人施加较长期限监禁的严重违反比例原则的扭曲状况。总体而言,劳动教养这种违法制裁措施比刑罚中的管制、拘役甚至三年以下的有期徒刑还要严厉,劳教的惩罚性与刑罚倒挂现象明显,这不仅损害了刑罚的权威性和谦抑性,也导致了以劳动教养绕过刑事诉讼的正当程序代替刑罚的问题屡见不鲜,劳动教养异化为比刑罚更严厉的法外替代措施。

(二)劳动教养的严厉性与适用行为相悖

劳动教养作为一种强制性教育改造的行政措施或者治安管理处罚,其适用的对象主要是有轻微违法行为、尚达不到犯罪或应免予刑罚程度的人;但如前所述,从劳动教养的期限以及剥夺被劳动教养人员的人身自由程度看,却比适用于犯罪人的管制和拘役这两种刑罚甚至短期有期徒刑还要严厉,说

---

〔1〕 参见熊秋红:《劳动教养制度改革的路径选择——以实证调研为基础的分析》,《法学家》2013年第5期。

明劳动教养的惩罚严厉程度比对部分犯罪人的惩罚还要重,因此就与作为其处罚对象的较轻违法行为人或免予刑罚的行为人所实施的行为性质严重不相适应,出现横向的惩罚与危害行为程度不对等问题,破坏了重行为重罚、轻行为轻罚的处罚阶梯原则[1]。

劳动教养机制破坏规范惩罚的阶梯原则导致的后果非常严重。一方面,在逻辑上,这造成对法律制度威慑性权威的影响与破坏,使社会上和部分劳教人员中产生了"违法不如犯罪,劳教不如判刑"的印象,严重损害了法律的权威和尊严[2]。如有的共同犯罪案件中,主犯被判管制、拘役或者有期徒刑缓刑,而从犯却反而被劳动教养一年以上;有的劳教人员,刚被投入劳教,便主动坦白交代劳教前的犯罪问题,恳请被法院判刑,从而用较短的刑期来免去较长的劳教期。另一方面,劳动教养的横向失衡问题使得处罚严厉性与行为性质的内在逻辑颠倒,导致实践中出现了一些处罚与行为性质严重不相适应的轻违法重处罚现象。如社会中常见的盗窃案件中,盗窃一两千元符合盗窃犯罪定量标准而被判刑的情形下,犯罪人常被处以拘役几个月甚至缓刑不再进行监禁,但盗窃几百元钱不够定罪标准的,却要因违法行为被判处劳教,期限通常长达两年至三年,出现明显的轻违法重处罚现象,在特定意义上甚至可能出现鼓励犯罪的不良效果。

四、劳动教养缺陷威胁社会根本价值

不可否认,劳动教养制度在维护社会治安、稳定社会秩序、威慑轻微违法行为等方面曾经发挥了一定的作用,但是如前所述,劳动教养制度存在着规范缺失、程序失当、措施异化的严重缺陷,这些缺陷最终造成了从社会基本价值层面上出现背离法治、破坏正义与威胁人权的严重后果,这是最终废止劳动教养制度的基本动因。正如有论者深入指出的那样:劳动教养的实质在于,以不恰当地牺牲个人权利为代价来维护社会秩序,使它成为一种具有一定任意性的工具[3]。

---

[1] 也可称为比例原则。参见魏晓娜:《走出劳动教养制度的困局:理念、制度与技术》,《法学》2013年第2期。

[2] 参见莫洪宪、王登辉:《从劳动教养事由的类型化看制度重构》,《法学》2013年第2期。

[3] 参见张传伟:《从尴尬、颠覆走向新生:劳动教养改造为社区矫正之分析》,《北京行政学院学报》2009年第1期。

（一）威胁法治

1999年修正后的《宪法》明确提出："中华人民共和国实行依法治国，建设社会主义法治国家。"依法治国基本方略的提出，标志着中国的法治建设将进入一个崭新的阶段，我国驶入法治国家建设的快车道。"法治"的经典内涵应当包括两重含义："已成立的法律获得普遍的服从；而大家所服从的法律又应该本身是制定得良好的法律。"[1]即法治应是良法与善治并行的应然状态。然而就劳动教养制度而言，其既无法实现"良法"也无法保障"善治"，对法治基本价值构成严重的违背[2]。

一方面，与劳动教养相关的法律规范缺乏基本法律依据且存在诸多弊病，劳动教养制度赖以存在的法律基础存在严重问题，难以体现出"良法"的基本价值。如前所述，1996年出台的《行政处罚法》第九条、第十条规定，限制人身自由的行政处罚只能由法律设定，行政法规只能设定除限制人身自由以外的行政处罚，学术界和实务界由此对劳动教养的法律依据产生了质疑。由劳动教养管理委员独立作出劳动教养决定违背《行政处罚法》的规定，由此缺乏法源依据，已经不符合依法治国的法治精神。更进一步，作为依法治国重要里程碑式立法，2000年7月1日《中华人民共和国立法法》正式施行。根据《立法法》第八条第（五）项、第九条的规定，对于公民政治权利的剥夺、限制人身自由的强制措施和处罚的事项只能制定法律。且有关犯罪和刑罚、对公民政治权利的剥夺和限制人身自由的强制措施和处罚、司法制度等事项不能根据实际需要授权制定行政法规。劳动教养是长时间限制甚至主要剥夺人身自由的强制措施，而作为劳动教养制度主要规范依据的《国务院关于劳动教养问题的决定》和《国务院关于劳动教养的补充规定》属于行政法规和规章性规范，都不属于正式法律，这违背《立法法》第八条第（五）项、第九条的规定，从而必须由全国人大及其常委会制定法律作为其合法法源。但是这一法律依据自始至终都未出台，劳动教养制度违背"良法"的基本前提，严格意义而言是违背基本法治精神的法外强制措施。此外，作为劳动教养制度基本规范依据的行政法一直存在着规范不完善、规定不合理的规范缺失问题，远远达不到"良法"的完善合理的法治规范的要求。前述规范缺失体现的种种问题都显示出劳动教养与作为法治前提的"良法"要求相距甚远。

---

[1] 参见[古希腊]亚里士多德：《政治学》，吴寿彭译，商务印书馆1997年版，第199页。
[2] 参见[日]铃木敬夫、陈根发：《论价值相对主义法哲学的现代意义——兼论不宽容的"劳动教养制度"》，《求是学刊》2003年第5期。

另一方面,劳动教养制度实践又屡屡突破法律的授权而不当扩张滥用,更是严重突破了作为法治基本体现的"善治"。如前所述,即便在有所规范的情况下,劳动教养依然因为权力边界模糊、程序失当与效力不清而在实践中扩张滥用,屡屡突破已有规范的范围,导致劳动教养制度成为不当惩罚和管控的常见问题措施,违背了劳动教养规范的基本要求,突破了"善治"的基本边界,最终导致了各种高发滥用情形,严重影响了基本法治秩序。此外,劳动教养还在实践中屡屡绕过《刑法》《中华人民共和国刑事诉讼法》(以下简称《刑事诉讼法》)与《治安管理处罚法》的正当实体与程序规定而成为法外施刑或替代性处罚的强制手段,不仅自身不能实现善治,还影响与破坏了《刑法》等基本法律的善治实践,甚至对《宪法》等基本法律的人权保障实践构成破坏,成为对整体法治实践的背离因素。总而言之,劳动教养制度在规范上的先天不足和运行上的背法滥用,导致其明显与现代法治精神和要求背道而驰,既没有"良法"的前提,又违背"善治"的要求,极大损害了法治的基本价值,严重影响了法律的权威与尊严。

(二)破坏正义

正义无疑是古往今来社会与法律所要追求的首要价值:"正义是社会制度的首要价值。某些法律和制度,不管它们如何有效率和有条理,只要它们不正义,就必须加以改造或废除。"[1]维护社会正义的基本价值是国家制度运行的重要目标与基本原则。社会正义从制度层面上可以区分为实体正义和程序正义两个方面。实体正义表现为制度分配与适用结果的实体公正,具体到执法司法领域就是要保障其实践结果的公平公正,特别是对适用对象而言结果的公平公正;程序正义的重要表现是制度运行程序本身的正当性,具体到执法司法领域就是程序本身需要做到公平公正[2]。

而前述劳动教养制度的种种缺陷表明,劳动教养制度不仅从结果公正的意义上因为劳动教养规范的模糊性而无法保障适用的一致性和结果的公平性从而有违实体正义,也在程序正当意义上因为劳动教养程序的非司法特征与救济程序缺失而无法保障程序的正当性从而有违程序正义。一方面,劳动教养制度的规范缺失造成了劳动教养适用标准的模糊性与实践的相对随意性,不仅其适用对象的范围一直变动不居,而且具体决定标准和执行措施也

---

[1] 参见[美]罗尔斯:《正义论》,何怀宏等译,中国社会科学出版社1988年版,第43页。
[2] 参见陈瑞华:《程序正义理论》,中国法制出版社2010年版,第220-235页。

经常无法实现一致,这就导致了劳动教养制度实践无法保证结果的公平公正性,背离实体正义的基本要求。一是同样的违法行为是否被决定劳动教养以及劳动教养的具体时限与教养措施都出现了不一致的情形,无法保障公平;二是由于规则不清,劳动教养与刑罚、治安管理处罚的边界模糊不清,导致了实践中同样的社会危害行为有的作为犯罪或治安管理违法行为而被施加刑罚或治安处罚,有的作为劳动教养适用对象而被纳入劳动教养的范围,出现对应措施的畸轻畸重、各不一致等诸多公正性差异问题;三是被劳动教养人的劳教期限和措施也无法与违法行为严重程度相适应,出现不同地方严重违法行为被处以较轻劳动教养,而较轻违法行为可能被处以严重劳动教养的不公现象。

另一方面,劳动教养的程序缺陷造成了劳动教养在程序上涉及违反正义原则的诸多问题,如违反司法中立、权利保障与救济的要求,无法防范劳动教养程序被滥用的问题,从而无法保障程序正当性,也背离程序正义。一是劳动教养虽是严重剥夺人身自由的强制措施,却仅通过行政程序由公安机关加以决定执行,缺乏司法决定与权力制约程序机制,难以保障程序上实现中立公正决定[1];二是由于劳动教养程序过于倾向于体现提请机关与执行机关意志,而体现出了公权力不受制约的决定性影响力,难以防范本应通过正当程序得到解决的劳动教养权力滥用问题,导致程序自身的形式化和工具化倾向;三是劳动教养程序严重缺乏权利保障与救济的内容,导致权利无法得到有效的维护而处于受到侵害的危险境地,自然无法通过程序运行实现过程性的正义保障。

(三)侵犯人权

我国《宪法》第三十三条第三款明确规定:"国家尊重和保障人权。"保障人权的观念已经广泛深入人心。1998年10月,我国政府签署了《公民权利和政治权利国际公约》,其第九条第一款规定:"人人有权享有人身自由和安全。任何人不得加以任意逮捕或拘禁。除非依照法律所确定的根据和程序,任何人不得被剥夺自由。"第九条第四款规定:"任何因逮捕或拘禁被剥夺自由的人,有资格向法庭提起诉讼,以便法庭能不拖延地决定拘禁他是否合法以及如果拘禁不合法时命令予以释放。"而劳动教养制度的主要法律依据是国务

---

[1] 参见陈瑞华:《警察权的司法控制——以劳动教养为范例的分析》,《法学》2001年第6期。

院有关行政法规和公安部的相关规章，它所设定的程序远远不能满足《公民权利和政治权利国际公约》有关规定中的程序性要求，不能作为剥夺或限制公民人身自由的程序依据。因此，劳动教养制度本质上是法外限制人权的不当强制措施，对人权造成了严重威胁。

另外，根据《公民权利和政治权利国际公约》第九条规定的精神：任何限制公民人身自由的强制性措施都必须始终处于司法机关的合法控制下。我国的劳动教养措施均由行政机关通过行政程序决定，显然与《公民权利和政治权利国际公约》的上述精神不符。《公民权利和政治权利国际公约》第九条第三款规定："任何因刑事指控被逮捕或拘禁的人，应被迅速带见审判官或其他经法律授权行使司法权力的官员，并有权在合理的时间内受审判或被释放。"根据该公约的规定，剥夺公民的人身自由必须经由正当程序。显然，劳动教养的适用无论在决定程序还是在救济程序上，都存在威胁人权的隐患问题[1]。

废止前的劳动教养方面的主要权力被行政机关独占，中立的司法机关的介入非常有限，由此权力滥用问题突出，导致侵犯人权的现象屡屡发生，公民的社会安全感时刻受到严重威胁。唐慧案、任建宇事件、黄成城案、彭洪案等一系列被错误地处以劳动教养的案件中，对公民人权的不当限制与剥夺带来了严重的社会不良影响，也体现出劳动教养对人权的威胁问题。从保障人权、限制公权的角度出发，必须解决劳动教养制度运行中的种种不良问题，最终实现对人权的有效保障。

第三节　从制度改废之争反思劳教废止的真正动因

如上所述，从维护法治与保障权利的现实意义上，劳动教养制度存在规范依据缺失、程序严重失当、措施失衡异化三方面的重大弊端，对法治、正义与人权等社会基本价值构成威胁，已经产生了进行根本制度调整的必要需求，并成为实际上导致了后来劳动教养制度最终被废除的基本动因。然而就理论分析而言，在制度逻辑上还无法从劳动教养制度的重大缺陷来直接论证得出劳动教养就必然应该被废止的结论，缺陷动因与废止结论之间还有一个先决问题需要明确：在劳动教养制度存在重大缺陷的情形下，是否需要先考

---

[1] 参见陈兴良：《劳动教养：根据国际人权公约之分析》，《法学》2001年第10期。

虑制度改革方法的可行性？从制度稳定性的意义上，在废止之前劳动教养制度仍然有其特定的社会治安维护功能。如果劳动教养尚有通过改革来解决其种种弊端的制度可行性，那么从社会制度运行成本和可持续性的立场而言制度改革完善可能是更优方案选择；而如果劳动教养制度已无论如何无法通过本身的制度改革来解决已有的种种重大缺陷，劳动教养制度的功能也不是其他社会治理措施所不能取代的，那么制度废止就成为唯一可行方案。所以，在明确得出废止劳教的逻辑结论之前，还需要解决理论上的一个基本问题，即需要说明针对劳动教养的种种弊端，其制度本身已经没有了改革更新的必要性，劳动教养从其根本特征上已无法通过完善调整解决其自身弊端，只能予以整体废止。

一、劳教改废之争的启示

值得关注的是，恰是作为对上述劳动教养制度改革必要性问题的理论回应，在劳教制度废止之前学术界曾有关于劳动教养制度走向的所谓"改革论"和"废除论"之争。"改革论"和"废除论"的论争焦点并非前述劳动教养制度已经体现出的种种严重弊病，而是在将种种弊端作为共识的基础上，从劳动教养制度的本质属性出发探讨劳动教养的制度必要性以及劳动教养的弊端与其制度根基的关联性，从而检视是否具有制度改革的可行性。这一论争进一步深入劳动教养之制度本源，挖掘前述制度弊病形成的机制源头，为研究劳动教养制度所涉及的根本理论问题提供了更深层次的理解视角。所以对这一问题的回答可以让我们不仅知道劳动教养制度运行之弊，还可以更深入地理解劳教运行之弊的真正制度本因，从而对劳动教养废止问题有更彻底的理论认知，为进一步寻求后劳教时代的替代填补方案打下坚实的理论基础。所以在劳动教养制度已经废止的今天，重新提出检视改废这一逻辑问题并非出于为已经废除的劳动教养制度翻案的目的，而是出于为后劳教时代提供真正有效的替代填补方案而在学理意义上探求劳教根本废止动因之需要。

"改革论"和"废除论"首先都承认劳动教养制度存在规范上的先天不足、程序上的严重失当以及措施上的功能异化，劳教制度绝不应强化而应进行重大调整；但二者在对劳动教养制度的调整方向上存在改革完善与彻底废除的不同见解，这种见解上的差别是由二者对制度存在必要性以及制度弊端必然性的看法不同所造成的。

（一）以制度修正为核心的"改革论"

"改革论"认为劳动教养从适用对象的意义上可以弥补刑罚与治安管理

处罚之间的结构性缺陷,防止既非犯罪又非治安违法的社会危害行为得不到有效制裁管理,因而有独立存在的必要[1],且制度弊病并非与劳动教养制度的本质属性存在必然联系,而是可以通过制度改造解决,因此劳动教养制度不应当直接废除[2],而应当从规范补足、程序正当和措施完善等层面上对劳动教养制度进行规范化和司法化的改造。由此"改革论者"进一步提出了诸如制定劳动教养法典、建立劳动教养法院,设计司法化的公正程序和人权保障救济程序[3],将劳动教养措施改造为强调教育的违法行为矫治措施[4]等改革完善上的具体建议。这些着眼于规范完善、程序公正、措施合理的改革论观点并未对劳动教养方式本身提出根本性革除要求,认为以集中式教养为核心的劳动教养制度本身有其适用范围和功能上的必要性,因此只要针对已存弊端的各个方面提出相应的改革完善具体举措,就可以局部手术式地一一化解前述劳教制度存在的规范缺失、程序失当或措施异化的缺陷,使得劳动教养制度有存续可能[5]。改革论中呼声较高、存在相对完善的具体实施方案的是将劳动教养改造成违法行为教育矫治制度的观点,这一观点相对系统地在立法规范化、程序司法化和正当化、措施教育矫治化等诸方面有很好的改革建议,曾一度作为劳动教养制度运行中的考虑改革方向[6]。

(二)以制度废除为核心的"废除论"

"废除论"则认为劳动教养的规范、程序与措施的重大弊病与劳动教养制度本身存在不可分割的必然联系,缺乏立法正当性的变相惩罚机制已经成为劳动教养无法改变的基本属性,会不可避免地产生前述种种劳动教养制度的弊端,与已有的正式刑罚制度和治安管理制度产生各种扭曲冲突,无论如何

---

[1] 参见扬子云:《劳教制度如何终结——专访中国社科院法学所刘仁文研究员》,《中国改革》2008年第1期。

[2] 持"改革论"的学者是储槐植、陈忠林、刘仁文等。参见储槐植:《从国情出发思考劳动教养制度改革》,《中国司法》2009年第3期;陈忠林:《我国劳动教养制度的法律困境、价值危机与改革方向——关于制定〈强制性社会预防措施法〉的设想》,《法学家》2004年第4期;刘仁文:《劳动教养制度只能立足改革》,《中国司法》2005年第3期。

[3] 参见刘中发:《劳动教养制度的改革出路》,《中外法学》2001年第6期。

[4] 参见鲁宁:《"违法矫治"取代劳教步入窗口期》,《社会观察》2013年第3期。

[5] 参见姜爱东:《关于我国劳动教养制度几个问题的思考》,《中国司法》2009年第8期。

[6] 参见姜爱东:《违法行为教育矫治法立法研究》,群众出版社2010年版,第132-140页。

改造也无法防范其运行中走样异化、种种重大弊端再次反复出现的问题[1]。因此在种种重大弊病缺陷已经明显出现的情形下，除非对劳动教养制度本身加以彻底废止，否则没有消除弊病的解决办法。"废除论"虽然也承认劳动教养制度在社会治安维护方面起到了一定的独特制度机能，但认为劳动教养制度仍然没有独立存在的必要，因为劳教对象完全可以通过刑法或治安管理法的调整而被分流归入并行的刑事或者治安管理法律体系，劳动教养的功能也可以被刑罚制度和治安管理处罚制度取代。"废除论"认为"改革论"过于强调劳动教养制度的功能必要性，而没有认识到劳动教养制度本身存在着无法通过改造完善而变革的天然制度缺陷，因此"改革论"的观点只能是缘木求鱼，即便如"改革论"所言将劳动教养在制度上进行违法行为矫治制度化的改造，也无法杜绝其变相惩罚的制度属性，长期运行必将重蹈措施异化的覆辙[2]。劳教制度被正式废除后，可以说目前实践中对原劳教对象的具体处理措施就参考了废除论的各种观点，废除论实际上成为主导劳教废除实践的主要观点。

"改革论"与"废除论"的争议体现出，如果要在理论意义上确定劳动教养制度是否应直接废止，不能仅着眼于制度运行体现出的种种缺陷，而必须深入劳动教养本质属性的层面来寻求劳动教养制度存续的必要性。由此探讨劳动教养制度废改的核心议题就回归到两个基本问题：一是劳动教养制度的核心特征是什么；二是对维持核心特征的劳动教养制度来说，最终以什么基准来判断制度存续的必要性。对这两个问题的回答才是确定劳动教养制度应否废止的关键，而且更进一步而言，对这些问题的回答也为劳动教养制度实际废止后的后续问题提供解决线索。而这两个问题恰恰是"改革论"与"废除论"虽然已经关注到了但并未深入研究给予清晰回答的问题。"改革论"只是强调根据劳动教养制度运行中的缺陷进行相应改变，但并未阐明对劳动教养制度来说哪些是非本质特征可以改变、哪些是本质特征不能改变，对劳教制度的核心特征语焉不详；对劳动教养制度存续必要性只是从其介于

---

[1] "废除论"可以说是两种理论中占主流的学说，持"废除论"的学者人数远远超过持"改革论"的学者，代表人物有陈兴良、陈瑞华、刘仁文、梁根林、张绍彦等。参见陈兴良：《中国劳动教养制度研究：以刑事法治为视角》，《中外法学》2001年第6期；陈瑞华：《刑事诉讼中的问题与主义》，中国人民大学出版社2011年版，第441页；刘仁文：《劳动教养制度及其改革》，《行政法学研究》2001年第4期；梁根林：《劳动教养何去何从》，《法学》2001年第6期；张绍彦：《劳动教养的轨迹及去向》，《法学论坛》2008年第4期。

[2] 参见胡卫列：《劳动教养制度应予废除》，《行政法学研究》2002年第1期。

刑罚与治安管理处罚之间的治理对象独特性意义而言的,而至于介入刑罚与治安管理处罚之间的独特治理需求是基于何种标准产生的以及是否有治理必要,则并未进一步说明。"废除论"的逻辑则更为模糊,以运行中出现的变相惩处现象造成种种缺陷为由来直接认定废除劳动教养整体制度,并未说明这种变相惩处现象究竟是由制度运行问题还是由制度本质属性问题造成的,而且只是认为由于劳教制度的治理对象可以为刑罚与治安管理处罚所分流所以就没有必要性,但并未清晰阐明基于何种标准论证这样的分流是恰当的或合理的,所以实际上也存在着论证基准的欠缺。在某种意义上,正是现有的包括"改革论"与"废除论"在内的各种劳动教养相关理论对劳动教养本质属性及必要性判断基准这两个根本问题回答得不够清晰,导致了目前劳动教养废止后还有一系列有待进一步探讨解决的后续难题。

二、劳动教养核心特征与检视基准

如前所述,劳动教养废改的理论之争虽然随着劳动教养制度实际上被废止而丧失了讨论意义,但是其争论过程却启示出探讨劳动教养制度之废改不能忽视的本质问题:劳动教养的核心特征与根本判断基准究竟为何?这才是真正决定劳动教养制度改废的关键因素,前述种种规范、程序与措施的弊端解决也必须基于此关键因素判断才能提出合理方案,也必须在该关键因素的基础上才能确定劳教废止后制度上的合理方案。然而现有包括废改争论在内的各种观点都较少深入劳动教养本质特征与检视基准的层面进行检视,这导致对劳动教养废止的根本动因检视不够彻底,也影响了劳动教养废止后确定方案的合理性与科学性。因此从研究劳教废止后填补方案的需求意义上,应进一步探究明确劳动教养制度的核心特征与存废判断基准。

(一)关押式教养是劳教难以改变的本质特征

对劳教制度追根溯源可以发现,虽然劳教制度的法律定位变动不居、制度定性模糊不清、措施功能几经更迭,但劳教制度自始至终明确贯穿的标志性机制、随着劳教制度运行甚至逐渐强化的是其相对独特的执行机制——在劳教场所通过限制人身自由的强制关押和劳动的方式进行劳动教养,即关押式教养的执行模式。虽然劳动教养的相关规定中有所谓所外执行的方式,但是是在关押式教养的基础上作为例外适用提出来的,且适用范围极其狭窄、要求极高,仅有零星适用[1],并不是普遍存在的独立执行方式,更无法与关押式教养的执行方式并列。可以说关押式教养是长期以来劳动教养通行的执行方式,如果改变了关押式教养的执行方式,劳动教养制度就不复存在,也就等于废止,因此关押式教养执行机制才是劳动教养的本质特征,这一特征的代表意义很明确。

首先,关押式教养作为劳动教养唯一通行执行方式,能标识出劳动教养的独特性,这是劳动教养区别于其他社会治理方式的核心特质。虽然刑罚和治安管理处罚也部分采用了剥夺人身自由的监禁关押执行方式,如刑罚中的拘役、有期徒刑、无期徒刑,治安管理处罚中的拘留等,但是不能否认的是,刑罚和治安管理处罚还有大量的非监禁的并行执行方式,如刑罚中的管制、死刑、附加刑,治安管理处罚中的罚款等,因此就不能认为监禁关押是刑罚与治安管理处罚的本质特征。而不同的是,基于关押式教养方式在劳动教养制度中的通行性,关押式教养机制则可典型代表劳动教养的独特之处[2]。此外,虽然都是具有监禁属性的制度,劳动教养的关押式教养这一执行方式与治安管理处罚与刑罚的监禁类执行方式也有根本不同,有专门的劳动教养场所和执行机构、特定的最长四年的执行期限以及特殊的强调劳动改造的执行方式等都体现出其独特之处,因此关押式教养相对于其他类监禁关押措施也能标识出劳动教养制度的独特性,能够作为劳动教养制度的专属特质。

其次,关押式教养作为劳动教养制度的通行执行方式,劳动教养制度的具体功能与效果也都取决于关押式教养机制运行的具体功能与效果。劳动教养制度运行的落脚点是关押式教养机制,通过关押式教养的具体运行来实现劳动教养制度的目标功能。因此关押式教养的运行状况就决定了劳动教养制度的实际效果与功能实现状况。如前所述,劳动教养的制度初衷实际上并未带有明显的惩罚和管控目标要求,而是更加强调教育矫治的功能,以教育改造劳动教养对象,使其恢复正常人格为目标。然而这一功能初衷之所以在劳动教养实践中未能有效实现,根本原因就在于关押式教养机制基于集中

---

〔1〕 按照《公安机关办理劳动教养案件规定》第十一条、第五十四条的规定,可以决定劳动教养所外执行的仅有三种很少出现的情况:(1)有特殊业务技术专长,确为本单位生产、科研所必需,其单位提出申请的;(2)家庭成员患有严重疾病、生活不能自理或者没有生活来源,确需本人照顾或者扶养的;(3)对盲、聋、哑人,严重病患者,怀孕或者哺乳自己不满一周岁婴儿的妇女,以及年满六十周岁又有疾病等丧失劳动能力者。而且适用所外执行还有一系列限制条件,这导致了劳动教养中所外执行仅有零星适用。

〔2〕 参见张建伟:《监禁权专属原则与劳动教养的制度困境》,《法学研究》2008年第3期。

监禁的执行方式而有其自身独特的功能发挥机制,与教育矫治的功能目标有所背离。理论研究表明,基于剥夺人身自由的特征,关押式教养所代表的监禁措施直接具有惩罚威慑功能和隔离控制功能,前者通过威慑使人们考虑到丧失自由之惩罚的代价而不去实施违法行为来实现,后者通过使人们丧失人身自由与外界隔绝来实现;而关押监禁措施对教育矫治目标来说则先天不利,被监禁对象不仅面临监禁场所内交叉感染的风险,也会由于被监禁而与社会脱节,造成将来难以回归并再次融入社会的问题。因此关押式教养的执行方式意味着劳动教养必然会在运行中容易实现惩罚威慑功能和隔离控制功能,却在实现教育矫治功能上有先天困难。即便努力采取额外的教育改造措施,其效果也会在很大程度上被关押监禁措施对教育改造的负面不利效应抵消。因此,这就能够说明为什么劳动教养制度在实践运行中越来越背离教育改造功能的初衷,成为主要体现惩罚和隔离效果的变相社会制裁控制方式[1]。

最后,关押式教养方式也是造成劳动教养实践重大缺陷的根本原因。前述劳动教养备受批评的规范缺失、程序失当和措施异化三大缺陷之所以在劳动教养制度运行中集中体现,在特定意义上都与关押式教养方式存在必然联系,可以说关押式教养方式正是劳动教养制度实践缺陷的根源所在。一是劳动教养的规范缺失在根本意义上是由于关押式教养的剥夺人身自由属性所带来的较高的基本规范要求无法达到而造成的[2]。正是因为关押式教养方式剥夺人身自由的强制措施属性才触发了《立法法》第八条对正式法源的要求,而剥夺人身自由措施适用范围扩张也产生严重侵害权利之虞,需要进一步被明确规范。此外也正是剥夺人身自由的强制措施属性才导致了劳动教养用来替代与关押措施相近的刑罚与治安管理处罚,从而进一步引出了劳动教养缺乏明确规范界限的隐患。二是作为劳动教养程序失当参照标准的正当程序也是基于对关押式教养所体现的限制自由措施属性所带来的人权保障需求而产生的。之所以需要司法程序是因为关押式教养属于剥夺人身自由的强制措施,按照程序法基本原理,基于人权保障需求,劳动教养应被纳入司法程序的范围。此外,从人权保障的意义上剥夺人身自由的强制措施要求相对明确完善的程序规定以防范滥用,劳动教养也正是因为属于剥夺人身自由的强制措施才需要完善的救济手段。而劳动教养恰恰在满足这些程序要

---

[1] 参见鲍遂献:《关于劳动教养期限的若干问题》,《政治与法律》1992年第4期。
[2] 参见岳礼玲:《从规范性质看劳动教养制度的废除》,《法学》2013年第2期。

求时出现严重失当[1]。三是劳动教养的措施异化问题在某种意义上都是围绕关押式教养的形式而形成的。正是由于关押式教养与刑罚短期刑的监禁属性相近又远远重于非监禁刑才出现了关押式教养惩罚属性与行为性质相比畸重问题以及与短期监禁刑比较后的倒挂问题。

由上可见，关押式教养作为核心执行机制才是劳动教养制度的本质属性，也是理解劳动教养制度的理论关键，它标识出劳动教养制度的独特之处，决定了劳动教养运行的功能与效果，也是造成劳动教养运行中诸多严重缺陷的深层原因。因此，只有基于关押式教养这一核心特征才能真正深入分析劳动教养改废的逻辑，对劳动教养实际废除后的效果和问题做出科学的评价。

（二）社会治理职能是劳教废改判断基准

"改革论"与"废除论"之争除了揭示出必须寻找到劳动教养制度的深刻制度内核之外，还提示出需要进一步反思确定劳教废改问题的判断基准。虽然如前所述劳动教养在规范、程序和措施方面存在种种缺陷，但假设如"改革论"所言通过对劳动教养制度的改造就可以解决这些缺陷而扭转劳动教养的制度劣性，那么劳动教养制度似乎就不应直接被废除。这在某种程度上表明劳动教养的规范缺失、程序失当或措施异化问题都可能只是决定制度存续与否的一个侧面，而非最深入的决定劳动教养废改的根本基准。在改废之争的探讨背后，应该存在更深层意义上的更具有决定性和实质性的理论分析基准，在原理意义上可以对劳动教养的地位和发展方向起到关键决定性作用。

要找到这一基准，就需要在更广阔的社会治理视野上回到劳动教养制度的基本制度定位进行审视。从制度产生原理角度追根溯源，可以发现劳动教养制度在犯罪学和社会政策学意义上是作为一种针对违法犯罪行为的社会治理方式而产生的，其发生学意义上就是作为一种针对危害社会行为的行政治理机制而形成的，被赋予预防危害行为、维护社会安全的治理职能。因此根据社会治理原理，劳动教养作为社会治理方式之应承担的治理职能才是决定其制度有效性的根本判断基准，是决定劳动教养制度存续还是被废止取代的核心基准。如果该制度达到了社会治理的根本职能需求，即便存在其他重重缺陷，也不能直接得出制度废除的结论，可以通过改革的方式弥补其缺陷；而如果制度本身就无法达到社会治理赋予之职能目标，即便其他方面并没有

---

〔1〕参见张建伟：《司法权的独占性与劳动教养制度的存废》，《河南省政法管理干部学院学报》2002年第3期。

什么缺失,也会因为丧失了基本制度必要性从而应被废止。

就这一立场而言,可以发现不管是"改革论"还是"废除论"的诸种观点都有其明显的视野局限,都没有从劳动教养作为社会治理措施的职能有效性的角度来分析劳教之改废问题。不管是"改革论"还是"废除论",几乎都是从劳动教养适用对象合理性和填补性的角度进行论述的,体现出明显的仅围绕劳教适用的违法行为本身的属性或范围进行研究的狭窄化特点。"改革论"认为废除了劳动教养制度,就会使得原来被劳动教养的对象得不到相应制裁,而现有刑罚或治安行政处罚无法涵盖这些对象,因此只能改造劳动教养制度而不能将之废除[1];"废除论"则认为即便废除了劳动教养制度,还可以通过设立刑法内的轻罪或违法保安处分行为,或干脆不改变现有法律只是采用向刑法领域和治安管理处罚法领域分流的方法,就足以保证原劳动教养对象得到有效处遇[2]。固然能否妥善治理劳动教养对象是考量劳教废止后制度走向的重要因素之一,但从劳动教养制度作为社会治理方式的根本意义而言,仅从劳教制度对象的涵盖性着眼就存在明显的视野局限,明显忽视了从教养方式自身合理性和功能有效性的视角切入,对教养方式本身正当化和职能合理化问题进行实质性深入分析的必要性。由此,这些观点也难以真正探寻到劳教制度在治理职能上的根本缺陷并提出相应的治本性对策,从而也就难以提出科学有效的劳教废止后的应对方案,以这些观点指导劳教废止及其之后的社会治理实践,难以真正发现劳动教养废止后的根本职能需求并提供有效的制度方案,这正是劳教废止后出现社会治理空白的重要原因。

三、劳教废改取决于治理职能的判断原理

由上分析可见,不管是刑罚、治安管理处罚还是废止前的劳动教养制度,都是针对危害社会行为的社会治理制度之具体种类,其最终目的是通过其恰当的治理措施减少未来危害社会行为的发生,有效防范再犯,实现社会防卫,从而最终维护社会的安全稳定。因此就目标意义上检验一种违法犯罪应对制度的重要标准就是其治理职能的有效性,即不管是通过满足威慑职能、改造职能、隔离职能还是修复职能,能否最大化地满足多元职能需求,从而有效

---

[1] 参见王刚:《我国劳动教养制度之废除与法律制裁体系之完善》,《政治与法律》2014年第1期。

[2] 参见赵秉志、商浩文:《论劳动教养制度的废止与刑法调整》,《法律科学(西北政法大学学报)》2015年第3期。

防卫危害社会行为的发生,满足社会安全稳定目标,就决定了一种社会治理制度是否有存在的必要以及最终价值。对劳教制度有效性的检验也应坚持这一实质性标准。如前所述,劳动教养采用关押式教养作为唯一通行执行措施,因此从违法犯罪之社会治理的意义上,劳动教养制度的必要性和有效性本质上就取决于对作为劳动教养执行机制的关押式教养的职能有效性的判断。如果关押式教养机制针对劳动教养的适用对象无法满足社会治理的有效职能要求,基于关押式教养作为劳动教养制度核心这一前提,则劳动教养制度就无改革的可能性,只能与关押式教养的模式一起加以废止,并被能克服关押式教养的机制缺陷、更能满足违法犯罪治理要求的新的制度取代。

由此,包括"改革论"与"废除论"在内的已有关于劳动教养的研究,都或多或少地存在根本视角上的缺失,未能将劳动教养的本质属性与社会治理职能作为分析前提,从而对劳动教养制度的改废争论做出真正明确清晰的回答。劳动教养制度中核心的剥夺人身自由的集中教养模式即便通过完善规范、严密程序或调整时限的方式解决了规范缺失、程序失当与措施异化问题,但只要其集中关押劳动教养的模式不能满足违法犯罪之社会治理的根本职能需求,则无论在制度上还是程序上如何完善,都可能难以达到其制度设置意义上的职能初衷,无法论证其制度有效性,因此只能被取消废止。这才可能是劳教制度被废止的根本理论动因。而要对这一动因成立与否做出清晰的判断,毫无疑问需要进一步回到违法犯罪之社会治理原理的基本立场,首先明确违法犯罪之社会治理的正当职能要求,并以此为最终检视标准,才能真正探究到劳动教养制度废止的深层原理,也才能对劳动教养废止后的制度影响和未来发展方向做出清晰的判断回答。

劳动教养制度的废止无疑解决了劳动教养长期存在的规范缺失、程序失当、措施异化的种种弊端,是法制领域里程碑式的重大制度变革。但从违法犯罪治理与社会处遇的体系性意义而言,这种在处遇机制上只破不立的状况并没有使原劳动教养对象的有效治理问题得到妥当解决。而之所以劳教废止后有效治理问题未被深入分析与检讨,原因在于无论是改革论还是废除论通常聚焦于对劳动教养制度的规范与程序等突出弊端问题的批判,而相对忽略了从违法犯罪治理的根本原理意义上探究劳动教养制度作为社会处遇制度的职能与机制的根本缺陷;诸如轻罪说、保安处分说、类型化分流处遇说等现有的对劳教废止后原教养对象的诸种治理策略只注重在形式上使这些对象有规可治,在治理职能与机制的恰当性与有效性方面则存在着明显的观点缺失,无论从理论上还是实践上都无法解决劳动教养的惩罚主义至上及其决定的一元僵化职能弊端。因此,要明确劳教废止的根本动因,并真正发现和解决劳教废止后的社会治理需求,必须在对违法犯罪治理有决定性的处遇职能的根本原理的基础上,结合劳教的关押式教养之本质特征,检视对原劳动教养适用对象的较轻违法犯罪人的合理处遇职能与机制需要,并以此为标准确定适当的劳教废止后的补充性处遇机制。

第二章

决定劳教废止的处遇职能论原理

违法犯罪治理的基本原理是犯罪学或刑事政策学领域长期以来的研究重点。犯罪学与刑法学对犯罪的认识不同,犯罪学的研究对象并非仅仅是犯罪行为本身,而是前置延伸到可能演化成犯罪的违法性社会危害行为。这是因为犯罪学强调针对犯罪原因的源头治理和溯因性预防,所以对犯罪形成有重要影响的前置临界行为与准犯罪行为一直以来也是犯罪学特别是犯罪预防理论的研究对象[1]。作为犯罪学重要理论的犯罪预防论在长期的研究演化过程中,早已超越单纯的犯罪治理和刑罚论的范围,而将犯罪作为危害行为的最后阶段整合在危害社会的越轨行为理论之中加以综合性研究,因此形成了对危害社会的越轨行为或违法犯罪行为的预防与治理进行一体化研究的立场[2]。

在犯罪预防理论中,违法犯罪综合治理的基本理论被称为社会危害行为处遇论或社会处遇论[3]。处遇(treatment)或社会处遇[4]特别指国家公权

---

[1] 参见[日]山根清道:《犯罪心理学》,张增杰、罗大华译,群众出版社1984年版,第138-139页。

[2] 参见[日]大谷实:《刑事政策学》,黎宏译,中国人民大学出版社2009年版,第160页。

[3] 参见周国强、鲁宽等:《犯罪人处遇研究》,中国检察出版社2013年版,第113页。

[4] 我国犯罪学与刑罚学领域常用的"处遇"一词借鉴于日文汉字对英美犯罪学中作为违法犯罪人处理措施总称的"treatment"的翻译。参见张志泉:《日本犯罪者矫正处遇的考察分析与启示》,《比较法研究》2011年第2期。

机关针对危害治安的违法或犯罪的行为人所施加的各种强制性治理措施之概称[1],我国对违法犯罪之社会治理制度中的刑罚、治安管理处罚、废止前的劳动教养都可以说是处遇措施的一部分。由此可见,"处遇"作为可以涵盖刑罚、治安管理处罚、保安处分等一般违法犯罪行为的治理措施之概念就比仅针对犯罪治理的"刑罚"概念或仅针对治安违法治理的"治安管理处罚"概念更能体现违法犯罪治理的全貌,防止违法犯罪治理单纯依赖惩罚单一职能而过于狭窄,从而能有效反映社会治理体系的丰富职能内涵。最初仅限于刑罚治理职能研究的犯罪预防论随着犯罪学中处遇概念的扩张性发展也就演变为原理更为丰富、职能更加科学的针对整体社会治安危害行为的综合处遇论,成为统一涵摄违法与犯罪社会治理的核心理论。概言之,虽然社会危害行为处遇论的原理奠基于早期的刑罚论基本原理,但由于其认识到了犯罪行为并非一蹴而就,而是经历了从较轻违法行为向犯罪行为的演变过渡这一科学规律,从而在刑罚治理原理的基础上向违法犯罪多元化处遇机制和复合处遇目标的科学方向发展,针对违法犯罪行为的复杂性采取多元处遇职能理论,从最初单一的惩罚机制向教育矫治、社会修复、危险管控等复合型机制完善演进,更加全面、多元、客观地反映社会危害行为治理的整体面貌和综合特征,从而具有更科学有效的实践指导意义。

在违法犯罪治理的处遇论视野下,劳动教养作为一种针对违法行为的社会处遇方式,要分析其是否具有社会治理意义上的制度有效性,以及进一步判断其废止后是否造成了违法犯罪处遇的治理真空等问题,就必须首先明确基于社会处遇基本原理的治理职能或者说处遇职能的判断基准。只有在根据社会处遇的基本原理确定社会处遇职能的前提下,才能对照明确劳动教养制度在职能意义上是否具有真正缺陷,并判断其废止后可能的职能补充需求。

第一节 社会处遇职能及其机制的演进谱系

社会处遇职能的形成与发展是一个随着社会治理需要从简单到复杂、从一元到多元的动态过程。随着社会治理形势的不断变化与社会处遇原理的丰富复杂化,社会处遇制度的具体职能以满足社会治理为目标,随着时代的

---

[1] 参见[日]森下忠:《犯罪者处遇》,白绿铉等译,中国纺织出版社1994年版,第4页。

特征和治理的具体需要的变化也在不断演进之中。进展到福利人权与风险治理并存的当下时代,社会处遇职能体系已经从早期单纯强调惩罚机制的一般预防一元论逐渐丰富发展为一般预防、特殊预防、危险预防、修复预防并存的多元职能体系。受此决定,处遇机制也从早期的惩罚主义向涵盖威慑鼓励、教育矫治、危险管控、社会修复的复合性处遇体系转变,惩罚预防的单一治理模式逐渐转变为兼顾多重社会需求的复合处遇模式。

一、基于一般预防职能的惩罚机制之起源

通过惩罚来普遍性预防潜在危害行为是久已有之的社会治理思路,也是长久以来刑罚制度的首要目标,可以说是社会处遇的最早理念。无论是中国古代"治乱世,用重典",还是欧洲中世纪的封建酷刑,在特定意义上都是这种理念的古老实践体现[1]。在这一理念的影响下,将社会危害行为纳入违法犯罪的范围并予以惩罚式制裁,以对违法犯罪行为施加惩罚式痛苦来威慑社会潜在威胁,是长期以来社会治理的关键理念和手段之一,由此形成了社会处遇的惩罚主义模式。以惩罚为内涵的社会处遇的基本认识就是社会要想实现对危害治安行为的防范治理,就必须预先将这种危害社会的行为规定为违法犯罪行为并对应地设置惩罚式制裁,通过惩罚预防危害社会行为之发生。而惩罚主义的基本原理来自犯罪学上的一般预防理论,该理论以面向社会一般主体的无差别的、普遍的社会危害行为预防为其目标方向,认为惩罚具有保障一般预防实现的基本职能。

(一)从威慑预防到双面预防的职能演变

一般预防职能论在其理论发展过程中,经历了从单一的威慑预防到威慑与鼓励守法双面预防的发展过程。早期的一般预防职能论认为对违法犯罪行为进行普遍预防主要依靠威慑实现,所以强调通过惩罚机制实现威慑预防的重要性,即对危害社会行为的惩罚制裁是通过惩罚已有的违法犯罪行为人而威慑社会潜在危害者,使其不敢犯罪从而实现普遍预防职能,这种一般预防逻辑被称为威慑预防理念,是早期惩罚主义强制措施盛行的基本原因。通过设置具有痛苦性、威慑性的处罚方式去阻吓潜在的违法犯罪可能者,使得他们不敢通过违法犯罪获取非法利益,比如通过刑事法规定的严厉的刑罚来

---

[1] 参见邱兴隆:《关于惩罚的哲学:刑罚根据论》,法律出版社2000年版,第59页。

降低潜在的实施犯罪行为的可能性[1]。这一功能是否有效就在于惩罚带来的痛苦是否足以超越违法犯罪所能带来的收益,因此是一种功利主义思想的体现,通过惩罚、施加痛苦而达到威慑犯罪人使其不敢轻易犯罪的预防职能。然而随着法治时代的来临与刑法规范的发达,在威慑预防之外兴起了通过正面鼓励守法而减少违法犯罪可能性的正面积极预防违法犯罪理念。这一理念可以与威慑预防体现的消极预防机制相配合,补充完善对社会一般人违法犯罪的普遍预防,由此逐渐发展形成威慑预防与鼓励守法预防相结合的双面预防职能论。这种职能论认为惩罚之所以对一般预防实现来说至关重要,是因为其主要具有对违法犯罪行为威慑的消极预防和通过倡导正面守法而自觉不去违法犯罪的积极预防两方面的关键职能。通过惩罚规范来威慑预防是古老的一般预防观念,然而近年来的新研究表明,对违法犯罪行为的制裁还体现了规范的强制力,从而能引导民众自觉积极服从法律,不去做违法犯罪的行为,所以制裁还带有增强规范教育的正面预防功能,这表明惩罚主义内含区别于威慑所表达的消极预防的鼓励守法所具有的积极预防职能。规定了对违法犯罪行为进行制裁的法律因为惩罚的实现被认为是正确和公平的,违法犯罪人无一例外受到应有的惩处正印证了法律的权威效力。基于此,普通民众正义感得到满足,也更加相信规范的效力,从而内心更加服从规范,规定制裁的法律也得到了道德上的合理性和正当性,获得了民众的支持,因而民众可以因为对规范的服从而自觉减少实施法律禁止的危害社会的行为[2]。这种新兴的正面积极鼓励守法的一般预防理念与消极威慑的一般预防理念都面向社会整体有效减少了未来违法犯罪的可能性,因此都具有一般预防的效果,可以在职能上相互配合,形成双面预防的更丰富的内涵。

(二)从重刑惩罚到规范惩罚的机制演变

体现一般预防职能的惩罚机制历史悠久,在发展过程中经历了重刑惩罚与规范惩罚两个阶段。前一阶段以威慑预防职能为核心,片面强调通过惩罚的严厉性施加威吓效果,在封建时代长期占据主导地位,反而造成了前法治时期一定的刑罚"失灵"现象;后一阶段强调运用预先规定惩罚机制的规范来实现一般预防的职能,既可以通过惩罚性规范明确抽象惩罚后果而实现威慑预防职能,也可以通过预先的惩罚性规范鼓励守法,实现鼓励预防职能,所以

---

[1] 参见[英]边沁:《道德与立法原理导论》,时殷弘译,商务印书馆2000年版,第57-58页。

[2] 参见[挪]安德聂斯:《刑罚与预防犯罪》,钟大能译,法律出版社1983年版,第5页。

是典型的满足双面预防职能的周全机制。

1. 重刑惩罚阶段

首先,近代之前,一般预防的职能体现为两个明显的影响刑罚制度实践的理念:重惩理念和惩罚展示理念。相应地,惩罚机制的核心就体现为重惩威慑和惩罚展示威慑两个特征。一是就重惩威慑而言,刑罚越严厉则威慑效果就越佳,一般预防职能就能更好地表达和实现,因此诸多古代统治者非常迷恋严厉刑罚的制裁功能。诸如中国古代强调重惩的"夫严刑者民之所畏也,重罚者民之所恶也。……吾以是明仁义爱惠之不足用,而严刑重罚之可以治国也"[1]以及"治乱世,用重典"的观点长期作为中国古代刑罚的基本指导思想。而在西方封建时代,刑罚以异常的严厉甚至残忍为突出特点,欧洲中世纪以许多残忍的惩罚措施如火刑、毒刑闻名于世[2]。另一是与这种以严厉性为特征的重惩威慑的惩罚机制相配套的惩罚展示机制。因为重惩要实现威慑的一般预防功能,其严厉性就需要表现出来,所以惩罚展示机制就成了与重惩相匹配的威慑机制。严厉的刑罚通过大范围公开的行刑场面充分地展示表达,通过现场直观刺激影响着行刑的观看者,更增强了严厉刑罚的阻吓效应,使得人们因为害怕而尊重惩罚所体现出的秩序权威从而不敢实施危害社会的行为[3]。福柯将这种直接公开表现的惩罚展示型威慑机制称为"公共景观",认为其具有"戏剧性痛苦表现"的效果,是一种相对粗糙的直接统治手段。严厉的制裁与惩罚的展示相辅相成,通过直觉感知的逻辑充分表现了刑罚的威慑作用,最终达到统治者通过刑罚维护专制秩序的目的。当然,在这个封建社会阶段作为人权核心的人道尊严在重惩与惩罚展示过程中无从谈起。因此福柯批评道:"死亡若出于专制君主的个人意志,就成为运用于一切人的法律,而每一个被消灭的肉体则成为国家的砖石。……即使是在惩罚最卑劣的凶手时,他身上至少有一样东西应该受到尊重的,亦即他的'人性'。"[4]而重刑惩罚物化人性、贬低人道尊严也成为近代规范威慑论者批判重惩主义的主要角度,如费尔巴哈认为:"按照威吓说,把人只是当作事物对

---

[1] 参见《韩非子·奸劫弑臣》。
[2] 参见由嵘、胡大展:《外国法制史》,北京大学出版社2000年版,第65页。
[3] 参见马克昌:《近代西方刑法学说史略》,中国检察出版社2004年版,第84页。
[4] 参见[法]福柯:《规训与惩罚:监狱的诞生》,刘北成、杨远婴译,生活·读书·新知三联书店1999年版,第82页。

待,违反人的权利。即引用康德的'法哲学'说:'犯罪者也是人。'"[1]此外,除了从人权价值与人道尊严的立场上,重刑惩罚机制存在严重弊端之外,即便就威慑的一般预防职能发挥的效果意义而言,重惩和惩罚展示的做法也存在严重的弊端。为了重惩效果一味强调超越规范的任意从重一直是封建时代刑罚的常见现象,这就导致了民众面对惩罚展示时出现无所适从,原来由规范机制形成的对未来行为的预期因为刑法规范被破坏而使得变得无法实现,反而导致民众的强烈反抗与加重犯罪现象,因为面对轻罪重罚与重罪重罚,可能会导致犯意加重的现象[2]。所以重惩和惩罚展示威慑理念的弊端非常明显,不仅严重侵害人权,还可能导致威慑机制被破坏而使得一般预防职能无法实现的后果。

2. 规范惩罚阶段

重惩与惩罚展示的重刑惩罚机制虽然通过直觉性与外在性的条件反射式惩罚刺激可以表达出一定的威慑效果,满足一定的一般预防职能,但是过于强调严厉惩罚与公开展示的机制不仅威胁基本的人权价值与人道尊严,更任意超越了规范的界限从而破坏了刑事法律建立起来的规范预期,导致不能体现出刑罚作为一种常规制裁手段的稳定、长期的威慑效应,可能因为重惩破坏罪刑阶梯反而加重了可能犯意,威慑效果因此难以得到有效的保障。而为了保证刑罚实现长期、稳定的制裁效果与威慑机制,使其成为体现长治久安精神的、可预期的威慑手段,就必须维护刑事法律的权威。惩罚的重点不在于越重越好,而在于展示规范所体现出来的罚当其罪,塑造刑法规范的权威与效力,由此可进而形成对犯罪行为导致相应刑罚的稳定预期,通过规范最终实现稳定有效的一般预防效果。此外,体现人道主义的罪刑相应与罪刑法定的刑法规范相配合,还可以防范重刑惩罚威胁人权与人道价值的问题。正如福柯所言:"(规范)惩戒不再是一种展示的仪式,而是一种表示障碍的符号……他们通过这种惩罚符号的技术而赋予惩罚权力一种经济而有效的手段,这种手段可以适用于整个社会,能够把一切行为编成符码,从而控制整个弥散的非法活动领域。"[3]

---

[1] 参见马克昌:《近代西方刑法学说史略》,中国检察出版社2004年版,第66页。
[2] 参见[日]山口邦夫:《19世纪德国刑法学研究》,八千代出版股份有限公司1979年版,第29页。
[3] 参见[法]福柯:《规训与惩罚:监狱的诞生》,刘北成、杨远婴译,生活·读书·新知三联书店1999年版,第104页。

所以，一般预防的威慑职能的核心机制并不在于严厉的惩处及惩罚展示，而在于通过规范使得民众形成对刑罚之实现的稳定预期、对规范权威的尊重与对规范效力的信任，使得惩罚的威慑效果稳定有效地发挥出来，最大化地实现一般预防职能，通过规范实现惩罚是实现这一逻辑的基础保障。诸如定罪量刑的规范惩罚的实现充分表达了规范的权威与效力，从而单凭规范本身体现出的抽象惩罚就足以使得民众受到潜在威慑，达到一般预防的效果。越是在法治的环境下，规范越能得到良好的执行和实现，因此规范惩罚进一步提出了对法治的需求，而法治也进一步促成了规范效果的实现。此外，一般预防的鼓励守法预防职能只有在规范惩罚机制中才能得到良好的保障和实现，这是由于鼓励性预防只能通过强化规范意识和落实规范的有效性方式才能实现，这是早期只重威慑的重型惩罚机制远远无法考量或实现的职能[1]。通过规范施加的惩罚也在正面意义上鼓励公民积极守法、培养良好的规范遵守意识，从而自觉不去选择违法犯罪行为，从一般预防意义上这就与威慑职能下不敢违法犯罪效果双管齐下、相互配合，从而更好地实现普遍性预防的目标，同样有效地预防了潜在违法犯罪行为的发生。

综上可见，规范惩罚的意义在于其实现了双面预防的效果，不仅从威慑预防意义上通过明确的事先规范施加抽象的惩罚痛苦效果吓止潜在违法犯罪者，还从鼓励预防意义上通过规范的有效性和规范意识的培养鼓励公民积极守法，不从事违法犯罪行为，因此能够实现最佳的一般预防目标。而从重刑惩罚机制到规范惩罚机制的演进主要有两个方面的变化：一是从威慑预防职能方面来看，从重惩威慑和惩罚展示威慑转变为通过规范效力所体现出来的抽象的预期性的威慑，保证威慑的可持续性、稳定性；二是从鼓励预防职能方面来看，在重惩威慑时期并不存在的依靠规范才能产生的正面预防效果也成为通过规范效力展现的重要预防层面，并与威慑预防相辅相成。所以规范惩罚机制也就成为既具有长期稳定的威慑效果，也具有正面鼓励守法效果的双面普遍预防机制。

不可否认，针对危害社会行为的惩罚主义模式及其依凭的一般预防论在长期的社会治理实践中起到了重要的社会治理功能，所以惩罚性也始终是违法犯罪处理措施必要的基础属性之一，我国实践中作为违法犯罪处理对策的

---

[1] See Ernest van den Haag. *Punishing Criminals: Concerning a Very Old and Painful Question*, Basic Books, Inc., 1975, pp. 11.

不管是刑罚还是治安管理处罚,甚至劳动教养,都体现出明显的惩罚属性。但是仅考虑惩罚性的惩罚主义社会处遇观却存在视角上的偏狭和逻辑上的缺陷,最终导致在违法犯罪处理实践中的效果越来越有限,正如劳动教养制度所示的那样,最后出现严重缺失。

二、基于特殊预防职能的矫治机制之兴起

(一)一元惩罚主义的职能局限

随着时代的发展,以单纯的惩罚主义为社会处遇唯一机制的局限性越来越明显,近代刑罚制度的失效现象典型地体现了这一问题。社会治理现实以及学术研究都已经表明,对违法犯罪的严厉制裁并不必然带来违法犯罪率的降低和社会的安全稳定,威慑预防的有效性并不如一般预防理论上预期的那么理想[1]。20世纪前半叶作为惩罚主义重要标志的监禁刑在世界范围内就普遍出现了预防效果的大幅倒退,自由刑及其配套的严厉适用举措都不足以遏制犯罪率提高这一恶化趋势,许多发达国家统计表明惩罚主义原则下的自由刑扩张适用无法遏制犯罪率的高涨[2]。究其原因在于,惩罚主义仅面向社会一般主体的视野局限和威慑引导的一般治理逻辑忽视了实践中对违法犯罪预防至关重要的再犯问题。一方面,在视野局限意义上,不管是社会实践还是学术研究都已经发现,导致违法犯罪高发的并不都是一般预防论所防范的社会中的首次违法犯罪人,实际状况是"少数人犯了大多数(违法)犯罪"[3],对违法犯罪率起决定因素的往往是已经因为违法犯罪受过制裁的再犯情形。通过规定制裁的方式,仅面向社会一般主体进行普遍的、无差别的威慑和规范预防就忽视了对已受制裁对象的再犯进行预防的问题,出现了对应重点预防对象的治理空白。另一方面,就治理逻辑而言,惩罚主义依凭的一般预防主要是通过规范的预先规定来体现威慑和鼓励引导的功能,实现消极预防与积极预防相结合的目标。而这种阻吓引导式的一般预防逻辑恰恰对防范已受制裁对象的再犯来说效果非常有限。不能否认,已经因为违法犯罪行为而受到制裁的对象在接受惩罚时也受到了相应惩罚措施的威慑和引

---

[1] 参见吴宗宪:《西方犯罪学》,法律出版社2006年版,第89-90页。

[2] See Eric J. Wodahl, Brett Garland. The Evolution of Community Corrections: The Enduring Influence of the Prison. *Prison Journal*, 2009(1), pp. 87-88.

[3] See David F. Greenberg. The Incapacitative Effect of Imprisonment: Some Estimates. *Law & Society Review*, 1975(4), p. 541.

导;但值得关注的是,惩罚主义的威慑预防和积极预防机制早在这些对象尚未实施违法犯罪行为时就已存在,其实施违法犯罪行为本身就意味着威慑预防和积极预防机制已初步失灵,他们违法犯罪后即便接受了制裁,靠威慑和引导维系的预防效果也很难得到保证。防范已受制裁对象再犯的机制与一般预防的机制间存在极大差异,其再犯可能性既取决于其自身人格改善的效果,也取决于社会对受制裁对象的态度,而这些因素均超越了一般预防的逻辑适用范围。这表明仅依靠一般预防机制的惩罚主义并不能解决已受制裁对象的再犯问题,也就难以有效应对社会整体违法犯罪的高发状况,需要新的社会治理理念及其决定的违法犯罪对策加以应对。以教育矫治为核心的特殊预防理念及其决定下的新兴社会处遇对策正是在这种背景下产生的。

(二) 特殊预防职能的兴起

区别于惩罚主义面向社会一般主体的以威慑和鼓励守法双面普遍预防为逻辑的一般预防职能理念,违法犯罪治理的特殊预防职能以对违法犯罪人的再犯预防为着眼点,并以对违法犯罪人进行个别教育矫治为主要机制,希望通过社会处遇措施矫治违法犯罪人以消除其危险人格,通过教育改造等手段消除其人身危险性,并有效恢复其社会融入能力,最终防范其再犯[1]。因这种理念认为违法犯罪预防的关键对象非社会一般主体,而是已经违法犯罪的特殊行为人,所以无法进行无差别的一般性预防,而是应根据预防对象的不同违法犯罪状况及其体现的不同人格状态个别地施行差别化预防对策,因此这种违法犯罪预防理念被称为特殊预防。特殊预防这种理念先天要求根据处遇对象的个性的危险人格与特殊改造需要而采取针对性的、独特的矫治措施,由此针对每个主体的这种个性差异而形成各不相同的特殊预防方案[2]。这一理念经过系统发展形成了与一般预防论相区别的特殊预防原理体系,并逐渐成为新的社会处遇指导理论。在这一理论指导下的社会治理发生了模式转向,违法犯罪的治理思路转变为如医生治疗病人一般的医疗模式,根据违法犯罪人的特殊状况采取相应的个别化治疗处遇措施来防范再犯,而非简单划一式地通过规范事先规定普遍性制裁惩罚。因此新形成的社会治理模式就不再是以制裁为核心无差别地威慑引导社会一般主体,而强调对违法犯罪人的个殊处遇,原来的惩罚主义治理模式被根本性地反思扭转,

---

[1] See Eric J. Wodahl, Brett Garland. The Evolution of Community Corrections: The Enduring Influence of the Prison. *Prison Journal*, 2009(1), pp. 91-92.

[2] 参见苗有水:《保安处分与中国刑法发展》,中国方正出版社2001年版,第32-34页。

形成了以教育改造为核心机制的强调再犯预防的新模式。由此,社会治理模式就实现了从一元处遇向二元处遇的重大转向。在二元处遇机制下,应当兼顾一般预防与特殊预防职能,惩罚和教育改造都应纳入社会处遇机制进行考量。在特殊预防职能的广泛影响下,原有的以惩罚为核心的社会处遇措施发生重大转变,着眼于再犯改造的、以教育矫治为核心的违法犯罪处理措施在实践中被大量引进和适用。虽然其并未从根本上推翻已有违法犯罪治理措施如刑罚等所具有的制裁属性,但是原来单纯强调惩罚制裁的违法处理方式都必须重新调整考量再犯预防的效果,特殊预防得到了优先的考量,这形塑了处遇措施的发展方向,不仅监禁刑因为特殊预防效果差而使其适用受到了大大限缩,而且补充了教育矫治的措施。以教育矫治效果为优先考虑的社区矫正措施得到了充分扩大和发展适用,逐渐成为替代监禁措施的优先适用方式。

(三)从医疗模式到规范矫治的机制转变

1. 早期矫治机制所采的医疗模式

受特殊预防职能需求的决定,社会处遇措施具体机制从考量普遍性的未犯预防转向着眼于已经违法犯罪人的再犯预防,强调对违法犯罪人的教育矫治,使其恢复正常人格回归社会,从而消除其再犯的可能性。基于这一目标,在运行原理上,特殊预防要求下的矫治措施早期实行了类似于医生问诊式的个案评估矫治方式,被称为医疗模式,根据不同矫治对象的危险人格针对性地实施各不相同的矫治改造方案,最终消除其人身危险性,使其顺利回归社会,防范再犯。

医疗模式最早是由意大利犯罪学家菲利根据特殊预防论的原理提出的针对犯罪人的经典处遇矫治模式[1],为了与强调规范惩罚的一般预防相区隔,其采用了与规范普适性逻辑完全不同的对象个别化逻辑,否定特殊预防可以通过规范的形式进行一致性规定。首先,对违法犯罪人矫正与医生治疗病人一样,应从被矫正对象的特征出发,将违法犯罪行为仅作为矫正对象人格的表征来看待。其次,行刑需要个别化,对被矫正对象的矫正方案正如医生对每个病人开的药方一样,需针对其自身特点"量体裁衣"。最后,由于对违法犯罪人的矫正因人而异,因此没有必要也不可能通过规范设置固定标

---

[1] 参见[意]菲利:《实证派犯罪学》,郭建安译,中国人民公安大学出版社2004年版,第175页。

准,正如看病依靠的是医生的专业知识一样,矫正应依靠矫正官和矫正委员会的专业裁量而非具体刑事法律。社会治理处遇以特殊预防为目标,因此从运行机制上就长期接受了医疗模式作为其标准实施方案[1]。受此影响,20世纪中期世界处遇实践中教育矫治机制占据了主导地位,医疗模式受到了广泛应用,代表性的是刑罚实践中一度大量采用不定期刑与频繁评估机制,不再统一规范监禁时限,而是根据每个违法犯罪人的具体教育改造状况个别决定后续矫治措施。但随着时间的推移,教育矫治机制初始所采用的医疗模式在社会处遇实践特别是刑罚实践中大量出现了诸如措施畸轻畸重、缺乏公平、效果较差等种种适用上的难题,不得不使人反思特殊预防论下的医疗模式的逻辑和理论合理性问题。正是在这个意义上,出现了规范矫治的新观点。

如前所述,医疗模式采用反规范的个别化的逻辑,形成了社会处遇中两种最重要的反规范逻辑的制度实践。而正是这两种制度实践造成法规范的作用严重消减,诸种实践中产生的问题在特定意义上皆跟规范缺失的问题有关。一方面是社会处遇中的事后不定期刑。事后不定期刑是指诸如监禁之类的自由刑刑期不再由法律加以预先规定,而是否结束刑期主要根据违法犯罪人是否教育改造成功、是否还存在危险人格来决定。之所以如此,理由在于特殊预防论认为行为人的危险人格程度及其变化并非能够被法规范无差别地预先确定,所以法律也无法提前预测改造危险人格所需要的刑期长度,就不能预先规定或量定刑期[2]。如果提前确定刑期,则会放纵那些有人身危险性的违法犯罪人,以致不能预防违法犯罪人再犯,就无法实现维护社会治安的目的。然而事后不定期刑由于缺乏规范而没有一致性标准,刑期完全取决于难以把握的个别评估,这就在实践中造成了严重的刑罚畸轻畸重和不公平现象,同案不同刑以及过早释放问题成为困扰事后不定期刑实践的严重难题。另一方面是社会处遇的个别化矫治制度。个别化矫治制度是指根据犯罪人人身危险性大小差异因人而异地制订矫治方案,每个犯罪人都不相同。而法律对于处遇时的矫治个别化内容是无法进行具体规定的,其理由在

---

[1] See Peter Strelan, Jan-Willem van Prooijen. Retribution and Forgiveness: The Healing Effects of Punishing for Just Deserts. *European Journal of Social Psychology*, 2013(43), pp. 544–545.

[2] 参见[意]菲利:《犯罪社会学》,郭建安译,中国人民公安大学出版社1990年版,第118–120页。

于刑事法规范或规定处罚的规范都以行为中心论为基础,以罪刑相应为基本原则,因此规范规定的是统一定性为违法犯罪行为所对应的惩罚,对强调个殊化、无法预先确定判断标准的危险人格自然就无法规定,虽然相关法规范也考虑到了一定的人身危险性因素,但一般抽象性的法规范特质决定了其难以对个殊化的处遇矫治措施作出规定。刑事法规范中无法对教育改造进行详细的规定,因为这种改造是针对个别主体的不同危险性来进行的,无法一般化。然而在没有法律加以具体规范的情形下,个别化矫治在实践中出现了严重的有效性问题。医疗模式严重倚赖矫治工作者依靠主观个别化判断决定教育矫治措施,而在矫治工作者缺乏矫治理论素养或有意识滥用矫治权力的情形下,没有规范制约的教育矫治措施就难以保障取得有效结果,因此实践中出现了再犯预防效果恶化的难题,教育矫治有效性被广泛质疑[1]。

2. 强调统一规制的规范矫治模式

如前所述,医疗模式相信针对矫治对象个殊性而采用的事后不定期处遇和个别矫治机制尽管是为了实现充分的教育矫治目标,但是由于处遇个别化与刑事法规范一般化之间的冲突而存在重重弊端。"医疗模式的个殊矫正策略要求诊断式处遇(the Clinical Treatment),依靠司法专家经验确定个别处遇方案但无有效规则参照。这一方面导致了司法专家自由裁量权过大,矫正质量因人而异;另一方面对矫治的行为认知和心理学观点差异导致了矫治标准千差万别,'同案不同矫'和过早释放现象比比皆是。"[2]因此,当务之急是统一矫治理念,确定抽象和普遍适用的危险评估与矫治规则标准,确保矫治规范化。这就须重新通过刑事规范,以规范逻辑重新寻求教育矫治的新形式,既能实现特殊预防的职能,又能防止因放弃规范而引起的弊端,由此强调规范指导的、折中个殊性逻辑的强调统一规制矫治措施的规范矫治模式得以形成。

医疗模式在原理意义上主要有两个基本观点,从这两个基本观点可以探寻矫治个别化与规范逻辑的契合可能性:一方面,行为人中心论,以个体危险人格而非行为作为确定矫治措施的出发点,违法犯罪行为仅视为确定危险

---

[1] See Robert Martinson. What Works? Questions and Answers about Prison Reform. *Public Interest*, 1974(35), p. 25.

[2] 参见李川:《修复、矫治与分控:社区矫正机能三重性辩证及其展开》,《中国法学》2015年第5期。

人格的表征之一[1];另一方面是矫治个别化原理,矫治措施的程度及性质须根据犯罪人的个殊需要区别对待,难以像古典学派主张的那样实现同罪同罚的抽象规则化[2]。如前所述,行为人中心主义是整个特殊预防理论的哲学逻辑基础而不仅仅是医疗模式的依据,在深层意义上是整个实证学派区别于古典学派的标志所在。正是因为人身危险性体现了社会决定论下个体受社会因素形塑的复杂面向,教育改造违法犯罪人才必须从犯罪人格及其危险表征入手,而行为只能间接、局部地表征人身危险性之一部分,不能作为教育矫治的前提依据。如果不以行为人格为判断核心,则社会决定论及其决定的特殊预防也同样落空。行为人中心主义的根基在实证学派内是如此深厚,对其进行改变意味着对社会决定论哲学基础的违背,因此难以进行理论改造。而处遇个别化作为教育矫治的进程逻辑则相对存在合理性的改进余地。处遇个别化可以有绝对和相对意义上的两种理解[3]。绝对意义的处遇个别化认为人身危险性是无法统一进行分类与分级的完全个殊化的人身特征,无法予以抽象形成量定标准,更无法纳入法律规范的范围。而相对意义的处遇个别化逻辑则认为人身危险性从总体上虽然具有不同主体体现的个殊性,但是那些形成不同主体个殊性的人身危险性评价因素却是可以归纳总结和形成评估标准的,而评估标准的因子具有定量分析的可能性,可以进行量化比较分析,最终通过统一的评估标准体系实现不同主体的人身危险性的比较分析,区分出人身危险性的大小。因此这种可以量化比较人身危险性的评估体系就是可以抽象归纳和总结的规范体系,可以规定在法律之中形成客观、有效的评判机制,并可针对人身危险性的大小差别规定相应轻重有别的矫治措施。在这一意义上,传统医疗模式的完全个殊化的教育矫治逻辑就转变为依靠固定的规范标准的规范矫治基础。与教育矫治规范化逻辑相比,坚持绝对的处遇个别化而依靠社区矫正工作人员个别判断采取对应措施的医疗模式就体现出明显的落后之处:医疗模式在实践中过度信任和依赖社区矫正工作人员的判断能力与改造能力,形成一种主观变动不可预测的判断状况,从而可能导致社区矫正的不公和失效。前述20世纪中后期美国医疗模式的刑

---

[1] 参见[意]菲利:《实证派犯罪学》,郭建安译,中国人民公安大学出版社2004年版,第178页。

[2] 参见翟中东:《刑罚个别化研究》,中国人民公安大学出版社2001年版,第15-16页。

[3] 参见李川:《修复、矫治与分控:社区矫正机能三重性辩证及其展开》,《中国法学》2015年第5期。

罚实践混乱问题正是医疗模式这一主观逻辑缺陷的反映。在特定意义上,相对的社区矫正个别化并没有违背行为人中心主义的教育矫治逻辑前提,只是将这一逻辑以规范的模式加以梳理,使得矫治的需求与措施能够在特定意义上依据规范进行科学评估和实施,从而使得社区矫正的教育矫治变成一种可以客观评判与提前预测的统一适用规范活动,前述医疗模式矫治不公与适用混乱情况就可以得到很好的解决。当然,规范矫治的职能也可以随着人身危险性因素评价标准的科学化与精确化实现社区矫正规范的渐趋合理化,进一步有效提高教育矫治的效能。

规范矫治模式作为替代医疗模式的更科学的方案,体现了特殊预防职能所秉持的处遇个别化原则向抽象规范一般化逻辑的让步,在特定意义上体现了对完全主观化的绝对个别矫治方案的批判。通过人身危险性及其相应矫治措施的规范化,不仅可防范矫治混乱不公与效果难以保证的难题,还实现了教育矫治机制的规范性与标准化,使其更加稳定与可靠,成为与法制逻辑相适应的处遇模式,可以适应当下法治社会的基本要求。规范矫治要求将社会处遇的矫治基准确立为可以抽象规范化的人身危险性因素,形成可以统一适用的人身危险性评估及其处遇规范体系。围绕这一体系,矫治从风险评估到教育措施都可以实现标准性和一致性,从而保证矫治结果的科学性和有效性,防范未来再犯的风险,这体现为:一是规范矫治要求通过人身危险性因素的抽象化和类型化,科学归纳出人身危险性的评估指标和具体层次,确立科学规范的风险评估基准。这是保证教育矫治良好效果的基础。二是规范矫治进一步要求在科学规范的风险评估基准的基础上,针对性地确立规范性的处遇措施体系,包括根据不同风险等级程度确立的规范性的教育矫治措施和安全监管措施。这是保证教育矫治良好效果的关键。三是规范矫治最终也要求在处遇措施结束时客观科学地评估矫治的具体结果,即根据前述风险评估基准来具体评价矫治的实际效果。只有客观上确实没有再犯罪的危险性时才能够表明矫治的实际成效,存在解除处遇措施的科学理由。只有经过了规范矫治三重要求的处遇对象,才能够保证恢复正常人格,能够完全复归社会,也就是从危险管控的角度不会存在未来再犯的风险。当然,规范矫治及其对未来再犯危险的防范都必须建立在其一致性和规范性的科学矫治基准的基础之上。

规范矫治的理念在现代影响深远,世界范围内的有效社会处遇措施特别是刑罚制度都已在实践中采用接纳了这一理念,绝对不定期刑逐渐被取消,个别化矫治被危险性规范评估与处遇取代,并逐渐形成了对人身危险性因素评估与处遇的普遍规范化做法,教育矫治也走上法律化道路,矫治个别化被压缩在规范赋予的有限裁量权范围之内,不能突破规范化的危险性评估结论,从而最大限度解决了处遇不公和效果不佳问题。

一直到二战前的违法犯罪治理领域,一般预防与特殊预防一直是最主要的社会处遇措施职能,但两大职能之间的地位随着时代的变迁此消彼长,特殊预防渐渐超越一般预防成为更受重视的处遇职能。在此影响下,以刑罚为代表的社会处遇措施向更加体现教育矫治精神的方向转型,刑罚更强调实现以再犯预防为目标的教育改造效果,出现了轻刑化和社会化思潮,缓刑假释和社区矫正等以帮助受刑对象更好改造和回归社会的措施得到了广泛的发展适用。

三、基于危险预防职能的危险管控机制之发展

自1970年代开始,随着社会形势的变化与新的社会治理需要,超越传统的一般预防与特殊预防二元处遇职能的新的职能出现,这一职能与福利社会的衰退和风险社会理念的兴起有关,主要是出于防范社会越来越严重的违法犯罪可能风险的需要,基于危险预防的社会处遇理念和职能需求得到发展,从而形成了危险预防的职能体系,并受此决定形成了社会处遇的危险管控机制。

(一)危险预防职能产生的时代背景

1. 危险预防理念发展的两大宏观政策需求

随着世界进入风险高发与难以预测的风险社会时代,社会矛盾冲突急剧增加,控制社会风险的需求大增,传统社会处遇手段那种强调福利主义式的教育改造违法犯罪人、帮助其复归社会的职能思路明显不能适应风险控制的即时与大幅需求,基于福利主义教育矫治逻辑的社会治理效果有限且成本高昂,由此就要求必须在社会处遇的整个职能体系中增加对危险管控的考量。以社区的安全性隐忧为着眼点,以风险控制为考量依据,社区矫正有限限制人身自由以及监督控制矫正对象的机制得到了重视,推动产生了基于危险预防的监督管控职能思路,社会处遇也向危险预防理念演化发展[1]。

---

[1] 参见李川:《修复、矫治与分控:社区矫正机能三重性辩证及其展开》,《中国法学》2015年第5期。

一方面,当下新自由主义思潮要求国家收缩不计成本的福利矫正思路,从产出效益角度重新评估社会处遇措施的性质与机能。与之相适应,背离于传统以社会决定论为核心的"自我犯罪学"逻辑,"他者犯罪学"[1]兴起,认为违法犯罪人不是"孺子可教"的矫正对象,而是需监控防范的异己分子,处遇重点不应是信任式的人身危险性评估与改造,而是防范式的依风险程度的分流转处和密集监控。就保障社会安全而言,密集监控的效率和效益要远远高于基于特殊预防的个案矫治。另一方面,对社会冲突的持续担忧产生了风险社会意识[2],时代发展已经进入风险因素纵横交错和愈加难以把控的风险高发态势。在这种意识影响下,危机重重的社会的首要任务是风险管理,社会刑事政策应从传统的危害追究和罪犯改造范式向违法犯罪风险管理与预防范式转型,不仅在违法犯罪预设方面前置法益保护阶段和扩张违法犯罪治理范围,而且更为紧要的是,社会处遇措施的主要职能应从内在矫正恢复违法犯罪人的合社会性道德理念向外在控制剥夺违法犯罪人风险制造能力转型。这就要求社会处遇措施须着重危险预防的评估与直接管控,处遇技术逻辑从个人责任追究与人身危险矫治转变为违法犯罪人的风险标定与监督管控[3]。

2. 危险预防理念发展的社会处遇实践需求

1970年代开始,世界范围内违法犯罪控制实践的需求和发展越来越显示出这种危险预防理念的影响力超越了其他传统理念。第一,随着前所未有的社会处遇机构和处遇人口数量的剧增,使得传统成本高昂的个殊化教育矫治不堪重负也无法达成,解决和安排前所未有的处遇服刑人员成为刑事司法的首要任务。因此为了能最大限度地安排处遇服刑人数,违法犯罪治理的其他考量纷纷让位于危险预防必要性的原则,只要是能够压制风险和预防风险的方法就能够优先适用。因此首要的违法犯罪治理需求就从特殊预防逐渐变为危险预防。美国违法犯罪治理实践中私营监狱、改造营和电子监控的大

---

[1] See D. Garland. The Limits of the Sovereign State: Strategies of Crime Control in Contemporary Society. *The British Journal of Criminology*, 1996, 36(4), pp. 461-462.

[2] 风险社会意识是近年来影响社会科学的重要思潮,认为社会处于风险难以把握且危害性高的危机重重阶段,社会科学的研究应以风险管理为首要任务。这一理念也对刑法学和犯罪学产生了重要影响,被认为引起了犯罪学从矫正论述向风险管理论述的转型。参见劳东燕:《风险社会与变动中的刑法理论》,《中外法学》2014年第1期。

[3] 参见李川:《修复、矫治与分控:社区矫正机能三重性辩证及其展开》,《中国法学》2015年第5期。

量适用正是这一转变的体现[1]。第二,如前所述,随着福利国家的衰退,以福利为出发点的矫治帮扶经费遭到了大量削减,严格的预算限制导致违法犯罪治理无法再过多深入考量个案矫治的精致规划进程和多措施综合适用而更强调矫治中的安全即危险预防状况,对矫治工作人员的绩效评价已经从未来再犯比率转变为当下安全比率,矫治工作逻辑也转向危险预防。第三,以更有效的危险预防为核心的"折中处遇"这种处遇执行理念迅速发展,不仅影响违法犯罪治理实践,甚至影响处遇立法状况,体现出整个社会处遇体系都注重有利于危险预防的新理念和制度这一趋势。第四,整体社会治理都愈加重视对风险的预警和管理,以对危险预防进行更高效、反应更灵敏、更富创造性的服务。其中一个突出表现是情境预防理念的大行其道,不仅违法犯罪治理领域,甚至整个社会都重视环境风险的综合规划和调整,以适应危险预防的需求,安全监控设备和风险预警系统已经成为城市治理和违法犯罪控制的标准配置。

世界违法犯罪控制领域的种种实践已经不约而同地越来越显示出对危险预防这一目标的优先强调,这表明传统的违法犯罪治理领域的理念应该拓宽视角,将危险预防纳入处遇职能考量的范围之内,明确违法犯罪治理体系内部危险预防职能的定位和特征,并持续以实践加以推动和完善。

(二)社会处遇的危险预防职能之形成

从预防再犯风险的需求出发,前述结合了风险社会背景、违法犯罪控制宏观需要和违法犯罪治理实践取向而形成的危险预防理念逐渐成熟,认为可以通过两种普遍的风险管理方法,即控制和替代的方式,实现社会处遇的危险预防目标,从风险产生时起就介入并发生作用。

现代社会的一个突出特点是社会风险高发却难以控制,风险预测与防范的难度加大,因此危险预防成为社会整体不得不重点关注考量的重要运行目标。具体到违法犯罪治理领域,风险社会情势下对社会风险的一般控制成为超越个体权利和正义目标的违法犯罪对策的优先考量,包括刑罚在内的违法犯罪处遇的重点就从对具体个人的教育矫治变成了违法犯罪风险的统一监督管理。在这一转变之下,社会处遇要求违法犯罪治理哲学从改造主义转向危险管控,处遇机构的设立必须以风险管理责任的明确为前提,处遇机构最

---

[1] See F. Bérard, M. Vacheret, G. Lemire. Risk Management in the Correctional System of Canada: A Problematic Model. *Howard Journal of Criminal Justice*, 2013, 52(3), pp. 254–256.

重要的目标是针对具备风险的违法犯罪人通过合适的监督控制手段将其侵害风险识别并消除隔离,对这一事务的管理是处遇工作的核心环节。这一方面要求处遇措施中的风险评估就不再要求以教育论下的矫治可能性为内涵,而应全面地转向为采取合适的风险监督控制手段服务。另一方面,处遇中的教育矫治机制不再是唯一考量,工作重心是对现存违法犯罪人的风险进行分类管理,即根据违法犯罪人的危险评估结果按照危险预防标准采取必要的监督控制措施[1]。在这一危险管控理念的影响下,个人主义式的个别矫治因为管理意义上的低效和进程缓慢不再是唯一重要机制,而从风险整体视角出发,对不同风险等级的预防对象采取特殊的直接控制预防手段,这种预防手段因为集合效果显著而变得更加重要。因此对预防对象分级分类、确定相适应的集合预防手段,成为危险管控下处遇的重要手段,电子监控、局部或职业禁止令等新处遇手段得到大量使用。这表明,随着时代发展,危险管控式预防在处遇措施体系中从个别走向整体、从矫治走向控制,对于处遇需求也需要重新认识调整。

此外,出于对风险进行有效管理的需求,社会处遇被要求特别注重采纳那些可以尽可能少的成本就能够实现良好危险预防的高效益处遇手段。以最小的成本实现最大化的违法犯罪处遇,体现了效益主义的属性。社区矫正制度之所以受到比监禁刑更多的重视和应用,就是因为社区矫正在成本收益方面的巨大优势。根据美国学者统计,社区矫正后犯罪人再犯率只有监禁刑的六分之一,改造效果明显优于监禁刑,同时其改造成本却只有监禁刑的八分之一到十分之一[2]。因此现代矫正的过程中,一方面,矫正科技由于对人力成本的节省和对风险监督的有效性而得到了长足发展,特别是那些对有风险的违法犯罪人进行有效监督控制的监视技术得到大量采用和快速更新,从矫正定位仪到电子腕带技术,已经成为现代处遇措施中常见的矫正手段,对违法犯罪人的监督控制起到了非常明显的保障效果[3]。另一方面,从处遇设施到处遇机制都越来越以成本-收益考量为核心,面向社会处遇需求的有

---

[1] See Garth Davies, Kelly Dedel. Violence Risk Screening in Community Corrections. *Criminology and Public Policy*, 2006, 5(4), pp. 633 – 634.

[2] See Donald A. Andrews, I. Zinger, R. D. Hoge, et al. Does Correctional Treatment Work? A Clinically Relevant And Psychologically Informed Meta-Analysis. *Criminal Careers*, 1990(3), pp. 369 – 404.

[3] See Graeme Newman. *The Punishment Response*, Harrow and Heston, 1985, p. 166.

效设施和机制都得到了优先的发展。比如国外社区处遇中经常见到的训练营、居家处遇等半开放式矫正手段之所以得以设计和广泛采用,就是因为这些手段很好地平衡了处遇成本与处遇收益之间的关系。训练营的纪律训练采用较低的成本方式(只需要配备几名训练官)就通过训练机制培养了良好的内在守法行为习惯,有效降低了社会侵害风险;而居家处遇成本十分低廉(主要用于居家处遇设备安装,生活食宿都无需成本),却实现了犯罪人与社会的有效隔离,达到了社会处遇的最优效果[1]。

(三)危险预防职能产生危险管控机制

危险预防理念经过长期的实践积累和科学的归纳,最终形成了相对成熟的方法论思路,即从情境理性的立场出发,认为应该采取宏观视角调整社会风险负担,以精算概率和统计管理的司法方法管理危险人群,以最少的司法成本获取最大的风险控制收获。在这一效益目标下,报应、威慑或教育矫治的违法犯罪治理必要性仅限于其本身,与风险有效控制的效益有关,可以通过风险的精密计算和分析纳入危险管控的范围,依靠危险管控实现危险预防。在这个意义上危险管控机制就此诞生。

从危险管控的逻辑而言,违法犯罪治理应采取分类标定和分流管理的两步精算处遇方法:第一步,通过违法犯罪统计将犯有多数违法犯罪的少数重点高风险行为人辨识标记出来,并加以具体分类。如通过统计发现交通肇事风险主要集中于某类职业司机中的交通违法惯犯者。这就需要将这类交通违法惯犯者通过法律或规范机制加以区分,并进行严密监督控制。所以诸如职业司机三次违法一般吊销执照或一次严重违法构成违法犯罪之类的针对某种特定类型主体的科学分类处遇措施,都是有效实现危险管控机制而最终保障危险预防目标的良好方法。第二步,在分类标定违法犯罪人的基础上,根据统计归纳的有效措施结论采取针对性的监督控制手段,针对不同风险层次的违法犯罪人分流处遇,采取轻重不一的监督管控措施集中防范风险。比如针对较轻风险的初犯可以采取前置转处分流的附条件不起诉处遇措施,采取较为宽松的风险管理方式;而针对较重的累犯则采取隔离监禁为主的较重风险管理方式,通过较长期限的物理性隔离方式的运用,防范对社会的侵害风险;而居于其中的则采取中等强度的监督管制措施,可以在社区中服刑,只

---

[1] See Leanne Fiftal Alarid. *Community based Corrections*. Wadsworth Publishing, 2016, p.98.

是实施必要的限制自由措施来相对地隔离风险。

四、基于修复预防职能的修复机制之完善

自1960年代起,随着社会本位思潮的发展和人权保障范围的扩展,对违法犯罪治理产生了另一新的修复式预防的职能需求。这一职能需求随着恢复性司法与被害人保护理念的兴起而进一步对社会处遇制度产生了全新影响,形成了社会处遇的修复机制。

(一)作为修复预防职能基础的社会化理念

社会修复的职能需求植根于作为现代社会处遇制度基础的司法理论与刑罚原理之中[1],是近代司法社会化和刑罚矫治化思潮的综合产物。其产生不仅外在上受到市民社会的发展与社会主体权利的勃兴的决定,而且内在上受到处遇正义观转型和处遇人道化与社会化思潮的推动,是国家司法向社会司法延伸的必然产物。

一方面,就外在因素层面而言,与国家体系相对应,近代市民社会所要求的社会连带逻辑和主体权利保护需求进一步勃兴,从而要求对受害主体和社会秩序在国家追诉违法犯罪之外另行进行延伸性的保护,由此决定了社会修复理念的必要性。一是市民社会的发展改变了传统国家垄断的社会治理模式,为公共治理带来社会运行视角和社会连带逻辑。从社会动态运行的视角和连带的逻辑出发,公共治理必须注重社会发展需求,运用社会自身发展规律实现这一目标,超越国家本位和手段的单一性[2]。受此决定,社会处遇矫治作为公共治理的关键环节,不仅需要考虑国家本位下的报复正义目标,还必须考虑到社会的修复违法犯罪损害的要求,运用社会自身的互动机制更好地实现社会修复这一目的。二是市民社会的发展也推动了公民权利的勃兴,公共治理必须考虑到对主体权利的尊重和保护[3]。受此决定,社会处遇矫治领域不仅强调对违法犯罪人权利的适当保障,也要求对受到伤害的个人、单位或社区权利进行恢复和保障,以及进行针对性的损害修复。

另一方面,就内在因素层面而言,在体现社会处遇人道化和社会化需求

---

[1] 参见季晓军:《刑罚根据论的界定》,《法学论坛》2006年第2期。

[2] 参见郁建兴、吕明再:《治理:国家与市民社会关系理论的再出发》,《求是学刊》2003年第4期。

[3] 参见康亚林、陈先书:《社区自治:城市社会基层民主的复归与张扬》,《学术界》2003年第6期。

的处遇矫治理念的强势影响下,近代社会处遇实现了从报应正义向修复正义的转型,自然体现出对社会修复理念的要求。对已然之违法犯罪行为的惩罚性报应不再是社会处遇的唯一内涵,强调对违法犯罪人的有效矫正修复和对受害人与社区的补偿恢复成为社会处遇矫治正义的新内容。受此决定,社会处遇矫治目标的重心逐渐从着眼过去的报应向着眼未来的修复转移,社会修复自然成为社会处遇矫治的核心要求[1]。20世纪逐渐兴起的社会处遇矫治人道化与社会化思潮强调尽可能地以社区矫正的模式代替监禁矫正,运用社会自身的机制和规律更有效地改造社会处遇矫治对象,以增强社会处遇对象的矫治效果,促进社会处遇对象尽早成功回归社会[2]。这就决定了社会处遇须采纳最有利于人道化和社会化的社会修复理论。社会修复机制正是社会自身的有效修复规律的体现,不仅社会处遇对象可以通过社会教育和矫治手段更好地得到矫治恢复,受害人和社区代表的社会谅解也更有利于违法犯罪人无障碍地回归社会。社会修复理论正是对社会处遇人道化与社会化的最有效贯彻,体现了社会处遇人道化与社会化的趋势[3]。因此社会处遇人道化和社会化推动了社会修复理论的发展。

(二)社会处遇的修复预防职能形成

社会处遇修复职能在整体对象的意义上是指对整体社会秩序的修补恢复。违法犯罪作为一种社会损害,超越一般民事纠纷的严重性就在于其是对整体社会秩序的破坏,所以不能通过民事救济处理机制解决。违法犯罪可能连锁带来对社会进一步破坏的风险,而这种风险就来自社会秩序不同层面因为犯罪所遭受的破坏:犯罪对包括法律规范和道德规范在内的社会规范的破坏损害了规范的权威和公信力,可能引致进一步的规范破坏风险;犯罪对被害人与社区的伤害引起了社会关系的破坏,可能引致进一步的报复风险和排斥风险;犯罪对犯罪人自身来说亦是自我伤害,受刑后容易导致被社会犯罪标签化从而受到排斥,难以融入社会,产生再犯风险。在社会关系因违法犯罪被撕裂、社会规范效力与社会秩序受到破坏之后,即使对违法犯罪人进行了惩罚与矫治,也仍然难以实现对社会治安的有效维护。这是因为社会规

---

[1] 参见[意]菲利:《实证派犯罪学》,郭建安译,中国人民公安大学出版社2004年版,第178页。

[2] 参见[英]戈登·休斯:《解读犯罪预防——社会控制、风险与后现代》,刘晓梅、刘志松译,中国人民公安大学出版社2009年版,第58-59页。

[3] 参见刘军:《该当与危险:新型刑罚目的对量刑的影响》,《中国法学》2014年第2期。

范效力的破坏未得到修复,因违法犯罪损害的规范权威就无法树立,藐视规范权威而形成的潜在危害社会威胁就尚未得到有效制止;若受害人与社区尚未恢复对违法犯罪人的谅解接纳,即便违法犯罪人得到了良好的教育矫治,回归社会后仍会受到各种排斥与反对,从而无法融入社会而可能选择再犯之途;社会秩序不能修复的情形下,报复行为与再犯行为都无法得到有效的预防,治安自然无法得到很好的保障。因此,如果不在处遇措施中重视对被犯罪破坏的社会关系与社会秩序进行修复,就无法在未来很好地进行违法犯罪预防,也无法维护社会的长治久安。行刑矫正的修复主义必须着眼于犯罪对秩序整体的破坏这一特质,将对社会秩序的修补恢复作为修复的最终目标。

(三)修复预防职能决定的社会修复机制

修复预防职能的实现需要依靠在社会处遇措施实施过程中考虑违法犯罪人与受害人、社区等周围社会环境的关系,从整体社会秩序与社会和谐的意义上修补恢复违法犯罪人与受害人、社区的关系,最终实现社会规范与秩序整体上的修复,形成社会修复机制。修复预防职能必然需要进行违法犯罪危害后果的社会修复,社会修复机制的必要性就在于必须对犯罪所带来的社会秩序的损害进行修复,体现为对社会规范、受害人与社区、违法犯罪人回归社会修复自身三个层面上的破坏的修复,由此降低由于秩序破坏带来的进一步社会风险,保障社会安全。当然,即便在对具体受害人与社区或规范进行修复时,社会修复机制也须着眼于违法犯罪对秩序整体破坏这一特质,从社会处遇基础职能的意义上将对社会秩序的修补恢复作为社会修复的最终目标。

社会修复要求处遇措施对在不同层面上受到破坏的社会秩序因素进行修复,以恢复社会秩序的正常状态,因此,社会修复就是指在刑罚执行过程中,运用社会修复的方法和规律,对犯罪所损害的社会规范、受害人与社区以及违法犯罪人回归社会修复自身三个层面进行修复,从而恢复社会秩序,防范犯罪造成的未来社会风险。所以社会修复也需要从前述受损的社会秩序三个具体层面着眼,分别体现为对规范的效力恢复机制、对受害人和社区的补偿恢复机制、对违法犯罪人的社会回归恢复机制。

第二节 社会处遇的多元职能与特殊职能

由上分析可见,随着社会需求的变迁和处遇实践的不断演进,违法犯罪治理所承载的处遇职能有新的元素不断补充增加进来，从而越来越丰富多元，已经从初始的单纯一般预防职能需求逐渐演变为涵盖一般预防、特殊预防、危险预防、修复预防在内的多元职能；而受这种多元职能目标决定，包括刑罚、治安管理处罚在内的社会处遇具体机制也需要因应不同面向的职能特征而采取针对性的适用机制，这就导致社会处遇的内涵也越来越丰富复杂，科学完善的社会处遇措施必须同时具备惩罚、矫治、管控与修复在内的多重复合机制才能满足多元处遇职能的需求。

一、社会处遇的一般预防职能与惩罚机制

（一）社会处遇的一般预防职能

1. 惩罚的威慑预防职能

惩罚主义所依凭的一般预防虽然包含威慑预防和积极预防两种逻辑思路，但其中威慑预防占据绝对核心地位，积极预防则出现较晚且影响有限。这与违法犯罪治理的一般预防理论发展逻辑有关。一般预防作为对违法犯罪行为的制裁基础首先生发自威慑预防的理念，并由此经过心理强制说和功利主义的改造进一步成熟完善。然而正是这种威慑预防的逻辑有限性也为惩罚主义的治理模式的衰败埋下了伏笔。

作为惩罚主义基础的一般预防论（或一般威慑）的基本逻辑是：对危害社会的违法犯罪行为进行制裁主要是为了震慑社会中一般人，使之不去违法犯罪，由此达到对社会形成普遍的威慑效果。早期的威慑效果的实现如前所示都是通过严厉的惩罚阻吓潜在的违法犯罪人。因此朴素的威慑机制特别强调惩罚的严厉性和展示性，即重罚威慑的机制，通过公开的严刑峻法直接体现违法犯罪可能遭受的制裁痛苦，达到防范违法犯罪，维护社会秩序的最终目标。古代统治者所谓的"禁奸止过，莫若重刑，刑重而必得，则民不敢试"[1]就是这一思路的典型代表。在这一思路的引领下，封建时代中外都形成了较为严厉的刑罚状态，为维护统治秩序，刑罚成为受到过度依赖的统治工具，常常超越法律的界限法外施刑、公开展示酷刑，不仅人道尊严无从谈起，也因为刑罚过重而逐渐导致人民的反抗与威慑机制的失灵。

随着重惩威慑的功能逐渐失灵与近代人道主义思想的兴起，规范威慑的机制逐渐取代了重惩威慑而成为威慑机制的主要表现形式。规范威慑是以

---

[1] 参见商鞅：《商君书·赏刑》。

建立在功利主义的一般预防论基础之上的抽象威慑机制为基础的。与重惩威慑依靠现场展示的直观威慑效果来体现威慑的机制不同,规范威慑的理论前提是基于功利考量的一般预防思想。如规范威慑论代表人物边沁认为,人具有避苦求乐的功利行为能力,基于预先规定的刑法规范计算实施犯罪行为之利与规范可能带来的刑罚之苦之间的比例关系,如果惩罚之苦超过犯罪之利,行为人就不会选择犯罪行为而遵守规范秩序。由此规范威慑必须具有预先规定的、有约束力的法律规范来实现一般预防效果[1]。这种基于规范的威慑由于是依靠理性的行为预期,因此只要规范的效力得到维持,威慑机制就具有长期、稳定的效果,这就解决了早期重刑威慑常常出现的由于任意施刑而导致的威慑的不稳定效应问题。此外,基于近代法治社会的形成与规范权威的建立,规范威慑成为最主要的威慑机制。

边沁的功利主义思想与费尔巴哈的心理强制说是近代威慑机制的两大基础理论。两种理论的核心观点都是在刑罚规范影响下,人们基于功利主义的判断而形成的行为预测的理性能力,会为了避免法规范所规定的惩罚的痛苦而选择不去实施违法犯罪行为。受此影响,威慑机制有三个基本特征。首先,必须确立功利主义的基本理念,即形成功利主义的认识观:"一切判断过程中都坚定地从痛苦和快乐的计算和比较出发,以及不允许任何其他观点的干扰。"[2]其次,应明确制定刑事规范时就要预先将这种威慑机制纳入制定考量,通过规定违法犯罪行为及其相对应的惩罚建立其罚当其罪的必然联系[3]。因此,规定犯罪的标准及其对应的刑罚就成为刑事法律最为核心的任务,其合理性直接决定了威慑机制的实现效果。最后,通过规范的权威与效力使得社会民众普遍性地受到威慑的制约而不敢去实施违法犯罪行为,达到一般预防效果[4]。

2. 惩罚的鼓励预防职能

随着法治时代的发展,一种充分挖掘法规范功能、强调自觉守法与正面引导功能的新的违法犯罪预防论兴盛起来,形成了积极预防的思想。首先就

---

[1] 参见马克昌:《近代西方刑法学说史略》,中国检察出版社2004年版,第140页。

[2] 参见[英]边沁:《立法理论》,李贵方等译,中国人民公安大学出版社2004年版,第3页。

[3] 参见[英]边沁:《道德与立法原理导论》,时殷弘译,商务印书馆2000年版,第57页。

[4] 参见[英]边沁:《立法理论》,李贵方等译,中国人民公安大学出版社2004年版,第63页。

社会普遍的、无差别的一般预防逻辑而言,积极预防与消极预防具有共同之处,都是着眼于社会整体的防范未来违法犯罪发生的抽象性预防机制。但是与威慑预防不同,积极预防认为法规范对违法犯罪的预防主要是基于法规范体现的鼓励积极守法的正面价值达成的。只要民众内心形成对法律的自觉遵守与信仰,就会主动不去选择实施违法犯罪行为,这种机制是由民众对法规范内在服从的深层理念形成的,因此具有相对于威慑预防更稳定、更长远的效果,且在法治成为普遍信仰的时代体现出越来越重要的预防效力。因此要达到一般预防目标,不能仅靠威慑的效应去消极预防潜在的违法犯罪人,还要通过规范权威与效力的展现,使得民众内心服从,自觉选择不去实施违法犯罪的行为,二者相互配合最大化实现法规范的普遍预防优势,形成消极预防与积极预防相配合的双面预防效果。正如安德聂斯所总结的:"刑罚的一般预防作用有三:恫吓(威慑);加强道德禁忌(道德作用);鼓励习惯性的守法行为。"[1]

不管是威慑的消极预防还是鼓励守法的积极预防,都将对危害社会行为的惩罚或制裁措施置于社会治理的核心地位,强调制裁的惩罚属性对社会普遍预防的核心意义,这就导致了惩罚主义导向的社会治理必然只关注对违法犯罪行为的惩罚性,因此明显体现出惩罚特征的剥夺和限制个体权利的制裁措施必然在治理实践中占据优先地位。这也就解释了直到20世纪中期,世界范围内针对违法犯罪行为的最主流处理措施都是剥夺人身自由的相对严厉的监禁刑或拘留措施。而古代较为流行的体现更为严厉制裁性的肉刑或死刑也只是近代出于人道主义或人权保障的实际需要才分别得到了禁止和严厉限制,否则仅从惩罚主义的视角仍然具有相当的预防效果。就劳动教养制度而言,尽管其名称和初始制度设置目标中都有教育改造的内涵,但由于惩罚主义立场的强大影响,其所采用的仍然是体现惩罚严厉性的剥夺人身自由的集中关押式教养的形式,且甚至可以在时限上长过某些刑罚措施,从而重点突出了劳动教养制度的威慑预防职能,并在具体实践中进一步强化了其惩罚严厉性而忽视了其他职能,导致前述劳动教养制度措施上向惩罚主义的极端发生异化。因此,要反思和解决劳动教养制度的措施异化问题,必须从根本上反思这种惩罚主义的社会治理模式及其一般预防原理之缺失,方能提供劳动教养制度废止后的科学合理的替代措施。

---

[1] 参见[挪]安德聂斯:《刑罚与预防犯罪》,钟大能译,法律出版社1983年版,第5页。

(二) 社会处遇的规范惩罚机制

现代社会体现一般预防职能的惩罚机制采用了规范惩罚的模式。一方面,规范惩罚强调通过预先规定违法犯罪行为及其对应的惩罚方式来实现威慑预防和鼓励预防的双重职能,既根据功利主义的原理,通过抽象的、观念上的惩罚痛苦威慑潜在的违法犯罪行为人,使其不敢实施危害社会的行为,又通过规范的有效性使普通民众形成内心的法律信服,正面鼓励民众遵守法律规范,从而形成良好的守法习惯而不愿实施违法犯罪行为。

另一方面,规范惩罚机制的鼓励守法机制是以强调人们对法律效力的信服作为理念的立足点。积极预防的机制本身就是建立在对法规范的有效认可的基础之上的。对法规范的有效认可和内心服从是公民将法律作为自己行为准则的前提条件。公民只有信服规定惩罚的法规范,才能自觉将法规范作为自己的行为规范加以遵守,将法律规定的违法犯罪行为排除在自己的实际行为之外,从而实现积极预防的效果。而在重刑和行刑表现时代,酷刑使得人们对法律停留在敬畏和害怕阶段,而法外重刑有时还导致刑法变动不居,人们对刑法所持的是外在观点,本身则会产生对严刑峻法的厌恶之感,不可能将刑法规范作为可以学习和支持的行为规范对象,他们只会将自己当作受其压迫而被迫服从的对象,积极预防的效果自然无法实现。所以对法律效力的肯定和信服才是积极预防的核心观念,而这正是法治带来的变化。

规范惩罚机制的内涵包括两个方面:一方面,规范惩罚从消极预防的意义上体现为威慑机制,即通过预先规定惩罚来禁止未来可能的违法犯罪的发生,保障法规范和秩序的效力不受破坏,实现威慑预防的职能目的。规范惩罚的威慑机制是建立在功利主义原理基础之上的,如前所述,通过规范体现的惩罚与违法犯罪行为的必然联系使得民众因害怕惩罚之苦而不去实施违法犯罪行为[1]。规范威慑机制以抽象的痛苦预期理念取代了痛苦的直觉从而建立起更加稳定、长期的威慑机制。正如福柯所言:"处于刑罚核心的'痛苦'不是痛苦的实际感觉,而是痛苦、不愉快、不便利的观念,即'痛苦'观念的痛苦。惩罚应该利用的不是肉体,而是表象。"[2]法规范所带来的威慑机制

---

[1] See Ernest van den Hagg. *Punishing Criminals: Concerning a Very Old and Painful Question*, Basic Books, Inc. 1975, p. 60.

[2] 参见[法]福柯:《规训与惩罚:监狱的诞生》,刘北成、杨远婴译,生活·读书·新知三联书店1999年版,第104页。

基于规范的权威效力和稳定性而更加稳定,不受主观直觉感受的差别性影响,因此惩罚不必一定是从重的或公开展示的,而更重要的是合理的,以此可以增加规范的权威而使得威慑力更强。另一方面,规范惩罚从积极预防的意义上体现为鼓励守法机制,即借助法律的逻辑展现其权威和效力,使民众形成对惩罚规范的发自内心的信服,自觉以其为行为标准而不会选择违法犯罪,实现鼓励守法的积极预防职能目的。规范惩罚除了可以实现消极威慑外,还通过罚当其罪的具体展现体现出法规范的权威与效力,这是民众服从法律的前提基础。法规范只有具有权威与效力,才能顺利实施而展现其指引功能,民众才会信服规范的正当性与合理价值,也才会在内心形成对规范的真正服从,从而受到法律的鼓励而遵守法规范,去做符合法规范的行为,自觉不选择从事违法犯罪行为。总而言之,规范惩罚机制是威慑与鼓励守法两方面机制的结合体,这两种机制相辅相成共同实现了一般预防的综合效果。

二、社会处遇的特殊预防职能与矫治机制

(一)特殊预防职能的理论内涵

特殊预防职能理论又称个别预防论,虽然广义上其可能包含了特别威慑、隔离和教育矫治等一切对已犯行为人的再犯预防理论,但是就其核心理念而言,主要是指教育矫治职能理论。其基本观点是针对违法犯罪的对策措施除传统强调的一般预防之外,还应该包括预防已经违法犯罪的主体将来再次实施社会危害行为。这种理论与劳动教养制度初始设计的劳动改造理念相契合,但也恰恰是劳动教养制度后期因偏离和异化而忽视的关键职能内容。梳理其内涵对明确劳动教养制度的根本缺陷、提出劳教废止后的科学有效对策非常重要。

在违法犯罪的对策理论中,贝卡里亚很早已经从"规诫其他人不要重蹈覆辙"[1]的意义上认识到了特殊预防的刑罚意义。但是这些早期的预防职能论学者都认为职能重点应该是一般预防,强调威慑预防的重要意义,直到近现代才有了真正强调特殊预防的首要地位的观点:"在现代,个别预防论不但风卷残云般地摧毁了报应论与一般预防论的理论阵地,而且独领刑罚根据论之风骚,而且迅即统帅了整个刑事实践。"[2]随着实证主义的发展与决定

---

[1] 参见[意]贝卡里亚:《论犯罪与刑罚》,黄风译,中国大百科全书出版社1997年版,第42页。

[2] 参见邱兴隆:《关于惩罚的哲学:刑罚根据论》,法律出版社2000年版,第159页。

论哲学思想的产生,犯罪原因上逐渐产生了环境决定论的观点,因此个体受环境决定的人身危险性被认为是犯罪的决定因素,教育矫治或者隔离这种人身危险性,使其未来不再犯罪才是处遇的重点。从此,特殊预防论开始对现存的处遇制度特别是刑罚制度产生了空前的影响。

最早的特殊预防观点有所谓的特殊威慑理论,这一理论强调的是外在消极地威慑违法犯罪人,而非积极地教育矫治之,因此在某种意义上特殊威慑论与一般威慑论的作用机理并无显著差别,因此有观点认为无须将这一理论独立化,而是应该将其与一般预防论合并。但也有理论强调了特殊威慑的独立性,认为其理论基础是一种基于惩罚产生的更加深刻的加深威慑的心理作用,通过这种深刻的心理威慑使得违法犯罪人未来不敢继续从事危害社会的行为[1]。然而在特定意义上,即便这一观点有其合理性,但特殊威慑仍然与一般威慑一样,都是基于威慑逻辑而形成的,同样依靠惩罚机制而加以实现。特殊威慑的形成与其说是新的理论,不如说是一般预防职能的副产品,因此无须从一般预防逻辑内部独立出来作为考量因素,只要一般预防的惩罚机制尚起作用,特殊威慑就自然可以成立。而且特殊威慑在特定意义上与教育矫治的措施没有必然联系,也并不基于个别预防的逻辑:教育矫治是以将违法犯罪人危险人格加以改造消除为机理,而特殊威慑并不属于这种教育矫治,进行更加深刻的外在威胁是其首要任务。如使得监狱更强调惩罚性与严厉性能增强特殊威慑的功能,然而并无法起到教育矫治的作用,即"让监狱最大限度地留下负面印象可以挫败造访者的再次光临(即再犯),却起不到教育矫治的目的"[2]。因此特殊威慑无须作为特殊预防的独立职能加以考量,它只是一般预防职能的附加效应。

特殊预防论中也有所谓的隔离论观点,这是一种消极预防的社会防卫观点,其认为隔离是指对于具有特定人身危险性的违法犯罪人应通过特定的隔离机制使其与社会暂时分开,防范其危险性转化为实际侵害。这种隔离可以是绝对隔离如监禁关押,也可以是相对隔离,即在社会上活动但不得超越一定的范围[3]。

---

[1] 参见[美]汉斯·托奇:《司法和犯罪心理学》,周嘉桂译,群众出版社1986年版,第37-38页。

[2] See Arnold H. Loewy. *Criminal Law in a Nutshell*, West Publishing Co., 2003, p.6.

[3] See Graeme Newman. *The Punishment Response*, Harrow and Heston,1985,p.211.

而与一般预防真正相区别的特殊预防的核心职能论是教育矫治论,又称教育论、教育改造论或矫治论。教育矫治论是特殊预防诸种理论的核心。教育矫治论首先是基于刑事法学新派的环境决定论前提而产生的,其基本观念与刑事法学旧派的自由意志论不同,认为违法犯罪并非个人的自由选择,而是由生活环境中方方面面的先天自然因素与后天社会因素所预先决定的,而自由意志论是不正确的认识:"当用现代实证研究方法武装起来的近代心理学否认了意志自由的存在,并证明人的行为均系人格与人所处的环境的相互作用的结果时,你还怎么相信自由意志的存在呢?"[1]进一步,环境决定论认为违法犯罪行为的发生原理是受到环境不良影响的人格可能逐渐扭曲,最终出现了对社会的危险性,进而在这一危险人格的决定下实施违法犯罪行为:"犯罪是由实施犯罪行为当时行为者的特性,加上周围环境的影响所产生的。"[2]由于受环境决定的人身危险性才是造成违法犯罪的根本原因,因此包括刑罚在内的社会处遇治理措施的根本任务就是教育矫正危险的人格,消除其人身危险性,从而防范再犯发生。而隔离论与教育矫治论的分野就在于危险人格的可矫性判断上。当面对人身危险性非常大而且存在矫治困难的违法犯罪人时,隔离论认为应对其先行隔离或直接隔离,而不必进行教育矫治[3]。但是教育矫治论认为即便人身危险性非常大的违法犯罪人也有矫治的必要性,只有非常少量的对象是无法教育矫治的,绝大多数违法犯罪人都可以通过教育矫治消除或降低再犯概率;而所谓隔离只是基于社会安全考量的临时性措施,长远预防再犯或实现特殊预防目标还是主要依靠教育矫治的机制[4]。

（二）作为特殊预防核心机制的教育矫治

特殊预防第一个层面的特殊威慑论同一般预防论具有相同的立论基础,皆是刑法旧派代表的功利主义思想的产物,这就与上述新派决定论的出发点存在逻辑矛盾,难以成为特殊预防的主要内容。因此特殊威慑论几乎未被当作特殊预防的内容。此外,由于皆基于刑事法学新派理念而产生,隔离机制

---

〔1〕 参见[意]菲利:《实证派犯罪学》,郭建安译,中国人民公安大学出版社2004年版,第132页。

〔2〕 参见甘雨沛、何鹏:《外国刑法学(上册)》,北京大学出版社1984年版,第119页。

〔3〕 参见[意]加罗法洛:《犯罪学》,耿伟、王新译,中国大百科全书出版社2004年版,第197页。

〔4〕 参见邱兴隆:《关于惩罚的哲学:刑罚根据论》,法律出版社2000年版,第233-235页。

与教育矫治机制都具有特殊预防的功能。教育矫治论和隔离论的哲学基础都是环境先定论,认为违法犯罪人的行为是由自然生物要素以及社会要素共同决定的,要根据违法犯罪人危险人格的严重程度来采取相应的处遇措施:对能够改造危险人格的就采用教育矫治的方式,对难以矫治改造或者无法矫治的就实施剥夺再犯能力的隔离措施[1]。

不过在隔离和教育矫治两种理念之间,教育矫治居于处遇的主导核心地位。一方面,从新派的理论出发,隔离要么是针对尚未矫正成功的违法犯罪人的权宜之计,要么是针对极度危险的无法矫正的少数违法犯罪人的罕见措施,其始终处于矫正措施的相对补充地位。这是因为需要专门隔离的对象毕竟是局部的和少数的,隔离本身也正是当下的权宜之计,并非长远实现预防再犯的有效手段,无法保证特殊预防目的的实现。另一方面,几乎所有的违法犯罪人都具有教育矫治的必要性,只有教育矫治才是特殊预防有普遍代表性的必然逻辑理念,教育矫治也是保证特殊预防防范再犯、实现社会防卫的核心机制,是长远实现再犯预防的必要手段;违法犯罪人也只有经过了教育矫治恢复了正常人格,才能最终复归社会,从根本上消除再犯的可能性。因此可以说教育矫治是特殊预防的关键机制和中心环节,是直接表征特殊预防理念的理论核心。特殊预防与教育矫治是存在必然逻辑关联的统一理论观点,在包括社区矫正在内的行刑实践中,特殊预防论的主要作用就体现在教育矫治机制对行刑制度的全面影响,教育矫治作为处遇实践的中心环节也正体现了特殊预防论对于处遇的主导地位。

在特殊预防论及其核心的教育矫治逻辑下,对违法犯罪人的处理不再仅采取惩罚或制裁的方式,而是更加强调通过教育治疗等方式矫治违法犯罪人的人身危险性,预防其将来再犯。当然,虽然新的治理理念强调了特殊预防和教育矫治,但并未完全否定处理措施如刑罚或行政处罚的惩罚性及其蕴含的一般预防逻辑,只是认为违法犯罪预防的着重点应放在再犯预防上,处理措施强调教育矫治而已。可以说实践上的违法犯罪处理措施并非像理论上一般预防与特殊预防那么泾渭分明,而是强调二者的结合或双管齐下,前述一般预防的威慑惩罚和积极引导逻辑、特殊预防的管束隔离和教育矫治逻辑在具体处遇措施的设置和实施实践中都有所考量运用,当然20世纪中期教

---

[1] 参见[意]加罗法洛:《犯罪学》,耿伟、王新译,中国大百科全书出版社2004年版,第135页。

育矫治论兴盛以来,违法犯罪治理措施逐渐转变为以教育矫治为核心。由此再将违法犯罪治理措施单纯称为制裁措施已经不再合理,为体现违法犯罪处理措施在属性和功能上的丰富内涵并体现教育矫治的核心,处遇措施逐渐替代制裁措施成为新的违法犯罪处理措施的总称。处遇一词不仅体现了相关措施中威慑、引导、隔离、矫治的多重内涵属性,也体现出诸种处理措施属性中教育矫治的核心地位,毕竟处遇本身就有治理、矫正的当然之义。可以说,随着特殊预防理念和教育矫治逻辑在社会治理领域的兴起及其决定性影响,对违法犯罪的处理措施中,单纯强调制裁威慑的惩罚主义逐渐被包含教育矫治职能在内的处遇模式替代,处遇措施的内涵和功能得到进一步的丰富发展和科学化:社会治理领域为了达成对危害社会行为的预防,就必须形成以教育矫治为核心,具备威慑、引导、隔离、矫治多重功能的,涵盖一般预防和特殊预防的综合性社会处遇措施。

三、社会处遇的危险预防职能与管控机制

（一）危险预防职能的理论基础

1. 危险预防职能的隔离论基础

危险预防职能最早脱胎于隔离论,也可称为剥夺再犯能力论。隔离论本是特殊预防论内部产生的、基于防范处遇对象对社会的危害而采取社会隔离的理论[1]。要想预防违法犯罪人的再犯行为,就要先行将其与社会隔离开来,使其在物理意义上就无法对社会造成伤害。而隔离的时间长短取决于该违法犯罪人对社会的危害可能性大小,因此需要根据个体危害行为所体现出的实际危险状况进行个案评估。由于监禁是直接物理性隔绝违法犯罪人对社会造成侵害可能性的方法,因此隔离论在逻辑上特别强调监禁刑的重要意义[2]。

隔离论观点的集大成者是早期新派代表人物加罗法洛、龙勃罗梭。在吸收借鉴了龙勃罗梭提出的对天生犯罪人直接进行监禁或流放的物理性隔离方案的基础上[3],加罗法洛延续了这种对部分难以教育矫治的违法犯罪人

---

[1] 参见邱兴隆:《关于惩罚的哲学:刑罚根据论》,法律出版社2000年版,第192页。

[2] See Ernest van den Haag. *Punishing Criminals: Concerning a Very Old and Painful Question*, Basic Books, Inc. 1975, pp. 57-58.

[3] 参见[意]龙勃罗梭:《犯罪及其原因和矫治》,吴宗宪等译,中国人民公安大学出版社2009年版,第77-101页。

进行隔离的必要逻辑,他认为:"正如讲究的家庭通过客人的言辞或举动发现客人缺乏社会教养而拒绝他做客一样……社会也应该把那些个别行为足以清楚地说明他们缺乏适应能力的犯罪人驱逐出去。"[1]加罗法洛认为具有严重道德危害性的违法犯罪人难以教育矫治,最好的处理措施就是直接加以社会隔离,无论是采用监禁还是流放甚至死刑,都是依据其人身危险状况可以采用的隔离方案。

从特殊预防的理论预设出发,隔离论与教育矫治论基础相同,仍然是从对人身危险性的判断出发,根据人身危险性的需要来施加具体的隔离或剥夺再犯能力的处遇措施:一方面,针对人身危险性特别大而难以教育改造的犯罪人采取物理性隔离的方式,甚至可以通过无期徒刑或死刑等方式将其与社会完全隔绝,从而杜绝对社会造成危害的可能;另一方面,针对人身危险性尚可以矫正但在矫正中仍然可能危害社会的矫正对象,采用相对隔离的方式,无须彻底地限制人身自由,可以通过不同刑期或在社会中采用部分限制人身自由和行动方式的措施来防范矫正对象对社会的危害可能性。

由于人身危险性判断是决定隔离或剥夺再犯能力措施的前提,所以人身危险性的判断就对隔离论变得至关重要。而恰恰与医疗模式对人身危险性判断没有科学客观标准相同,隔离论和剥夺再犯能力早期对人身危险性的判断也限于矫正官的主观经验判断,缺乏准确性和一致性,这导致隔离论和剥夺再犯能力论自产生以来就一直存在的实践化障碍之一就是决定隔离或剥夺再犯能力措施的社会危险性该如何界定的问题。但是,当新兴的社会风险管理论开始逐渐兴起,这一问题相对有了新的确定标准,隔离论或剥夺再犯能力论逐渐能够同危险预防的需求相契合。隔离成了根据违法犯罪人的社会风险来决定的措施,因此逐渐形成了危险预防的内核逻辑,即根据违法犯罪人对于社会而言的风险程度来决定对违法犯罪人的监督控制程度,对违法犯罪人的监督管控就是为了防范其当下对社会造成侵害的风险。隔离逻辑开始逐渐通过风险概念的引入而向危险预防职能理念转化。

2. 隔离论向危险预防职能论的转化

自20世纪中叶出现的危险预防新刑罚学为隔离论和剥夺再犯能力论提

---

[1] 参见[意]加罗法洛:《犯罪学》,耿伟、王新译,中国大百科全书出版社2004年版,第197页。

供了一套新的评价思路或评估基准体系。这种理论从福柯的治理性[1]概念出发，认为刑罚必须通过精密的规划来控制规训社会整体结构，因而需要一套符合时代特点的全新知识系统和控制计算方法。新刑罚学通过考察当时的时代特征，提出了以危险预防为核心的新的刑罚视角和观点预设，认为刑罚既不是为了惩罚也不是为了改造，而是为了分辨与管控社会的具体风险，防范犯罪人风险向实害的转换。因此作为逻辑展开的前提，危险预防刑罚学首先设计和发展出了一套风险分析和评价理论，用于明确风险判断，以在这种风险判断的基础上进一步进行风险的预防[2]。这种风险的分析评价体系是建立在"少数人犯了大多数犯罪"和风险"大数法则"的基础之上的，通过参考保险学和会计精算学中风险管理评估的方式在刑罚体系内设立标准化和规范化的犯罪人风险评估体系来确立犯罪的具体风险。这样危险预防的刑罚理论就实现了从以传统人身危险为核心的概念体系向以社会风险为核心的概念体系的转换：将原本依靠主观个别判断的人身危险性通过风险这一因素抽象标准化为可以科学判断区分的社会风险评估指标体系，以在此基础上设立科学合理的管控措施。

隔离论或剥夺再犯能力论同危险预防理论在保障社会安全、实施监督管理措施的意义上具有逻辑共通之处，其差别主要体现在实施监督管理措施的具体依据标准上。而危险预防理论所提出的可以客观化、科学化的风险评估标准恰恰为困扰隔离论或剥夺再犯能力论的主观判断基准过于模糊随意的难题提供了具有针对性的解决方案，隔离论或剥夺再犯能力论同样可以通过风险评估的方式用科学化和合理化的风险评估体系来确定犯罪人风险的大小，从而根据这种风险评估结果采取相对科学合理的防范措施。而如果以违法犯罪人的社会风险大小作为隔离或剥夺再犯能力的标准，则隔离论或剥夺再犯能力论在某种程度上就转换成了依据风险大小采取适当管理防控措施的理论，这就走向了与危险预防异曲同工的理论取向，隔离论逐渐转换成了危险预防理论。当然危险预防理论的内涵非常丰富，不限于隔离论所体现的单纯的隔离性风险管理控制理念，但隔离性风险管理控制理念当然属于危险预防理论的一部分。而社会处遇情形下，隔离论向危险预防论的转换就意味

---

[1] 参见[法]福柯：《规训与惩罚：监狱的诞生》，刘北成、杨远婴译，生活·读书·新知三联书店2007年版，第216-218页。

[2] 参见李川：《修复、矫治与分控：社区矫正机能三重性辩证及其展开》，《中国法学》2015年第5期。

着对于尚在处遇中的违法犯罪人需要形成科学风险评估基准,并在其基础上评估具体的社会风险,然后根据这种风险程度采取适当的监督管理措施,防范违法犯罪人的社会风险转换为实害。

(二)危险预防职能的具体内涵

危险预防根据其不同的职能方法可以分为风险控制和风险替代两类。前者是通过限制违法犯罪人的风险制造能力而直接即时地防范其产生再犯风险;后者是将制造违法犯罪人风险的要素进行革除替换,长远性地防范违法犯罪人制造社会风险。

一方面,风险控制的目标是通过限制违法犯罪人实施新的违法犯罪行为的能力来减少再犯。风险控制的核心就是使违法犯罪人丧失其违法犯罪能力,基于这一概念,国家发挥其控制力使违法犯罪人丧失再犯能力,违法犯罪量将大大地削减。违法犯罪的减少通过对自由限制的不同程度和方式来实现。不同的违法犯罪人需要不同自由限制程度的对策,除监禁之外应该实现风险控制措施或机制的多元化,如通过电子监控、居家处遇限制违法犯罪人的活动范围,通过成瘾药物检测监督和治疗恢复违法犯罪人的正常心智而减少再犯风险。这一做法与矫正的不同之处在于,其目的不是改变违法犯罪人,而仅仅是确保在国家的控制下他们没有实施违法犯罪。在此期间,衡量风险控制的目标成功与否的标准就是再犯率。

另一方面,风险替代的目标是通过将作为风险产生原因的要素如生活所迫或社会排斥以其他更好的解决方式替代,从而减少违法犯罪人选择实施违法犯罪行为的可能性。这种替代措施是有目的地干预违法犯罪人生活的帮扶性措施,以保证他们在未来更倾向于选择遵守法律而不是实施违法犯罪行为。治疗可能包括各种形式的职业帮助、心理干预、工作指导或者是教育项目。通过帮扶可以使得本来需要通过违法犯罪来获取收益或维持生活的违法犯罪人填补性地以其他合法的方式谋生或过上正常的社会生活,从而在源头上消除再犯危险,实现危险预防。

(三)社会处遇的危险管控机制

社会处遇的危险预防职能与传统教育矫治职能对未来再犯预防的最大不同之处在于,出于对风险社会中违法犯罪的不确定性和高发性的防范,危险管控要求社会处遇必须满足尽可能早和尽可能快的需求,对违法犯罪人处遇中的当下危害风险需求实行前置控制和过程控制。

一方面,就社会处遇中风险前置控制而言,就是尽可能将社会处遇的阶段前置,将风险的实害转换成将可能性消灭在萌芽阶段。西方现代刑事司法中的转处分流制度就是前置控制需求的良好体现。传统对犯罪人社会处遇需要在对犯罪人定罪量刑、确定刑罚措施之后,但转处分流制度将这种社会处遇阶段部分提前到尚未定罪量刑甚至公诉之时,在审查起诉阶段就通过转处制度附加有条件的社区矫正来换取对矫正对象的不起诉。此时社会处遇的实施阶段大大提前,对处遇对象可以尽早地展开具体的监督控制,从而防范当下的社会侵害风险。当然此时的这种处遇措施已经超越了行刑领域的含义,进入保安处分意义上的前置处遇措施领域。另一方面,就处遇中的风险过程控制而言,对矫正对象的即时针对性处遇非常必要和重要。在处遇过程中的违法犯罪人其人身风险尚未消除,对社会存在着不确定的危害可能性,如果不加以即时的监督隔离,则难免存在较大再犯可能。因此从进入社会处遇开始,就必须强调对处遇对象即刻风险进行监督管控的重要性,采取动态监控和定期评估相结合的措施保证处遇的风险全程预防[1]。

更进一步,基于效益最大化的需求,社会处遇需要在危险预防效果和控制效益之间保持科学的平衡。一方面,即时预防要求必须能够有效地保证社会中的处遇对象不会出现难以防范的高风险问题;另一方面,控制效益要求必须能够保障处遇的最大化效益,不会过分地增加社会成本和资源成本,体现出其良好的效益水平。而这两种要求在某种意义上存在龃龉之处:即时预防的要求可能带来更多的监控人力和物力资源的投入,增加处遇成本;而控制效益则要求尽量节省和削减人力物力资源的投入,最大化地节省成本[2]。此时就需要在危险预防效果和控制效益之间寻求平衡的机能关系,既要人力物力资源的投入满足即时预防的要求,又要保证这种人力物力资源投入仅限于最小必要性的成本范围内,实现效益最大化。而对这种必要性的把握,则需要通过精密的科学研究和评估加以实现,需要在以往实践经验的基础上对社会处遇的最小化成本进行系统归纳,计算设计出满足危险预防要求的最佳矫正措施和方法。

正是为应对这一需求,社会处遇面对危险预防需要的司法实践兴起了精算司法理念,将保险学和管理学意义上的精算方法引入风险计算领域:依据

---

[1] 参见李川:《修复、矫治与分控:社区矫正机能三重性辩证及其展开》,《中国法学》2015年第5期。

[2] See Don A. Andrews, James Bonta, J. Stephen Wormith. The Recent Past and Near Future of Risk and/or Need Assessment. *Crime and Delinquency*,2006,52(1),pp.7-27.

经济学的基本原理,运用现代数学、统计学、金融学及法学等各种科学有效的方法,对各种处遇中未来的风险进行分析、评估和管理,从而对各种处遇方法和手段的危险管控能力和成本进行综合科学统计和分析,从中选择形成最能有效节约成本且能控制即时风险的矫正方案组合。社会处遇本身成为一门可以计算的科学,也只有通过精算司法矫正才能符合危险管控的要求[1]。

四、社会处遇的修复预防职能与修复机制

(一)修复预防职能的内涵

修复预防职能体现了社会处遇措施所应具备的通过被害人与社区、社会秩序等方面的修复机制实现对违法犯罪人再犯预防与维护社会治安的具体职能,因为这种修复机制可以达成违法犯罪人与社会秩序的平稳和谐,有利于违法犯罪人顺利回归社会、融入社会,走上适应正常社会生活、避免再犯的道路。除了在发生学意义上受外在的市民社会和权利保障背景以及内在的社会处遇人道化和社会化需求决定之外,修复预防的学理证成和理论体系还受到了刑事司法两大新兴理论——恢复性司法与被害人保护的支配性影响,即修复预防职能受到了恢复性司法和被害人保护两大理论的交叉形塑。

1. 恢复性司法影响下的秩序修复职能

恢复性司法本身作为一种刑事司法理念与以往关注国家追诉犯罪需要和刑法权威实现的着眼点不同,它重点关注受害人、社区以及违法犯罪人的具体互动需求,因此与以惩罚为核心的刑事司法运作中忽视社会关系撕裂与被害权利补偿之问题形成鲜明对比,是一种以社会修复和尊重受害方地位为核心的新兴司法进路[2]。这一进路希望通过违法犯罪人与受害人或社区等受影响主体协商交流的方式在司法程序中实现各方需求共赢的局面:在共同协议和责任承担的基础上违法犯罪人可以接受教育,诚心悔罪,取得受害人谅解从而减轻所受刑事制裁和回归社会的排斥;受害人可以主动提出补偿需求和积极参与处遇活动从而突出体现独立的参与地位和更好实现自我权利的主动保障;而社区或社会代表可以修补受到伤害的社区秩序和社会关

---

[1] See Malcolm M. Feeley, J. Simon. Actuarial Justice: The Emerging New Criminal Law, in David Nelken. *The Futures of Criminology*, Sage Publications,1994,pp. 173 - 201.

[2] See John Braithwaite. Restorative Justice and De-Professionalization. *The Good Society*,2004,13(1),pp. 28 - 31.

系,不必为违法犯罪人回归社会的风险而担忧[1]。因此恢复性司法体现了社会本位、修复优先、受害保护和和谐主义的价值理念,为传统刑事司法增加了全新的社会修复维度,从危险管控视角而言就是通过这种修复满足了受害人的正义需求和保障了违法犯罪人复归顺利,从而降低了社会撕裂风险[2]。

虽然恢复性司法由于补充性的全新职能视野,一经实践就迅速得到推广和发展,甚至成为世界流行的处遇制度理念,但因其在刑事司法中将着眼点始终放在判决做出之前,因此在社会处遇之中的地位和作用常常得不到重视。具备恢复性司法意涵的很多下位成熟实践机制如刑事和解、认罪协商等都发生在判决前的诉讼流程之中[3]。当然,这一方面是与恢复性司法在开始出现并勃兴过程中往往需要同减轻讼累、转处分流、受害赔偿等判决前刑事诉讼结合起来实现更多元功能的状况有关[4],另一方面也是因为判决前犯罪嫌疑人有更大的与受害人和解以获得免予或较轻处罚的动力,而判决确定刑罚等处遇结果之后,接受惩罚变得不可避免,则和解动力难以维系。但是值得关注的是,恰恰在社会处遇过程中,违法犯罪人的社会复归和融入问题、受害人的谅解问题以及社会关系的恢复问题随着违法犯罪人回归社会的进程变得愈加需要考量和解决,社会安全风险最可能增大的阶段不是判决前的定罪量刑阶段,而是社会处遇如刑罚的执行阶段。所以就恢复性司法的实践需求而言,社会处遇阶段更应秉持恢复性司法的精神以实现社会修复职能,设置相应的司法修复措施,并将其与社会处遇实践中的教育改造等措施结合起来,促进违法犯罪人的顺利回归和受害人的权利保障,恢复社会和谐,达成社会修复后消除社会安全风险的目标。

2. 受害人保护思潮影响下的被害修复职能

受害人保护是二战以来西方兴起的受害人学的刑事司法理论的基本目标和出发点,这是随着受害人权利意识的觉醒与被注重、在反思刑事司法过于强调刑事追诉和维护刑法权威的背景下兴起的刑事司法领域另一重要思

---

[1] See Daniel W. Van Ness, Karen Heetderks Strong. *Restoring Justice: An Introduction to Restorative Justice*, 4th ed., Elsevier, 2010, pp. 21-22.

[2] 参见[英]格里·约翰斯通:《恢复性司法:理念、价值与争议》,郝方昉译,中国人民公安大学出版社2011年版,第4页。

[3] 参见吴立志:《恢复性司法基本理念研究》,中国政法大学出版社2012年版,第106页。

[4] See Vincenzo Ruggiero. An Abolitionist View of Restorative Justice. *International Journal of Law, Crime and Justice*, 2011, 39(2), pp. 100-110.

潮。传统国家垄断刑事追诉权的特征下,受害人逐渐沦为证人和一般参与人的诉讼角色,曾经长期成为被刑事司法忽视的对象。然而在权利平等保护和社会修复本位观念的影响下,受害人逐渐受到了刑事司法理念和实践的重视,更在受害人学理论兴起和发展的带动下,形成受害人保护的权威理念,并对刑事司法实践产生了较为深入的影响。如多国实践中诞生的受害人赔偿法律明确了政府和社会的救济责任、刑事追诉和审判中提升受害人地位和保障受害人权利、通过刑事和解和协商增强受害人的主动权等,都大大增强了刑事司法中受害人保护的力度,提高了受害人的参与地位,完善了受害人的权利保障[1]。

然而,与前述恢复性司法的实践困境类似,受害人保护理念在多年刑事司法实践中仍然主要是在判决前的诉讼过程中得到积极贯彻和运用,而在判决之后的社会处遇阶段,受害人则并没有得到进一步广泛参与和主张权利的更多机会[2],受害人保护仍然存在着社会处遇阶段制度实践相对空白的问题。这毫无疑问影响了受害人保护所带来的诸多实践优势。社会处遇阶段,特别是社区矫正等开放处遇措施中,正是违法犯罪人与受害人可能较多接触和互相影响的阶段,受害人保护的措施不力直接影响着矫正的效果,也进一步增大了社会安全风险和再犯风险,危险管控目标也较为难以实现,因此必须在社会处遇措施中重视被害修复的职能。一是基于违法犯罪人回归社会的立场实现被害修复职能。由于社会处遇中对受害人权利的保护不够,受害人或社区无法进一步对违法犯罪人形成接受和谅解,造成违法犯罪人回归社会时受到受害人及受害社区环境的排斥,违法犯罪人难以顺利复归社会。违法犯罪人能有效回归并融入社会的重要条件是社会关系的和谐,其中最重要的就是受害人及其所在的社区环境对违法犯罪人的接纳与认可。因此应在社会处遇中针对这一目标给予受害人一定的保护和关注,使其参与表达、获得补偿,受害人自然会形成对违法犯罪人的谅解,受其影响;受害人所在的环境也因此容易放弃对违法犯罪人的排斥,违法犯罪人最终可以相对容易地复归社会,从而有效降低违法犯罪人的再犯风险。二是从违法犯罪人有效矫治的立场实现被害修复职能。由于社会处遇中对受害人参与的关注度不够,丧

---

[1] See Andrew Karmen. *Crime Victims: An Introduction to Victimology*, Wadsworth Publishing, 2013, pp. 211-214.

[2] See Leslie Sebba. *Third Parties: Victims and the Criminal Justice System*, Ohio State University Press, 1996, pp. 45-50.

失了通过受害人建议以及违法犯罪人-受害人交流沟通以教育矫治违法犯罪人的机会,使得本来能够更快更深刻地接收到受害人被害信息从而有利于悔罪矫正的违法犯罪人无法得到这一矫治机遇,不仅很可能减缓了处遇矫治的进程,也降低了矫治的效果和效率,增大了再犯风险。因此应该通过被害修复职能引入被害人参与社会处遇,被害人提出有效的处遇意见并同违法犯罪人进行有效沟通,有利于违法犯罪人进一步悔过,更好地实现改造效果。三是从社会和谐稳定的立场必须实现被害修复职能。由于社会处遇中对受害人地位的忽视,未能有效组织受害人或社区代表与违法犯罪人之间互相理解言和,也就无法修复社会的和谐秩序,潜在的受害人报复或者社会报应也难以有效预防,增大了社会撕裂风险。因此必须在社会处遇的过程中重视被害修复,系统地、全面地将受害人保护纳入处遇考量、评估和执行的各个环节,减小违法犯罪人的改造难度和复归阻力,才能防止受害人或社区的报复或分化风险,进一步实现社会安全保护的目标。

综上而言,社会处遇执行阶段也应该重视恢复性司法的应用和受害人权利的保护。为了实现修复预防的职能目标,更好地恢复社会秩序和教育违法犯罪人使其顺利复归社会,就必须系统性、科学性地将恢复性司法和受害人保护理念整合进社会处遇全过程,形成体系性的涵盖恢复性司法和受害人保护的社会修复机制。

3. 恢复性司法与受害人保护对修复式社会处遇的交叉影响

恢复性司法与受害人保护作为社会修复的两种基础理念存在着原理上的必然联系,因此其对社会处遇领域的影响具有逻辑进路上的一致性。一方面,恢复性司法以受害人权利保护为核心目标之一,充分尊重和保障受害人在社会处遇活动中的地位和权利,体现为不仅通过对各方协商机制的强调将以往被动的社会处遇中受害人的和解发动权充分激活以启动社会处遇中恢复性司法进程,而且通过社会处遇和解机制也赋予了受害人在社会处遇中获得更好的权利保障的议价权,通过社会处遇和解制度可以获得违法犯罪人更积极的悔过和更丰富多元的赔偿。另一方面,受害人权利保护也为恢复性司法的实现提供了保障机制。受害人作为恢复性司法的协商主体之一,之所以能够接受与违法犯罪人的交流和解,其重要的动力就在于受害人在社会处遇过程中能够获得更好的尊重地位和更多的权利保障,从而得到较为深入和全面的保护[1];而且当受害人权利在社会处遇中得到进一步充分保障时,其在社会处遇协商交流中也相对较为容易原谅违法犯罪人,促成恢复性司法更积极的实现[2]。由于存在上述逻辑上的必然联系,所以恢复性司法与受害人保护在社会处遇中存在相当多的逻辑一致的实践机制,许多制度如受害人-加害人协商制度往往具有双重内涵,既是恢复性司法理念的体现,也服务于受害人的保护需求。

当然,虽然在逻辑上存在紧密联系,恢复性司法和受害人保护也存在目标方向及其决定实践机制上的具体差异,并不能在机制上完全重合。一方面,恢复性司法更主要的着眼点在于社会关系的和谐与社会秩序的恢复,因此更强调社会处遇中多方参与的交流沟通机制的重要性,重在参与方之间的协商互动及其实现的互相和解效果。因此社会处遇实践中更倾向于采用会谈交流类的沟通会商制度。所以即便无具体受害人之社会处遇,基于恢复性司法的修复会商也会要求社区代表甚至一般社会代表参与协商。另一方面,受害人保护更主要的着眼点在于受害人得到了足够的参与地位和权利保障,主要是从受害人的权益一方来考量矫正的实践措施,因此更强调尊重和服务受害人机制的重要性,重在为受害人提供了何种待遇措施。因此实践中更倾向于采用对受害人给予倾斜性关注和对待的补偿服务制度。当然诸如违法犯罪人-受害人协商制度是既能体现恢复性司法精神也能保障受害人权益的双重满足实践机制,但也有具体的制度如违法犯罪人-社区交流会议或者违法犯罪人向受害人定向补偿劳务是仅分别满足恢复性司法和受害人保护的各自要求的单一职能制度。

从效益产出角度考量,能够同时满足恢复性司法和受害人保护两种要求的机制是能实现最大产出的效益性制度,应该优先采纳,但也要考虑到不同机制的不同目标,在社会处遇实践中各自分别采用具有恢复性司法性质和受害人保护性质的机制,做到两种理念都能够全面系统地贯彻到社会处遇过程之中。

(二) 社会处遇的修复机制内涵

社会处遇的修复主义要求对在不同受损层面上受到破坏的社会秩序因素进行修复,以恢复社会秩序的正常状态,这就体现了社会处遇的社会修复

---

[1] 参见黎宏:《刑事和解:一种新的刑罚改革理念》,《法学论坛》2006年第4期。
[2] See Robert Harris. *Crime, Criminal Justice, and the Probation Service*, Routledge, 1992, p. 65.

层面。因此,社会处遇的社会修复内涵就是指在刑罚执行过程中,运用社会修复的方法和规律,对违法犯罪所损害的社会规范、被害人与社区以及社会秩序进行修复从而恢复社会秩序,防范犯罪所造成的社会破坏风险。所以社会修复也需要从前述受损的社会秩序三个具体层面着眼,分别体现为对规范的效力恢复、对被害人和社区的补偿恢复、对违法犯罪人的社会复归修复。

1. 规范修复机制

社会修复在直接对象意义上是指对规范权威和效力的恢复。社会通过包括法律、道德在内的各种形式的规范维护主体权利以及社会整体安全秩序。违法犯罪首先直接损害法律规范及其体现的道德、伦理等其他规范,破坏了规范的权威性和有效性。因此社会修复的直接目标就是实现对规范权威和效力的修复[1]。这一恢复过程主要依靠消极预防和积极预防相结合的双面预防机制实现。这一机制包括在处遇措施中实行规范教育的方式,通过社会处遇过程中的规范教育,包括法治教育和道德价值观教育等使得社会处遇矫正对象内心形成对规范的自觉认可和接受,具备道德和法治信仰和意识[2]。

而要保障这一机制的完成,社会处遇就必须采用规范价值修复的方式。这一方式一方面是指在社会处遇中注重对违法犯罪人进行规范教育,通过法治教育、道德教育、纪律教育等方式,使得违法犯罪人认知法律、道德等社会规范的重要意义和价值,不仅认识到社会规范的约束力和法律的强制力,重新树立对法律和道德等社会规范的尊重,而且通过对社会规范的学习,认识到社会规范的价值和功能,形成规范遵守的自觉意识和自愿行动,最后使得尊重社会规范成为社会处遇矫治对象的自觉价值观念[3]。另一方面,在社会处遇中通过违法犯罪人-受害人的交流机制使得受害人和社区认识到违法犯罪人对违反规范价值的悔罪态度和不再犯保证,从而意识到规范地位得到了维系和保障,可以重塑其内心因为犯罪而受到破坏的规范价值,修复规范意识。总而言之,只有当违法犯罪人接收到充分的规范教育,体认到规范价

---

〔1〕 参见孙海波:《在"规范拘束"与"个案正义"之间——论法教义学视野下的价值判断》,《法学论坛》2014 年第 1 期。

〔2〕 See Ernest van den Hagg. *Punishing Criminals: Concerning a Very Old and Painful Question*, Basic Books, Inc., 1975, p. 67.

〔3〕 参见王利荣:《论行刑教育化》,《法律科学(西北政法学院学报)》1999 年第 2 期。

值,内心真正信服规范,才能在未来自觉不去实施违法犯罪行为,最终实现修复预防的职能目标。

2. 受害修复机制

社会修复在具体对象的意义上是指对受害人和社区进行的补偿恢复。刑法等法律规定的违法犯罪都是对社会中特定主体法益的侵害。因此违法犯罪行为就是对特定受害的人和社区的权利或利益的直接侵害。有的违法犯罪行为有明确的受害人,包括个人和单位,其受损的往往是具体的人身或财产权利。有的违法犯罪行为损害的是社会法益或国家法益,虽然没有具体的受害人,但损害的对象仍然可以表征为社区或国家的具体利益。无论是受害人还是社区的权利或利益,都需要加以补偿恢复,社区甚至国家可以选派代表,行使与受害人相同的受偿权益。传统司法虽然有民事诉讼救济,但常常无法落实,且对无受害人的违法犯罪在处遇时更没有具体的对受害社区的补偿恢复措施[1],导致受害人和社区的补偿恢复需求落空。社会修复机制使得处遇措施从具体对象层次上以对受害人和社区的补偿恢复为具体目标,这一过程主要通过被害保护和参与方式实现。

一是受害人和社区应该在处遇实施过程中享有知情权与建议权,可以通过处遇执行机关如刑罚执行机关了解到处遇对象的服刑情况,并提出相应的社会处遇意见和建议,社会处遇机关应当酌情考量[2]。二是受害人应该在社会处遇过程中享有受补偿的权利,处遇执行机关应当安排处遇对象尽可能采取对受害人与社区的倾斜性补偿措施,如补偿性劳动等。三是受害人应该在处遇执行过程中享有交流咨商权。处遇机关应当采取违法犯罪人-受害人圆桌会议、咨商小组和定期会见制度等形式促进处遇对象向受害人的赔偿道歉和交流悔罪,使其取得受害人与社区的谅解[3]。总体而言,只有当受害人与社会真正谅解接受违法犯罪人,违法犯罪人才能在接受处遇措施后顺利回归并融入社会,防范再犯可能,实现修复预防的职能目标。

---

[1] 如对环境犯罪破坏的整体生态利益,最近还在探索由检察机关或团体代表国家或社区主张救济的机制,传统民事诉讼救济无力解决。

[2] See Paul H. Robinson, Joshua Samuel Barton, Matthew J. Lister. Empirical Desert, Individual Prevention, and Limiting Retributivism: A Reply. *New Criminal Law Review*, 2014, 17, pp. 315-317.

[3] 参见于改之、吴玉萍:《多元化视角下恢复性司法的理论基础》,《山东大学学报(哲学社会科学版)》2007年第4期。

3. 违法犯罪人修复机制

社会修复在本源对象意义上是指实现违法犯罪人的社会回归恢复。一方面，违法犯罪人是造成社会损害的主体，另一方面，其自身也是人格被扭曲和损害的对象。因此社会处遇修复的深层目标就是矫正改造违法犯罪人，使其恢复正常人格，无害复归融入社会。相比于教育矫治而言，违法犯罪人修复提出了更高的修复目标，不仅需要矫治违法犯罪人的危险人格，还要保障其具有回归社会的生活能力与工作能力，可以走上正常生活之途不必选择再犯。以往单纯教育矫治论的常见缺陷之一就是虽然矫正了违法犯罪人的人格，但由于社会排斥与其自身社会生活能力缺乏，他们回归社会后无法很好地融入社会，从而走上再犯的道路。由此违法犯罪人修复机制要求不仅要使违法犯罪人自身的人格得到修复，也要使得违法犯罪人成为社会正常生活的一分子，从长远意义上不再构成对社会的损害。对违法犯罪人进行改造使其复归社会，可通过社会处遇教育矫治和复归社会两种机制配合实现。一方面，社会处遇教育矫治机制可以矫正违法犯罪人的扭曲人格和反社会特征，使得社会处遇对象恢复正常人格状态，消除其对社会损害的风险，自然就修复了可能造成的社会秩序破坏[1]；另一方面，社会处遇的复归社会机制与教育矫治机制在逻辑上紧密相关，体现为以有效复归社会、巩固教育矫治长期效果为目的的社会接纳和社会融入具体措施如职业技能培训和社区协商交流机制，通过这些措施从长效机制的意义上消除了违法犯罪人对社会秩序的破坏可能性，使得被违法犯罪人破坏和挑战的社会秩序得到最终恢复，违法犯罪人成为社会中和谐稳定的一分子，没有选择再犯的风险[2]。社会处遇中复归社会机制的核心主要体现为修复协商机制。修复协商机制是指通过违法犯罪人与受害人和社区的交流协商，违法犯罪人通过真诚悔罪取得受害人和社区的接纳谅解，从而极大减少违法犯罪人回归社会的阻力，使得违法犯罪人可以顺利地融入社会，消除再犯可能性，恢复社会秩序[3]。

如前所述，随着社会治理新理念的不断衍生以及处遇职能需求的不断复杂化，发展到当下的社会处遇已经超越了简单的惩罚一元机制或一般预防与

---

[1] 参见房保国：《受害人的刑事程序保护》，法律出版社2007年版，第112页。

[2] See Ezzat A. Fattah. *Understanding Criminal Victimization: An Introduction to Theoretical Victimology*, Prentice-Hall Canada, Inc, 1991, p. 224.

[3] See Robert Elias. *The Politics of Victimization: Victims, Victimology and Human Rights*, Oxford University Press, Inc, 1986, pp. 42–43.

特殊预防二元机制,而进入职能多元化和机制复合化的综合治理新阶段,符合时代要求的、科学的社会处遇制度在应然意义上必须兼具一般预防、特殊预防、危险预防、修复预防等多元职能,相应也需具备惩罚、矫治、管控与修复的复合机制。因此,是否能够满足上述多元职能需求、具备多重复合处遇机制就成为检验一种社会处遇制度是否正当有效的基本标准。这一标准的关注点在于处遇职能及其机制的覆盖程度,因此可以说是一种全面性标准,包括劳动教养在内的各种处遇制度都可以依据统一的全面性职能基准加以检视,以确定制度存在的基本合理性。

五、较轻违法犯罪处遇的特殊预防优先特征

(一)处遇职能的一般性与特殊性

除了前述基于多元职能的一般性处遇职能检验标准之外,更进一步值得厘清的是基于不同处遇制度特点而存在的特殊性标准。尽管科学的处遇制度应当一般性地兼顾多元职能和复合机制,但是同一处遇制度内部的不同职能之间是根据其处遇特定需求而具有不同的优先顺序和关系定位的,因此基于不同类型的处遇制度所适用的对象及条件各不相同,不同处遇制度的多元职能之间也会有优先顺序以及特定内涵的差别,这就需要根据特定处遇制度的适用特点和功能领域而明确其独特的职能特点和优先机制。这就进一步提出了更深层次的处遇制度有效性判断的特殊性标准,即必须结合特定制度适用的对象和领域的特点来确定处遇的优先与特殊职能,并以此检视该制度是否达到这一职能的优先性与特殊性要求。

劳动教养制度在废止前作为一种社会处遇制度在处遇原理上有其特定的适应对象与领域。如前所述,原劳教制度适用的对象主要是行为在定量意义上临界犯罪标准的或已达犯罪标准但由于轻微而不予刑罚的较轻违法犯罪人,因此检视劳动教养的职能有效性除了以职能覆盖的完整与否为标准进行全面性检验之外,也应以针对较轻违法犯罪人的特定处遇职能作为特殊性检验标准。这就需要首先在制度原理上明确针对较轻违法犯罪人的处遇职能的特殊之处,方能对劳动教养制度的职能有效性做出进一步的科学评价。

(二)较轻违法犯罪处遇的特殊预防职能优先性

而就处遇基本原理而言,较轻违法犯罪处遇制度有其独特之处。根据作为处遇对象的较轻违法犯罪人的处遇条件和处遇需求,在诸种处遇职能之中应以特殊预防职能为优先考量,一般预防、危险预防与修复预防从职能完整

性意义上虽然也必不可少,但处于从属于特殊预防职能的地位;受此决定,处遇基本机制也应以教育矫治机制为核心,其他惩罚、管控与修复处遇机制必须服从于教育矫治的优先需求,如发生机制冲突或需作选择时,应优先采用教育矫治机制。

第一,较轻违法犯罪处遇的特殊预防职能优先性是由处遇有效性原理决定的。作为处遇适用对象,较轻违法犯罪人相对于较重的犯罪人的显著特点就在于本身的人身危险性较轻,其所实施的违法犯罪行为严重性程度低,社会危害性相对较小。这一特点反映在处遇职能的有效性考量上,就体现出特殊预防相较于其他职能最适宜用于此类对象,能够以最小的制度成本实现最大限度的处遇效果,也最能通过再犯防范的特殊预防特征满足有效预防违法犯罪的处遇目标。一方面,就特殊预防职能而言,相较于较重的犯罪人,较轻违法犯罪人由于人身危险性相对较轻,表现出的违法犯罪人格尚不严重,从而相对较容易通过教育矫治手段进行改造,从而很快恢复正常人格,顺利回归社会。可以说较轻违法犯罪人接受教育矫治的成本相对较低,成效却更为显著,是特殊预防最理想的适用目标。另一方面,就前述多种处遇职能有效性比较的意义上,特殊预防的对于较轻违法犯罪人的职能优势最为明显。较轻违法犯罪人之处遇虽然同样也有一般预防、危险预防与修复预防的处遇职能要求,但在满足这些处遇职能方面的效果并不明显,也难以凸显这些处遇职能的重要地位,由此凸显出特殊预防职能的契合性。较轻违法犯罪人处遇由于其处罚性相对较轻,因此通过惩罚达到的一般预防效果并不显著,甚至对某些对象难以发挥作用,比如对于典型的常习犯与常业犯经常无法通过惩罚对其形成有效威慑,其反复再犯性就常常体现出处罚机制威慑失灵的问题,对这部分对象主要依靠特殊预防[1]。同时由于违法犯罪行为较轻,所以造成的危害风险也相对较轻,因此危险预防的职能地位并不突出,无须采用严格的监禁隔离杜绝风险,只需采用部分限制人身自由、与社会相对区隔的社区处遇,相对监控限制风险即可。而违法犯罪行为较轻也决定了造成的被害人损失与社会破坏相对较轻,虽有社会修复的需要,但相对而言不是制度运作的重点,其违法犯罪人与受害人协调等机制是用来辅助实现特殊预防的手段性职能。总而言之,对较轻违法犯罪处遇而言,特殊预防职能及其影响下的教育改造机制是处遇制度运行的核心,其他一般预防、危险预防、修复预

---

[1] 参见储槐植:《从国情出发思考劳动教养制度改革》,《中国司法》2009 年第 3 期。

防职能应围绕这一核心展开,辅助配合共同实现处遇的复合职能需求。

第二,较轻违法犯罪处遇的特殊预防职能优先性受轻刑化刑事理念的决定而形成。轻刑化理念是20世纪中期统摄社会处遇制度领域的决定性原理,由刑法谦抑原则以及权利保障需求决定,特别强调对较轻违法犯罪人采取尽可能轻缓的处遇措施,降低处遇惩罚的严厉性[1]。受这一理念的影响,以刑罚为代表的社会处遇制度在实践中普遍对较轻违法犯罪人采取了去监禁化的做法,转而大量适用更加轻缓的以社区内处遇为核心的社区矫正措施,即便对监禁刑也给予转处社区矫正甚至提前解除刑罚的分流机会。而正是这一制度实践做法影响到处遇职能优先性的变化,甚至可以说背后暗含着处遇职能理念的此消彼长:因为监禁处遇措施在某种意义上突出强化的是一般预防职能,而社区矫正类处遇措施则特别体现了在特殊预防职能方面的明显优势,社区矫正处遇取代监禁处遇就明显表明了特殊预防职能的优先地位。一方面,社区矫正处遇取代监禁处遇是对惩罚机制所代表的一般预防职能的相对弱化。在轻刑化思潮之前,长期以来一般预防占据着刑罚职能论的主流地位,其以惩罚为主的理念带来了对刑罚严厉性的强调,由此导致监禁刑的大行其道。而轻刑化理念影响下社区刑替代监禁刑的实践表明了对刑罚严厉性的大大削弱,从而也就带来了惩罚机制及其背后的一般预防功能的明显弱化。另一方面,社区矫正处遇取代监禁处遇是对矫治所代表的特殊预防职能的突出强调。社区矫正相对于监禁的最大优势就是对特殊预防职能的明显效果。监禁长期以来在特殊预防视角看来存在着由于剥夺人身自由的特性而造成的交叉感染与社会隔离两大难题,这两大难题严重影响着刑罚制度中特殊预防的教育改造目标之实现[2]。交叉感染造成较轻犯罪人反而因监禁中与较重犯罪人的接触而受到不良影响变成犯行更重的再犯者;社会隔离则使得犯罪人因与社会隔绝而无法形成回归社会的良好能力,从而影响改造效果,造成犯罪人无法重新回归社会恢复正常生活而容易导致再犯。刑罚领域中的社区矫正刑由于在社会中相对自由地服刑,因此同时解决了交叉感染与社会隔离两大难题,是最能促成教育矫治效果与特殊预防职能的处遇制度,这点对整体处遇制度都有所启示。因此在特定意义上,轻刑化导致的对轻微违法犯罪的去监禁刑化大大保障了特殊预防职能的优先性,也使得特

---

[1] 参见付强:《轻刑化趋势的一体化考察》,中国政法大学出版社2018年版,第13-14页。
[2] 参见王顺安:《社区矫正的法律问题》,《政法论坛》2004年第3期。

殊预防职能因为社区矫正的兴盛而在整体的对较轻违法犯罪人的处遇体系中得到了优先的强调。

第三,较轻违法犯罪处遇的特殊预防职能优先性也受到了人道主义刑罚观的影响。人道主义刑罚观是20世纪影响以刑罚为代表的社会处遇制度的重要理念之一,强调刑罚为代表的社会处遇制度必须重视考量处遇对象的人性需求,保证处遇制度的人性化[1]。因此,实践中刑罚制度不仅应满足刑罚人道需求,降低刑罚的严厉性,尽量减少对受刑人权利的限制,还应保证根据人道需求承担起对刑罚对象的教育改造责任,矫治受刑人的扭曲人格,使其能够回归正常人格复归社会。而这些基于人道主义的制度需求在逻辑上特别体现了对一般预防职能的削弱与对特殊预防职能的强调:降低处遇制度的严厉性、减少对处遇对象自由等权利的限制在特定意义上削弱了惩罚机制的作用,从而也就降低了一般预防的职能地位;而以人道的需求承担起教育改造的职责则很明显地强调了特殊预防的核心机制,将特殊预防上升到处遇制度必须承担的责任高度予以明确。因此在受此理念影响的处遇职能实践此消彼长之间,人道主义刑罚观在特定意义上促成了较轻违法犯罪处遇体系中特殊预防职能的突出地位。

六、较轻违法犯罪处遇职能的一般性与特殊性标准

根据犯罪学对违法犯罪处遇的相关研究,针对危害社会的违法犯罪行为的治理制度被称为社会处遇制度,是社会管理机制的基础组成部分,废止前的劳动教养、即存的刑罚与治安管理处罚可以说都是社会处遇制度的具体类型。各种类型的社会危害行为治理制度即处遇制度都有共同的设置目标,即通过各种手段预防危害社会的违法犯罪行为发生,维护社会的安全和秩序。随着社会治理形势的不断变化与社会处遇原理的丰富与复杂化,社会处遇制度的具体职能也在不断演进之中。进展到福利人权与风险治理并存的当下时代,社会处遇职能已经从早期一般预防一元论逐渐丰富发展为一般预防、特殊预防、危险预防、修复预防的多元职能并存体系;受此决定,处遇机制也从早期的惩罚主义向涵盖威慑鼓励、教育矫治、危险管控、社会修复的复合性处遇机制转变,惩罚主义的治理模式转变为多元处遇模式。在这一进程中,

---

[1] 参见[英]C. S. 路易斯、罗翔:《论人道主义刑罚理论》,《暨南学报(哲学社会科学报)》2013年第7期。

社会危害行为治理制度的职能要求越来越全面复杂,以此促进社会治理方式不断地科学化和丰富化,早期单纯具备惩罚职能就有制度正当性的治理模式随着多元职能的需求逐渐不合时宜,单一职能的僵化治理模式也逐渐被淘汰和替换。社会治理的复杂性要求正当合理的社会处遇制度必然是具备威慑鼓励、教育矫治、危险管控、社会修复等复合机制以满足多元职能目标的灵活复杂制度。与此相印证的是,世界范围内监禁刑的式微正是由于监禁刑过于强调威慑惩罚性的一元弊端不适应当前社会治理的多元需求所致,而社区矫正制度的崛起也正是由于社区矫正兼具惩罚、教育等多重职能,满足了社会治理的复杂需求。除了一般性意义上对社会处遇制度的多元化职能与复合化机制需求之外,针对作为劳动教养适用对象的较轻违法犯罪人特征,还必须从处遇职能论上探求对其处遇制度的职能的优先性与机制的特殊性。就处遇原理而言,针对较轻违法犯罪人的处遇必须考虑到其人身危险性较轻、矫治最为有利的特点,在诸种处遇职能中确立其特殊预防职能的优先性与教育矫治为核心机制的特殊性。由此,就处遇职能作为一种社会处遇制度的综合判断基准而言,一方面,处遇制度的基本正当性来自其对多元职能目标及与其相符的处遇机制的全面满足,另一方面,就较轻违法犯罪人而言,针对性的处遇制度还必须满足特殊预防职能优先及以教育矫治机制为核心的特别要求。

由上可见,劳动教养所属的较轻违法犯罪处遇在职能有效性判断上有一般性与特殊性两个层次的标准:一方面是作为一般标准的职能全面性基准,这是无论何种社会处遇制度都应该完全满足的一般性职能标准,主要考察社会处遇制度是否能有效满足一般预防、特殊预防、危险预防、修复预防四方面职能,相对应地在处遇措施中是否有综合了惩罚、矫治、管控与修复四个方面的复合机制,只有兼顾多元职能的复合性机制,才可能在处遇原理意义上被视为相对有效的处遇制度;另一方面,除了符合全面性基准之外,还需根据特定处遇制度的对象特征来确定多元职能的优先顺位和具体特征,以此作为特殊性的检视标准。就劳动教养所体现的较轻违法犯罪处遇来说,基于其特殊预防优先性的特点,特殊性标准就是检验是否强调将特殊预防置于超越其他职能的优先和核心地位,相对应地就是在处遇措施中检验是否以教育矫治机制为优先机制加以充分保障。只有充分满足了一般性与特殊性的处遇职能标准,才能表明处遇职能的有效性。不仅劳动教养制度的有效性要以此标准来检验,劳动教养废止后的替代或填补制度方案也要以此职能标准来检验其方案的合理性。

第三节　处遇职能视野下劳动教养废止的根本原因

以一般社会处遇职能的全面性标准以及针对较轻违法犯罪处遇的职能特殊性标准审视劳动教养制度，可以发现无论是就多元职能完整性还是特殊预防优先的职能特殊性而言，劳动教养制度都存在基于其核心关押式教养特征所造成的明显的制度缺陷，在处遇原理意义上表明其制度本身根本没有再改革保留的价值，这才是劳动教养废止的根本动因。即劳动教养的职能缺陷主要由作为劳动教养核心的关押式教养执行方式所致，由此劳动教养制度难以通过局部制度修正解决严重职能弊端的问题，即便完善规范、设计司法程序并平衡关押期限，也无法解决其根本职能弊端，从而在违法犯罪治理意义上存在直接废止的必要性。

一、无法满足多元职能要求：劳动教养的职能缺位

如前所述，在处遇原理意义上合理的职能满足可以说是社会处遇措施的基本存在依据和运行目的，所以劳动教养制度与刑罚、治安管理处罚一样作为社会处遇措施，其制度正当性与合理性的有效判断依据就是是否能够满足社会处遇的基本职能要求。由于劳动教养制度的唯一通行执行方式是关押式教养，所以劳动教养对处遇职能的满足程度就可以通过分析关押式教养本身是否能够满足处遇职能的需求来判断。而基于关押式教养剥夺人身自由的封闭性与制裁性特征，除了直接以惩罚为作用机制的一般预防职能有逻辑契合性，能够较好达成之外，特殊预防、危险预防与修复预防职能都难以有效实现。虽然劳动教养制度初始设置时并未强调其剥夺人身自由的关押教养措施之惩罚性质，但是关押式教养对人身自由权的可以长达三年到四年的剥夺在制度逻辑上就自然体现出其浓厚的惩罚色彩；而且在制度发展和实践运行过程中，劳动教养越来越重视这种关押式教养所体现出来的惩罚属性，典型体现是曾在制度废止前被规定在具有明显处罚性质的《治安管理处罚法》中[1]。此

---

[1] 按照《治安管理处罚法》第七十六条规定，对有"引诱、容留、介绍他人卖淫的"，"制作、运输、复制、出售、出租淫秽的书刊、图片、影片、音像制品等淫秽物品或者利用计算机信息网络、电话以及其他通讯工具传播淫秽信息的"，"以营利为目的，为赌博提供条件的，或者参与赌博赌资较大的"行为，"屡教不改的，可以按照国家规定采取强制性教育措施"。进一步根据2006年1月23日公布的《公安机关执行〈中华人民共和国治安管理处罚法〉有关问题的解释》，"强制性教育措施"就是指劳动教养。

外,实践中滥用劳动教养制度的根本动因就是借助其惩罚威慑性,因此实践中的惩罚机制得到了空前的强化,过度羁押惩罚的现象亦大量存在。这就说明劳动教养制度通过关押式教养体现出的剥夺人身自由的基本属性对惩罚机制进行了明确且突出的强调,实践中也大量适用,从而体现出对一般预防职能的单一倾向性满足,因此就处遇职能而言只有部分预防职能得到了充分的贯彻实现,但对其他职能则存在严重的忽视或缺失,这是关押式教养的一元执行方式所导致的必然结果。

(一)关押式教养难以实现特殊预防职能

关押式教养难以贯彻教育矫治机制,从而无法达成特殊预防职能。劳动教养初始设置时曾经明确地将教育改造劳教对象作为基本目标,且在其制度规范和实践运行过程中,也一直都在强调教育改造措施的重要意义,没有放弃将教育改造矫正对象作为其重要制度内涵,而且也明确甚至强制性地要求采取相应的教育改造劳教对象的专门具体措施。然而如前所述,就制度实践效果而言,劳动教养制度的教育改造机制并未很好地得到贯彻实现,教育改造手段常常流于形式甚至直接缺失,最终导致劳动教养的特殊预防职能经常无法落实,而出现了改造效果不彰、再犯率较高等问题。而之所以出现在特别将教育改造机制作为制度组成部分的情况下仍然缺乏教育改造机制的吊诡现象,关键症结在于劳动教养所采用的关押式教养执行方式在处遇原理上基于其封闭式监禁的执行属性天然并不利于教育改造机制的实现;而在制度实践不断强化关押惩戒机制的情况下,就进一步加剧了对教育矫治机制的削弱,最终导致教育矫治措施形式化甚至缺失的实践问题,特殊预防职能自然无法实现[1]。关押式教养执行方式主要在两个层面上与教育矫治机制在逻辑上背道而驰:一是关押式教养所采用的监禁处遇方式将不同类型、不同严重程度的违法犯罪行为人集中到一起进行关押式教养,为各种违法犯罪行为人提供了紧密性交流的诸多机会,因此可能形成违法犯罪学习环境,出现违法犯罪集中交换式习得的问题,不仅无法使得劳动教养适用对象人格得到改善,反而可能出现进一步恶化而形成更为严重再犯的后果。二是关押式教养的监禁属性造成教养对象与社会的相对隔绝,不仅使得教养对象落后于时代的发展而未来难以回归社会,而且使其更容易被社会贴上明确的负面评价标签而遭受社会排斥,未来难以融入社会,从而无法实现特殊预防的防范再犯效果。

---

[1] 参见张建伟:《监禁权专属原则与劳动教养的制度困境》,《法学研究》2008年第3期。

(二)关押式教养难以满足危险预防职能

关押式教养无法根据风险需求来管控适用对象,从而难以满足危险预防职能需求。不可否认,劳动教养制度采用关押式教养的方式从隔离论的意义上能够将违法犯罪人与社会进行物理隔绝,防止对社会造成直接侵害风险。然而这种基于关押式教养而形成的社会隔离并不符合以危险预防职能需求为标准的管控机制,是一刀切似的粗糙隔离模式,因此无法达到良好的危险预防效果。基于危险预防的职能逻辑,危险管控机制需要根据适用对象造成社会侵害的风险程度确定其相适应的管控措施,应能够根据风险的从重到轻程度多元性地选择适应的措施[1],即根据危险预防需要可以针对性地选择从死刑或无期徒刑体现的永久隔离管控措施到有期监禁措施体现的定期隔离管控措施,直至针对风险轻微者采取的诸如社区矫正等社会中非物理的监督隔离措施;并且应该根据适用对象人身风险性的变化动态调整管控处遇措施。而劳动教养所采用的唯一执行措施就只有短期三年到四年以下关押式教养方式,因此根据适用对象风险程度确定或调整管控措施的手段非常有限,这就造成:一是对于风险较轻微的违法行为人本来应该根据风险程度采取更轻微的社区有限隔离处遇,如居家处遇或社区矫正,但是因为劳动教养并没有这些灵活机制从而可能加重了本应采取的处遇措施,不当放大了关押监禁的作用范围。二是由于劳动教养的仅有执行方式基本就是关押式教养,因此就无法根据适用对象的人身风险程度变化灵活调整相适应的各种处遇措施,导致风险标准的失灵。即便劳动教养有所谓零星适用的所外执行的制度,但其针对的并非适用对象的风险标准,而是极其狭窄的基于少量疾病、照顾弱势对象等便宜需要[2],因此基于风险标准灵活调整处遇措施在所外执行制度中也不具备实现可能性。三是从危险预防的视角而言,对本应在社会中进行处遇的低风险适用对象采用隔离监禁,造成其丧失在社区内处遇改造的机会,在某种意义上恰恰增大了其未来对社会的再犯风险,这就与预防风

---

[1] See James Austin. The Proper and Improper Use of Risk Assessment in Corrections. *Federal Sentencing Reporter*, 2004, 16(3), pp. 194-199.

[2] 按照《公安机关办理劳动教养案件规定》第十一条、第五十四条规定,可以决定劳动教养所外执行的仅有三种很少出现的情况:(1)有特殊业务技术专长,确为本单位生产、科研所必需,其单位提出申请的;(2)家庭成员患有严重疾病、生活不能自理或者没有生活来源,确需本人照顾或者扶养的;(3)对盲、聋、哑人,严重病患者,怀孕或者哺乳自己不满一周岁婴儿的妇女,以及年满六十周岁又有疾病等丧失劳动能力者。而且适用所外执行还有一系列限制条件,这导致了劳动教养中所外执行仅有零星适用。

险的目标背道而驰。因此综合可见,关押式教养机制的单一僵化造成了劳动教养无法灵活适应危险预防职能需求,更无法保障危险管控机制的实现。

（三）关押式教养忽视了修复预防职能

关押式教养忽视了被害人与社会的修复需求,造成了修复预防职能的彻底缺失。劳动教养制度产生的时代尚未注重被害人保护与社会和谐恢复等新兴理念,因此从制度初始设置时就存在对修复预防职能的忽视,也没有恢复性司法或被害人保护等社会修复机制,因此存在着修复预防方面的社会修复机制的天然缺失。即便在制度运行实践之中,对比在刑罚制度的程序部分已经陆续纳入刑事和解等社会修复理念的情况下,劳动教养制度从未将社会修复机制纳入实践运行,也就无法满足修复预防的职能需求,而这在特定意义上是由作为执行方式的关押式教养所决定的。由于关押式教养将劳教适用对象与社会进行物理隔绝,这在客观上造成了违法犯罪人与受害人及社区难以沟通交流的难题,也使得违法犯罪人无法与其原来所处的社会环境相沟通融入,使社会力量参与对违法犯罪人的修复也难以实现,从而社会修复的诸种机制几乎没有适用空间,进一步导致修复预防职能根本性的缺失。

总之,劳动教养所采取的关押式教养方式具有监禁处遇的属性,而监禁处遇作为古老的违法犯罪管理方式主要体现出管控惩罚的机制属性、满足一般预防的一元职能,而对教育矫治等各种其他机制与职能则严重忽视。尽管另行强调要实现教育改造的职能,但由于关押式教养所体现的监禁处遇属性必然存在的交叉感染和社会隔离问题,在逻辑上必然与教育矫治目标背道而驰,因此教育改造职能因出现空洞化和形式化的严重问题而无法实现。所以现代社会处遇理论通说认为,如果一种社会处遇机制想实现多元处遇职能特别是教育矫治职能不能单靠关押,此外就危险预防职能缺失而言,关押式教养的单一性也使得劳动教养无法根据风险需要调整管控措施,造成对较轻风险违法行为人过度关押的问题,也无法根据风险变化灵活采用相应的其他管控措施。而修复预防职能在劳动教养的关押式教养方式背景下更是无从谈起。因此劳动教养所采取的关押式教养模式明显无法胜任对其处遇对象的职能要求,如前所述必然造成惩罚主义一元论的职能局限,导致教育矫治、危险管控、社会修复等诸多其他机制无法落实,特殊预防、危险预防、修复预防等多元职能无法实现,这正是劳教制度在多元处遇职能需求中体现出来的职能错位弊端。

二、重管惩轻矫治：劳动教养的职能错位

除了从一般适用的职能全面性意义上发现劳动教养制度的严重职能缺位问题之外，就针对较轻违法犯罪人的特殊处遇职能标准来检视劳动教养制度，依然存在严重的弊端。如前所述，对轻微违法犯罪人的处遇有其特别之处，特殊预防职能应处于多元职能体系中的领先地位，受此决定应特别强调处遇中的教育矫治机制。然而由于劳动教养制度先天对轻微违法犯罪人设置了集中关押式教养这一严重不利于教育矫治功能实现的实施方式，后天又出现过于强调管束惩罚而相对忽视教育矫治的实践异化问题，从总体上体现出强烈的管控惩罚属性，轻视甚至无视教育矫治机制的适用，从而导致特殊预防职能的严重落空；规范的缺失和程序的失当进一步加剧了这一问题，最终导致了劳动教养制度不仅在规范来源和权利保障上弊端重重，而且更严重的是制度本身也难以达到社会处遇的特殊应然要求。而造成这一切问题的制度根源来自难以调整的关押式教养执行方式，这就进一步说明，只能通过废止劳动教养制度解决其特殊职能缺陷问题。

（一）关押式教养设置理论上违背教育改造职能

劳动教养制度采取的建立封闭式关押场所的关押式教养的机制，从属性上属于剥夺人身自由的集中监管方式。虽然在少部分例外情形下可零星适用所外执行，但绝大多数情况下则只能在关押场所按照管理要求活动。劳动教养采取的这种对违法犯罪对象的处遇方式同监禁刑、治安拘留在剥夺人身自由属性上具有相同之处，理论上被称为机构内处遇模式。机构内处遇模式是长期以来违法犯罪处遇的主流形式，相比其他常使用的财产处罚和社区矫正(处遇)来说，由于其完全剥夺人身自由的实施方式比仅剥夺财产(财产处罚)和部分限制人身自由(社区处遇)在惩罚严厉性上明显更强，因此就一般预防的角度而言，对社会的普遍威慑和引导效果相对更佳。但是就特殊预防目的和教育矫治功能角度而言，机构内处遇则存在相对明显的不利于矫正违法犯罪人危险人格并使其顺利回归社会的弊端，从而特殊预防效果差：机构内混居接触易发生危险人格交叉感染，与外界隔绝易造成违法犯罪人与社会脱节从而难以矫正，集中处遇易导致心理伤害，机构处遇易形成明显的违法犯罪标签导致社会排斥。而就劳动教养所属的较轻违法犯罪处遇特殊需求而言，如前所述应以特殊预防为优先核心职能，以教育改造为其核心机制。劳动教养所采用的集中关押式处遇措施则因为其交叉感染和与社会隔离问

题而被认为是与教育矫治方式背道而驰的,劳动教养所采用的机构内处遇模式使其先天在教育矫治被劳教对象方面弊端重重,难以达到其预设的教育改造目标。劳动教养只是更容易实现一般预防的职能目标,其反而强调了惩罚的严厉性,因而更适用于较重的违法犯罪人。所以,劳动教养由于采取了集中关押式的教养方式,因此并不适宜以较轻违法犯罪人为对象的处遇,其不仅无法实现教育改造的目标,而且容易走向管惩主义的异化。

首先,如前所述,劳动教养所采用的机构内处遇方式容易导致不同违法属性、不同违法程度的被劳教对象在社会危害性意义上交叉传染,互相教唆、传播违法犯罪理念和方法,加重本应通过教育改造予以消减的人格危险性[1]。受关押场所的条件所限,包括劳动教养在内的机构内处遇往往都无法做到不同类型和程度的被处遇对象间有效隔绝、减少交流,这就难以避免处遇对象之间的交叉传染问题。劳教制度曾经存在的一个重要问题就是被劳教对象在集中关押的劳教场所密集接触其他违法属性和危害程度更严重的被劳教对象,可能会被唆使或学到其他违法犯罪行为的方式方法,甚至形成更危险的人格状态,不仅没有实现纠正危险人格的教育改造目标,反而加重了人身危险性,导致解除劳教后再犯的可能性大增,增大了特殊预防失败的可能性。这一问题的出现源自关押式教养方式,而关押式教养是劳动教养预设规定的执行方式,由此导致的交叉感染问题的出现也不可避免。

其次,劳动教养所采用的机构内处遇模式也导致被劳动教养对象可能与社会隔绝脱离而难以融入社会。劳教时间可以长达三年到四年,在劳教过程中由于集中关押的机构内处遇模式,被劳教对象与外界几乎隔绝,由此社会认知、社会关系、社会机遇、福利接续等方方面面在社会中才能享有的发展的权益和可能性几乎消失,被劳教对象出现与社会脱节的落后问题,释放后需要重新熟悉和学习社会经验,这大大增加了被劳教对象走上正轨、恢复正常生活的难度,从而导致被劳教对象很可能重蹈覆辙走上旧的再犯道路,最终特殊预防的目标落空[2]。被劳动教养时间越长,与社会脱节时间越长,这一问题就越严重。相比较之下,在社会中进行处遇的社区矫正就有效避免了这一问题。

再次,劳动教养所采用的机构内处遇方式易造成被劳教对象的心理伤

---

〔1〕 参见邱兴隆:《关于惩罚的哲学:刑罚根据论》,法律出版社2000年版,第59页。

〔2〕 超过一定时长的监禁措施都会产生脱离社会的隔绝性弊端,大大增加复归社会的难度。参见李贵方:《自由刑比较研究》,吉林人民出版社1992年版,第41页。

害,大大增加了教育改造的难度。剥夺人身自由的机构内处遇相较于社会中的教育矫治措施更容易造成被处遇对象的心理问题,形成难以恢复的心理伤害。一是研究表明,机构内处遇可能造成的挫折感和孤独感都远远强于在社会中的教育改造方式[1]。二是机构内处遇的空间封闭狭小和人员易冲突特征都更容易造成心理压力,导致心理疾病的高发。三是机构内处遇更容易形成不良的监禁文化氛围,从而易于造成被处遇对象的心理扭曲。劳动教养由于采取机构内处遇的关押式教养模式容易导致上述心理伤害的产生。而心理问题或心理伤害会大大增加教育改造难度,导致教育改造失效的结果产生,严重情况下甚至还会诱发被劳教对象再犯的更大可能性,对特殊预防来说起到反作用。

最后,劳动教养所采用的机构内处遇方式易形成被劳教对象的违法犯罪标签,导致其被社会排斥现象,引发再犯可能性大增的问题。犯罪学的标签理论认为违法犯罪处理不当会给被处遇对象贴上违法犯罪人或坏人的标签,不仅不会预防再犯,而且会大大增加再犯的概率[2]。其原因在于一旦被社会贴上坏人或违法犯罪人的标签,社会其他成员往往会敬而远之,甚至强烈排斥,导致被标签化的释放人员难以在社会中立足,过上正常稳定的生活,从而可能因没有办法维系生活而选择再犯。机构内处遇模式相比社区内处遇措施的一个显著特点就是标签现象特别明显,集中关押的方式使得违法犯罪人更容易被社会成员发现和识别,从而造成突出的标签现象,由此引发的问题是释放人员被社会其他成员排斥的可能性更强,释放人员更加可能不得不"破罐子破摔",再次走上违法犯罪的道路。再加上如前所述存在的社会脱节问题,造成关押式教养处遇模式反而更容易诱发再犯。被劳教对象由于被集中关押教养,更容易被社会成员贴上负面标签,进而被社会排斥否定,从而大大增加再犯概率,引发特殊预防难题。

(二)劳动教养管惩主义实践背离教育改造初衷

如前所述,不仅劳动教养制度本身所采取的剥夺人身自由的关押式教养模式从本质上难以实现特殊预防职能,而且劳动教养制度废止前长期的管惩主义的实践对特殊预防职能来说更是雪上加霜,进一步阻碍了教育改造功能的实现,走向与特殊预防职能背道而驰的方向。

---

[1] See Stantion E. Samenow. *Inside the Criminal Mind*, Crown, 2014, pp. 341 - 343.
[2] 参见陈孜:《关于犯罪标签理论的评析》,《法学杂志》2004 年第 5 期。

不可否认,劳动教养制度设置之初是充分考虑了对劳教对象进行教育矫治的重要意义:1982年的《劳动教养试行办法》明确劳动教养是对被劳动教养的人实行强制性教育改造的行政措施,而且该办法第五章还相对明确地规定了对劳动教养对象进行教育改造的具体举措、时限、设施以及教育方式方法,其中要求应当对劳动教养人员进行必要的教育改造。可以说教育改造是劳动教养制度本应具备的基本职能。

虽然劳动教养制度中有对教育改造措施的专门规定和执行要求,但是这种规定和要求相对于其管理和制裁方面的规定而言粗糙简单,并缺乏相应的效果评判标准,因此难以保证劳动教养在实际运行中重视和实践教育矫治理念,达到特殊预防目标。而且在劳动教养制度运行实践过程中,为了满足社会稳定和普遍威慑的即时需要,通过劳教场所关押式教养的惩罚制裁效果常常成为实践优先考量的适用目的,导致满足隔离制裁需求的措施如强调较长的教养时限、严格的管理监督、惩罚性的劳动等得到了优先强调和有效执行,而基于教育矫治目标的心理治疗、个案矫正、社会修复等措施则出现了形式化倾向,受到了相当程度的忽视,这就实际上偏离了预设的教育改造逻辑和特殊预防的目标,造成了劳教制度向管惩主义发展的实践异化,也将前述劳教机构内处遇本就存在的教育矫治难题进一步严重化。

一是社会治理的便宜性实践需求导致劳动教养的工具化适用倾向,从而将管惩作为优先于教育矫治的实践目标进行考量。劳动教养制度的适用对象是社会中临界犯罪的危害社会行为人,从社会治理和安全维护的意义上即属于需要加以预防再犯的对象。受到刑法谦抑性以及严格的刑事诉讼程序的影响,将这些对象纳入刑罚范围不仅程序复杂、证据要求严格和周期较长,而且还要受到以刑法谦抑原则为基础的刑罚必要性审查。因此,就处遇效果来说,虽然刑罚制度更佳,但将其适用于临界犯罪行为人的处遇则因证明复杂、准入困难,从而不具有现实便宜性。劳动教养制度相对而言在规范较少且程序相对简单的情形下就成为较为便宜的安全保障手段,实践中成为社会安全维护的便宜工具而大量适用,甚至出现不当扩大的现象,成为证据不足无法追究刑事责任时的强制措施、延长侦查期限的补充手段、不够治安处罚的替代管控方式、运动式维稳的有效举措等[1]。这就导致劳动教养制度实

---

[1] 参见于建嵘:《劳动教养制度的发展演变及存废之争》,《中国党政干部论坛》2013年第1期。

践中出现明显的工具化倾向,成为曾经管控社会治安的常用手法。在工具化倾向之下,必然出现以管惩等即时有效手段为优先考量的异化问题。其原因在于虽然就治本层面而言,教育矫治违法对象并彻底消除其人身危险性的处遇手段是防范再犯、保护社会安全的根源性举措,但教育矫治的复杂性和社会复归的困难性决定了这是一个逐渐的、长期的过程,单靠教育矫治的教育手段并无法立竿见影地实现预防再犯、恢复安定的即时目标,从而也就不符合劳动教养工具化与便宜性的功能需要,由此教育矫治手段被置于次要位置,管束惩罚成为劳动教养实践的优先考量。

二是管惩主义的长期实践使得劳动教养的教育改造措施出现形式化倾向且进而被无视。虽然劳动教养制度相关规定中有相当内容涉及教育改造措施,但前述管惩主义的实践倾向使得这些教育改造措施难以发挥有效作用,教育改造出现形式化倾向甚至进而被忽略。一方面,这是因为劳动教养的教育改造措施本身缺乏明确的具体适用和效果评估标准,教育改造的效果更由于管惩主义的异化倾向而变得不再重要,只要劳动教养的管惩措施满足实践的维安需要即可,这必然使得教育改造措施成为流于形式化的手段,难以起到从根本上纠正违法者人格、预防再犯的作用[1]。另一方面,出于目标差异,对于同样的对象基于管惩主义的劳教举措与基于教育矫治的劳教举措可能出现差异。比如延长劳教期限,可能从集中关押隔离的意义上管惩效果更好,但从教育矫治意义上更长时间的关押所带来的交叉感染和社会脱离对改造劳教对象非常不利。由此,实践做法中,那些明显体现管惩主义倾向但违背矫治需求的实践做法,如延长劳教期限等,必然由于管惩主义的强调而被更多适用,从而必然进一步恶化教育改造的效果,进而无视教育改造功能本身而专门追求管惩效果。

总体而言,从社会处遇职能的特殊性意义上,劳动教养由于监禁关押教养模式不仅从职能多元化意义上存在着职能缺位的根本缺陷,还在针对较轻违法犯罪人的特殊处遇意义上存在处遇职能根本错位的问题。如前所述,对作为劳教对象的这类人身危险性较轻的行为人,应当以特殊预防为优先职能、教育矫治为首要机制,具有惩罚性或者管控性的其他职能处于次要地位。而劳动教养采用关押式教养的监禁处遇模式,由于存在交叉感染和社会隔离

---

[1] 参见张敏发:《论劳动教养制度的废除——从收容对象的历史和现状考察》,《犯罪研究》2013年第3期。

问题,恰恰不利于教育矫治职能的实现。集中关押式的教养方式与劳动教养的对象及其初始教育矫治目标都存在严重的错配,先天设置的机构内处遇模式无法实现对较轻违法犯罪者人的教育矫治,实践中对管惩的过分依赖又进一步导致教育矫治形式化甚至被忽视,由此全方位严重违背了对较轻违法犯罪人的教育矫治优先理念,无法有效预防再犯,这正是劳动教养制度的根本问题之所在。而且更为严重的是,关押式教养本身也是剥夺人身自由的措施,极易造成人身权利侵害,因此需要严格法律规定,设置司法化的正当程序,且尽量限制适用期限和措施的严厉性。但在劳动教养规范缺失、程序失当和措施异化的背景下,强调维安便宜快速效果的关押式教养却进一步被实践滥用,不仅不能长远地教育矫治劳教对象,反而进一步放大了其处遇上只重管控惩罚漠视教育改造的错配弊端。最终,劳动教养因其所采用的剥夺人身自由的关押式教养模式在规范缺失和程序失当的情形下,既更容易造成对人身权利的侵害危险,也更难以实现教育改造、预防再犯的应有目标,从而存在废止必然性。

三、基于职能之弊的劳教废止必然性

以违法犯罪处遇的基本原理为审视标准,可以发现,不管是一般职能需求意义上满足多元职能需求的缺位,还是对原劳动教养对象特殊治理需求的严重错位,劳动教养在治理职能上的弊端都是由作为其制度核心的关押式教养模式所引发的。

作为较轻违法犯罪处遇措施的劳教制度由于其先天关押式教养方式不仅从职能完整性意义上难以实现多元处遇职能目标,而且在特殊职能需求上更彻底违背特殊预防优先的职能定位。关押式教养的先天缺陷与后期重管惩的手段异化必然使劳动教养出现轻视甚至无视教育矫治机制的问题,实践中其逐渐演变为一种体现管控制裁本位的惩罚主义制度,而规范的缺失与程序的失当又难以限制其被扩张滥用,从而进一步强化放大了职能上的突出缺陷,导致完全无法达到社会处遇职能多元化和科学化的制度要求,严重影响了社会处遇体系的有效性。而且,关押式教养模式作为剥夺人身自由的严重权利限制措施,与劳动教养制度的规范缺失、程序失当和措施异化等弊端结合在一起,进一步大大加重了其制度滥用和人权威胁的问题,最终导致前述实践中的积弊乱象而不得不被直接废止。因此要解决劳动教养制度的根本弊端,关键点在于对其关押式教养执行方式的废止与替代,任何不改变关押

式教养监禁模式的改革建议都只可能是制度上的小修小补,即便强调所谓的教育矫治功能和人权保障需求,从治理职能意义上也不可能解决根本问题。如曾经影响很大的将劳动教养改造成违法行为矫治制度的改革论观点虽然在法治化和程序化意义上解决了劳动教养的局部问题,也强调了教育矫治职能的重要意义,但其问题在于并未在治理方式方面从根本上改变劳动教养的监禁教养的模式,如前所述,也就不可能实现对原劳动教养对象的治理职能要求,因此也就无法从根本意义上解决劳动教养的根本问题。这表明无论如何修改补充其他局部缺失如单纯地制定规定、增加程序,都不能解决劳动教养的根本问题,所以必然导向只能通过制度废止的途径彻底消除关押式教养模式的弊端。

基于职能处遇论的决定意义,劳教废止之后相应的填补机制问题也必须从社会处遇的多元职能和相应复合机制完善角度进行深入分析,方能发现和吸取劳动教养的根本制度缺陷的教训,全面解决劳动教养制度所造成的社会治理难题。

第三章

劳教废止后社区矫正填补方案的合理性和可行性

由前分析可见,劳动教养制度需要废除的深层原因在于其处遇职能上基于关押式教养的一元执行方式而产生的无法修正的根本缺陷:不仅从职能完整性意义上无法满足多元职能需求,在职能特殊性意义上也无法满足教育矫治优先的职能需求;而其他诸如规范缺失、程序失当、措施异化等备受诟病的劳动教养制度严重弊端也与关押式教养的僵化缺陷密不可分,更进一步加剧了劳动教养的制度危机。基于关押式教养在劳动教养制度中作为唯一执行方式的核心地位,劳动教养制度难以通过机制改革来解决这些重重制度难题,尤其是作为一种违法犯罪治理制度在处遇职能层面上的缺陷使其根本丧失了制度正当性与合理性,制度运行实践中对关押式教养的滥用更进一步加剧了这一问题,因此从整个违法犯罪治理制度结构的宏观视野来看,劳动教养制度废止是无论从处遇原理还是制度实践角度而言的必然结论。

然而就治理逻辑而言,劳动教养制度的废止只是消解了原劳动教养的种种弊端,但是并没有真正解决劳动教养适用对象的有效治理问题。必须承认,尽管存在严重的理论与实践弊端,劳动教养制度在实施期间仍发挥过治理特定违法性社会危害行为的独特职能,在威慑轻型治安违法行为、防范治安风险、保障社会安全等方面起过一定的功能作用[1];原劳动教养对象不仅理论上有一定独立处遇需求,实际上也有相当的数量。因此在劳动教养制度废止后,就有必要继续解决对原劳动教养对象的合理处遇问题,通过建构合理的处遇制度来补充劳教废止后的治理空白。而这就进一步需要在处遇理论上将原劳动教养制度的实施对象的分类治理、实践职能的转移承继、治理模式的更新转换都纳入社会处遇的体系性思考之中,并结合违法犯罪治理与处遇理论对补充性处遇制度的需求进行研究,提出能真正吸取劳动教养制度的弊端教训、契合前述处遇职能一般性多元职能需求与特殊预防优先需求的科学处遇制度。所以劳动教养的废止绝不仅是对弊端重重的已有制度的及时终结,更是违法犯罪治理机制合理化和科学化的新发展的开端,是完善违法犯罪治理体系构造与职能的良好契机。

无论是对比世界违法犯罪处遇制度经验还是检视我国当前的社会处遇诸多制度,可以发现真正能在前述处遇对象、处遇属性、处遇机制与处遇职能意义上满足劳动教养废止后的填补性处遇措施需求的,都指向一种相对成熟的处遇措施——社区矫正制度,这是因为社区矫正制度较为完整地契合了劳动教养废止后的填补性处遇方式的全部标准,既能弥补处遇对象的漏洞,又能保障满足处遇职能的完整需求和特殊需求:社区矫正制度适用对象是较轻的违法犯罪行为人,处遇属性上以完全非监禁关押的社区内处遇为特征[2],处遇机制上顾名思义坚持以教育矫治机制为优先考量,而处遇职能上从制度产生的初始动因到制度的运作核心都坚持特殊预防优先,同时兼顾多元职能的实现。以社区矫正制度填补劳教废止后的处遇空白还有一个现实问题:我国引入社区矫正制度时仅将其作为刑罚执行方式,其不仅不是独立刑罚种类,更无法如世界实践经验般广义适用于非刑罚领域。因此,要充分体现社区矫正制度应有的灵活性和普适性,充分发挥社区矫正制度的多元职能与特殊预防职能的满足优势,就应当扩张当下社区矫正制度适用范围,使其超越刑罚执行方式,扩张至针对原劳动教养适用对象的治安违法行为处遇领域,在行刑社区矫正之外,增加具备治安管理处遇职能的、满足劳动教养废止后治理需求的治安社区矫正类型。值得一提的是,2020 年 7 月 1 日生效的

---

[1] 参见孙道萃:《改革行进中的劳动教养制度功能与性质之整合性思考》,《法治研究》2013 年第 10 期。

[2] 参见吴宗宪:《社区矫正比较研究(上)》,中国人民大学出版社 2011 年版,第 9-12 页。

《社区矫正法》未明确界定社区矫正制度为刑罚执行方式,从而为社区矫正制度未来的扩展提供了一定的制度空间和立法发展可能性。

第一节 后劳教时代社会治理空白问题

劳动教养制度的废止不仅直接防止了其本身存在的规范缺失、程序失当、措施异化等种种缺陷引发的对法治、正义和权利的威胁,也在根本意义上从深层消解了劳教制度在社会处遇层面上的职能缺位与错位问题:劳动教养制度虽然在初始制度设计上意图实现对轻微违法犯罪人的教育矫治,但是其集中关押的教养模式和管惩优先的实践异化导致其实际上严重背离教育矫治的初衷而极易作为单纯的社会管制工具而被滥用,从而进一步引发措施滥用和权利威胁等亟待解决的问题。废止劳动教养无疑在解决这一功能异化问题上有重要的正面意义。

然劳动教养废止时的实践状况显示出劳动教养制度并非一废了之那么简单。从违法犯罪治理的体系性视角出发,即便在劳动教养制度废止后,关于劳动教养制度的相关争议也远未尘埃落定:是否废除了劳动教养制度就万事大吉,还是需要另外设置填补性制度?劳动教养制度是否具有独特的、其他社会治理制度无法替代的治理职能?原劳动教养对象是否能被其他治理方式涵盖,抑或还应设置新的处遇方式?这一系列涉及违法犯罪治理的相关问题还有待进一步地澄清回答。而要回答这些问题就不可避免地回到一个核心议题,即劳教废止之后关于原劳教适用对象的治理处遇的必要性和有效性。这就需要在明确劳动教养制度废止后治理空白填补必要性的基础上,对现有的理论与制度填补方案进行分析,探讨是否存在设计新填补方案的必要性。

一、劳教废止后治理空白的填补必要性

劳动教养制度废止后,原劳动教养对象自然进入无从处遇的状态,且劳动教养曾经起到过的部分处遇职能也完全消失,因此可以说无论在处遇对象意义上还是在处遇职能意义上都存在一定的劳教废止后的处遇空白需要进一步填补,因此提供对应性的解决机制有处遇体系上的必要性。

(一)劳教废止后填补性处遇对象层面的必要性

劳动教养废止后,对其原适用对象进行补充性处遇的必要性是决定后劳

教时代相应治理措施是否需要调整的前提问题。如果对原劳教适用对象没有治理处遇的必要性,则劳动教养制度废除之后也就根本无须考虑其职能填补或替代问题;但如果劳动教养适用对象的适当处遇对社会治安有其独特价值而必须纳入治理范围,则需要在必要性基础上进一步考虑相应治理机制的设置问题。当前有的观点认为原劳教适用对象数量较少、危害性较小,不需要特别治理,从而认为原劳教适用对象没有特别治理的必要性[1]。这种观点值得商榷,劳教废止后原劳教对象不管从数量还是性质方面都有其治理意义上的必要性,从以下三个层次来说绝非可以置之不理的。

第一,就犯罪预防必要性而言,原劳动教养对象中的主要部分是那些难以纳入刑法规制又处在刑事犯罪边缘的、极易进一步实施犯罪的社会危险行为人,这部分对象对防范犯罪来说具有重要临界治理价值,对预防犯罪而言意义重大。从犯罪学行为演进论的意义上,大部分犯罪并非一蹴而就,而是从轻微违法行为开始渐趋严重化[2],因此预防犯罪必须防患于未然而将治理前置到临界行为的阶段,对临界犯罪行为的治理是实践中犯罪预防制度的应有之意,已经成为社会整体处遇不可或缺的重要部分。原劳动教养制度曾经从防患于未然的角度对这些濒临犯罪的对象进行了针对性治理,有效地防范了其向实施犯罪进展演化,从而在功能上原劳动教养也确实承担着犯罪预防的相当功能。因此从犯罪预防的意义上,劳动教养制度废止后,对这些临界犯罪的原劳动教养适用对象也有必要继续采取治理措施而不能放任不管。第二,就治安全覆盖维护的必要性而言,原劳动教养适用范围中有相当部分属于犯罪与治安管理处罚行为都无法涵盖的中间型危害行为,典型的如难以通过其他方式治理的常习常业,属于两大正式处遇制度,即刑罚制度与治安管理处罚制度都无法有效治理的独特对象。这些对象历来是社会治安管理的重点和难点,劳教制度废除之后它们将无法得到有效处理[3]。因此劳教废止后,对这部分对象的治理也需要重新关注。第三,就对象数量上的意义而言,原劳教对象数量相当之大,即便谨守规范的认定,去除那些有不当扩张嫌疑的情形,劳教的绝对数量仍然不少,以数量少作为原劳动教养对象没有治理必要性的依据显然与事实不符。数据统计显示,决定废止劳动教养制度

---

〔1〕 参见刘仁文:《废止劳教后的刑法结构完善》,社会科学文献出版社2015年版,第59-60页。

〔2〕 参见康树华、张小虎:《犯罪学》,北京大学出版社2004年版,第106-107页。

〔3〕 参见雷鑫、潘益云:《对劳动教养废除论的反思》,《湖南社会科学》2010年第2期。

时的 2013 年 1 年全国各地劳动教养场所仍羁押劳教人员 6 万余人[1]，说明在我国适用劳教的轻微违法犯罪行为还有不少的存量，而且如果不废止劳动教养甚至还可能会有相当增量，所以从违法犯罪治理整体制度意义上就存在一种实际问题：在劳动教养制度废止后如何适当处遇这相当数量的原劳教适用对象，以确保社会治理不空白、社会治安不恶化、社会秩序不动荡。这是一个现实而又紧迫的实践命题。虽然废止前的劳动教养制度实践有明显的对象泛化问题，然而就其主要治理对象而言都是危害社会、威胁治安的独特违法行为，这些行为在国外普遍被当作轻罪或违警罪行为[2]，从社会治理的意义上同犯罪行为或治安管理处罚行为一样需要针对性处遇，应继续被纳入违法犯罪治理制度的必要范围，因而具有治理上的充分必要性。

综上可见，就适用对象考量而言，基于社会处遇原理，废除劳动教养制度会在社会综合治理体系内产生对作为原劳教对象的轻微违法犯罪人员的治理空白问题，不仅在犯罪预防与治安维护的意义上有需要关注治理原劳教适应对象的必要性，在现实数量层面上相当数量的存量与可能增量的原劳教适应对象都需要进一步的填补性处遇，需要新的社会治理方案加以针对性适用。完善的社会违法犯罪治理体系应该对各种程度的危害社会的违法犯罪人员实现无缝治理，各类对象都有其相适应的社会处遇措施。由于劳动教养制度有其相对独特的、与刑法或治安管理处罚法相对区分的相当数量的适用对象[3]，所以劳动教养制度废除后，原劳教适用对象就暂无相应的社会治理措施应对，违法犯罪治理的完整体系中出现了处遇漏洞需要填补。

（二）劳教废止后填补性处遇职能层面的必要性

如前所述，从处遇职能意义上有效的违法犯罪治理制度应具备惩罚、矫治、管控、修复的复合性机制，实现一般预防、特殊预防、危险预防与修复预防的多元职能。劳动教养制度如前所述过于强调一般预防职能及其相对应的惩罚机制，导致不仅无法实现其他多元职能，而且严重背离了其教育矫治机制及特殊预防职能优先的特殊职能要求，不得不予以废止。但如果只是单纯地废止劳动教养制度，逻辑上不仅其原来就不能满足的特殊预防、危险预防、

---

[1] 参见郭晶：《劳动教养废止后的制度抉择——基于"弊端革除"与"功能赋予"理念的碰撞》，《探索与争鸣》2014 年第 2 期。

[2] 参见张晓菲、吴瑞：《浅论违警罪的概念及其处罚》，《甘肃警察职业学院学报》2011 年第 1 期。

[3] 参见储槐植：《再论劳动教养制度的合理性》，《中外法学》2001 年第 6 期。

修复预防职能依然无法实现、依然无法保障特殊预防职能的优先性，而且劳动教养制度原来尚完整具备的惩罚机制及其保障的一般预防职能都一并消失，连一般预防的职能效果也同样落空。因此，如果只是单纯废止劳动教养而不予以新的制度补充，在某种意义上是处遇职能的整体丧失与处遇机制的完全落空，在处遇职能意义上出现明显的治理空白。因此就社会治理职能而言，劳动教养制度的废止造成了对于原劳教对象无论是落实惩罚、矫治、管控还是修复机制都存在治理空白，因此各种处遇职能无论是一般预防、特殊预防还是危险预防、修复预防都没办法得到实现，从而在社会处遇体系中出现明显的治理漏洞。因此劳动教养制度之废止只是解决其制度弊端的开始，无论从理论层面上还是实践意义上都并非问题的彻底终结，而只是解决问题的第一步。在劳教制度废止之后，还必须从违法犯罪治理的宏观结构意义上检视制度废止之后所存在的治理漏洞，并在吸取劳动教养制度之弊端教训的基础之上，根据处遇对象与职能需求设置补充性社会处遇措施从而对治理空白问题进一步加以解决。

就以上分析可见，这种劳动教养废止后填补性的社会处遇措施必须满足对轻微违法犯罪人在对象意义上和职能意义上的双重治理要求，并且能够充分吸取原劳动教养制度的重重教训，防范其各种弊端再现。一是在对象意义上必须考虑到劳动教养适用于较轻违法犯罪人的特点，因此补充性的社会处遇措施必须是契合适用于作为原劳动教养对象的较轻违法犯罪人的需求。二是在职能意义上填补性的社会处遇措施须考虑到社会治理的全面职能需求和针对作为原劳教适用对象的较轻违法犯罪人的特殊职能需求。补充性的社会处遇制度既要能够保证兼顾复合处遇机制、完整实现多元处遇职能，又必须保证适应较轻违法犯罪人处遇的特殊需求，以教育矫治机制为核心，以特殊预防职能的实现为优先。只有满足了上述对象和职能两方面需求的补充性社会处遇制度才能真正起到既能有效填补劳动教养废止后的处遇空白，又能解决劳动教养前述种种弊端问题而不会重蹈覆辙。

二、劳教废止后当前填补性方案之缺陷

如前所述，在劳教制度废除后从对象与职能意义上有填补治理漏洞的考量必要性，但如果原劳教对象可以纳入尚在运行的社会治理制度如刑罚制度或治安管理处罚制度而得到有效的处遇，则不需要另行设置其他的填补治理机制。但如果原劳动教养对象无法被既存的诸如刑罚或治安管理处罚等治

理机制有效涵盖的话,为了解决有效治理的问题,就必须考虑新的针对性机制的设置。

针对劳动教养制度废除后的填补性社会处遇制度问题,有理论方案认为应充分运用现有刑罚制度与治安管理处罚制度的处遇职能,采用调整现有的刑罚制度或治安管理处罚制度而将原劳动教养对象分别纳入处遇的做法,就可以有效填补劳动教养废止后的治理漏洞[1]。而根据制度调整的方式与纳入的对象范围的不同,理论上已有的方案又可以分为轻罪化、保安处分化和类型化分流处理三种不同的观点。然而如果深入分析,可以发现这三种观点都有其各自的诸如制度成本过高因而不现实、制度难以衔接涵盖原劳教对象、遗漏处遇对象范围的问题,而且更严重的是,这些方案还有共同的深层的根本缺陷,即未能从社会处遇职能这一根本处遇原理视角出发并根据我国现有社会处遇的独特性与可行性来分析劳动教养制度废止后的实际措施职能需要,从而无法成为兼顾理论与实践需求的有效方案,在科学性和可行性问题上都有值得商榷的缺陷之处而难以成为应然制度选择。

（一）轻罪化方案及其缺陷

对原劳教适用的社会危害行为进行轻罪化而纳入刑罚处遇范围的观点主要来源于针对劳动教养适用对象的国外处遇经验。这种观点考察外国对类似于劳动教养适用对象的体系化处遇做法后发现,作为劳教适用对象的那些社会危害行为通常在国外是作为轻罪或违警罪等较轻犯罪认定从而被纳入刑罚体系处遇的[2]。所以该观点进一步认为应该借鉴国外的这种处遇做法,适度扩张我国刑法犯罪圈的范围,通过适当增设轻型新罪或违警罪类型,或取消我国定量入罪的门槛限制,将原劳教适用的社会危害行为纳入刑法处遇,并设置与之相对应的较轻刑罚进行刑事处遇,同时能够通过刑事诉讼程序将原劳教适用对象纳入司法认定轨道,实现对原劳动教养对象的程序性权利保护和轻罪轻罚[3]。

劳教对象轻罪化的观点属于新增犯罪类型与对应刑罚的较大幅度变更刑法结构的重构型方案,因此必须对这种应然方案找到其充分的立论依据;

---

[1] 参见赵秉志、商浩文:《论劳动教养制度的废止与刑法调整》,《法律科学(西北政法大学学报)》2015年第3期。

[2] 参见卢建平:《法国违警罪制度对我国劳教制度改革的借鉴意义》,《清华法学》2013年第3期。

[3] 参见梅传强:《论"后劳教时代"我国轻罪制度的建构》,《现代法学》2014年第2期。

但轻罪说却并未对设置新的轻罪体系作出充分论证,因此导致其不仅在方案原理层面无法就应然需要和立法必要性说明扩大犯罪圈的有效逻辑理由,从而有违背刑法谦抑原则、不当扩张刑事权力、限缩个体权利的嫌疑[1],而且也无法在制度实践层面解决因为新设犯罪类型带来的与现有治安管理处罚等制度的重叠衔接问题,无法保障违法犯罪治理体系的整体协调性,因此难以体现成熟的方案可行性。

一方面,在人权保护需求下的轻刑化和除罪化的思潮之下,轻罪化方案却反其道行之而扩大犯罪圈进行入罪化和求刑化,不可避免在应然层面上就构成对刑法谦抑原则的直接挑战。由于轻罪化方案要求在立法上直接规定新罪类型体系、取消定量入罪门槛,因此其扩大犯罪圈、抑制权利范围的程度甚至远超单纯刑法规定内扩张解释的影响,除非有十分充分的社会治理必要性和可行性的理由,否则就不足以存在突破刑法谦抑原则的正当性。而轻罪化的观点仅认为我国刑罚与治安管理处罚二元体制与国外不同就需要借鉴学习的理由并不充分,尚不能够说明这样重大地违反刑法谦抑基本原则的方案之正当性。轻罪化观点未经论证直接认为西方轻罪体制就比我国的二元体制更能实现权利保护的观点属于主观先入为主的判断,鉴于我国入罪标准定性加定量的特色与治安管理制度的长期运行,这种二元体制已经构成了我国的制度特色,也发挥了良好的犯罪分流机能,因此大张旗鼓地实行轻罪化是否就是更加优越的方案值得商榷。此外,轻罪化观点认为将劳教适用行为轻罪化有利于将其纳入刑事程序实现程序司法化与正当化的理由也难以成立,纳入轻罪体系并非对劳教对象处遇进行规范化与司法化的唯一方法;但违法行为处遇本身直接设置程序司法化就可以不经犯罪化直接纳入规范化与司法化轨道,所以不是必须借助轻罪或违警罪的引入,如行政诉讼中本来就可以依据《行政诉讼法》通过司法裁决的方式来处理治安处罚决定的效力问题[2],尽管在规范化与程序化的意义上仍有不健全之处,但已经提示了不用纳入刑事程序仍然能够规范化与司法化。

---

〔1〕 扩张犯罪圈一直是导致刑法过度扩张、威胁权利的常见表现,必须予以必要限制。参见[法]卡斯东·斯特法尼等:《法国刑法总论精义》,罗结珍译,中国政法大学出版社1998年版,第34-35页。

〔2〕 根据《公安机关办理劳动教养案件规定》第七十三条的规定,被劳动教养人员对劳动教养决定不服,可以依照《行政诉讼法》的规定向人民法院提起行政诉讼。被劳动教养人员因不服劳动教养决定提起行政诉讼的,公安机关应当以同级劳动教养管理委员会的名义依法参加诉讼。

另一方面,轻罪化方案要求新增轻罪或违警罪类型的制度设计方案属于"牵一发动全身"的制度建构型逻辑,与当下我国犯罪与治安管理违法行为定量区分的二元体系难以有效契合,取消本来可有效区分犯罪与治安违法行为的定量入罪门槛标准,很可能造成刑罚与治安管理处罚的内容重叠与制度冲突问题,由此要达到方案目的不仅需重构我国刑法的犯罪设置体系,还要不得不设置刑法与治安管理法重新衔接标准方案、解决治安管理处罚行为如何调整定位的各种难题,制度的可行性难以保证[1]。甚至在治安管理体系运行多年的情况下,扩张轻罪的结构调整必然引起治安管理体系的相应调整,再加上涉及犯罪与刑罚范围本身的较大调整,等于对刑罚与治安管理处罚都进行了适度重构,从而需要高昂的制度成本与漫长的制度修正过程,近期实现的可能性不大,因此能在多大程度上解决目前紧迫的劳教废止后治理空白问题值得怀疑。

总体而言,轻罪化方案看起来虽然很美好,但在方案的理论正当性和实践可行性方面都存在值得商榷之处而难以落实。扩张犯罪圈有违反刑法谦抑原则、限制人权之嫌,从现实刑事影响而言,犯罪圈的扩大会导致案件数量激增,会给司法机关带来办案压力,一定程度上加剧"案多人少"的矛盾。此外,在法律体系中建立轻罪制度必然要求对我国刑法体系及与其衔接的治安管理处罚制度进行重构,这将会对我国现行的法律制裁体系造成一定的冲击,影响我国刑法的定罪量刑模式。如何在定性又定量的定罪特色标准以及刑罚与治安管理处罚二元特色体系情形下设定轻罪的体系还存在着理论上与实践上的重重困境,解决轻罪与已有刑法结构的协调问题更是理论上便困难重重,表明这一方案的实现难度较大。

(二)保安处分方案及其缺陷

所谓保安处分,是指出于社会防卫的目的,对存在特殊危险人格的对象,通过隔离、监督、医疗、矫治等方式,起到替代或补充刑罚适用功能的各种措施[2]。随着对犯罪本质认识的不断深入,现代国家的刑事制裁体系一般都实行刑罚和保安处分双轨制。在双轨制的刑事法律中,保安处分措施一般被设定为对刑罚的补充处遇机制,以人身危险性为判断依据,是主要用来针对那些虽然实施了危害行为,但不必作为犯罪认定或者不负刑事责任但又从人

---

[1] 参见储槐植:《刑事一体化论要》,北京大学出版社2007年版,第305-307页。
[2] 参见苗有水:《保安处分与中国刑法发展》,中国方正出版社2001年版,第83页。

身危险性上具有监督矫治必要性的主体的处遇措施。因此,保安处分的适用对象主要包括实施了危害行为而需要对未来再犯危险进行控制的主体,例如未成年人、精神疾病者、特殊成瘾者、常习犯等,措施结束时间通常依据改造效果而定,因此期限通常难以固定[1]。

保安处分方案在理论上认为:劳教废止后,对原劳教对象可以通过新设违法矫治制度的方式将其纳入专门的违法行为矫治体系中进行矫治处遇,而考虑到原劳教对象的临界犯罪的违法行为性质,违法矫治制度应该是具有紧密补充刑罚、与刑法制度相衔接的具备保安处分属性的制度体系[2]。然而我国目前刑事法中正式的体系性处遇措施仅有刑罚,缺乏保安处分措施的法律定位与体系性规定,使得刑法的结构出现较少保安处分措施的先天性缺损[3]。我国刑法典中已经包含有少量保安处分性质的相关规范,如强制医疗、禁止令等,虽无保安处分之名,却有保安处分之实,但保安处分制度总体上在我国依然极不健全,保安处分种类极其狭窄,更谈不上体系性的存在。因此保安处分说首先认为应正式在我国建立保安处分措施体系,完善扩张在刑法中的体系性的保安处分措施,进一步补足刑罚在社会防卫意义上的有限功能,为填补劳动教养废止后的治理空白做好准备[4]。进一步,保安处分说认为通过新设的保安处分制度来将原劳动教养对象纳入其处遇范围是从处遇职能层面填补劳教废止后治理空白的最佳方案。从我国劳动教养适用对象来看,劳动教养的对象相当部分是"大法不犯、罪错不断、屡教不改"的常习犯、常业犯或特定人身危险性主体,其着眼于违法犯罪人的人身危险性开展针对性防范,基本目标在于消除这些适用对象的人身危险性,实现再犯预防,因此与保安处分的处遇逻辑相一致。劳动教养制度废止后,对于作为原劳教适用对象的那些反复实施危害治安行为的危险常习性或常业性违法者,需要防范其人身危险性时,可以通过处遇逻辑相同的保安处分制度,将这些对象纳入保安处分的范围,来矫正这些行为人的危险人格,填补治理漏洞。扩大保安处分措施的适用有其自身基本原理,必须严格恪守谦抑原则、比例原则、

---

[1] 参见刘仁文:《劳教制度的改革方向应为保安处分》,《法学》2013年第2期。
[2] 参见魏东:《论以刑法修正案形式规范劳动教养——侧重于劳动教养制度的实体法完善研究》,《北方法学》2013年第1期。
[3] 参见储槐植:《刑事一体化与关系刑法论》,北京大学出版社1997年版,第149页。
[4] 参见魏东:《我国废止劳教后的保安处分改革》,《苏州大学学报(哲学社会科学版)》2015年第1期。

法定原则、程序正当原则等保障权利、防范滥用的基本准则,以防止造成权利侵害的不良后果。由于保安处分制度适用对象并非正在负刑责的犯罪人,因此设置扩张保安处分制度不会因为扩大犯罪圈而违反刑法谦抑原则,又能对原劳教适用对象进行教育矫治与特殊预防,就方案合理性与职能有效性而言似乎是比轻罪化更科学的方案。

但是,保安处分化方案也有很多合理性问题难以解决。首先,保安处分化方案存在范围过于狭窄问题,无法覆盖所有的劳动教养适用对象。保安处分基于预防性制度的属性难以将劳动教养的所有适用对象都纳入保安处分范围[1],因此很可能出现处遇遗漏现象。这是因为劳动教养中只有部分适用的对象是基于危险人格考量的常习犯或具有较大人身危险性的主体,符合保安处分的人身危险性判断依据,可以依据保安处分措施进行矫治,但是还有大量的对象是因为行为定量意义上达不到犯罪标准而未予定罪量刑的行为,规定完全是根据单纯的行为标准而非对危险人格的判断与预防考量,这些主体就不应该纳入保安处分的适用领域,无法适用保安处分一刀切处理。因此保安处分方案将原劳教适用对象过于简单化处理,而未考虑到其属性上其实分为不同类型,如我国原属于劳动教养的大部分对象属于定量因素不够犯罪,但这些主体实际上在国外定性入罪的情况下是作为触犯轻罪的人接受刑罚处遇而非接受保安处分的,因此引入国外保安处分实际上无法涵盖到这部分劳动教养对象。其次,保安处分存在潜在的滥用危机,可能造成权利威胁。当前保安处分在刑法学界和犯罪学界仍存在较大的理论争议,不少学者提出质疑,认为保安处分混淆了惩罚性与预防性,在历史上曾经扮演极不光彩的角色,20世纪三四十年代为德国纳粹所滥用,用来关押制裁社会异己分子,被证明容易作为"口袋罪"滥用导致侵犯人权[2]。保安处分措施缺乏明确的执行方式的规定和动态评估处遇程序,导致其非常容易被滥用而侵害到个体权利,所以如果程序设置不够完善则引入保安处分制度很容易重蹈劳动教养曾有的权利威胁之覆辙。再次,保安处分始终存在的人身危险性确证难题依然影响保安处分化方案的合理性。保安处分措施的唯一确定依据是个人潜在的人身危险性,而人身危险性向来无论是刑事学理上还是实践运行中都相对难以判断,曾一度走向主观化和个别化的方向,即便目前在世界上依

---

[1] 参见岳礼玲:《从规范性质看劳动教养制度的废除》,《法学》2013年第2期。

[2] 参见李本森:《停止劳动教养制度的路径选择——以公法的强制性整体变迁为视角》,《中国法学》2013年第6期。

赖于完善的个人危险性评价体系的情况下仍然有一定的准确性争议,从而导致在此基础上的保安处分执行标准的不统一难题。而人身危险性评价在不同地域不同文化背景下其实存有差别。如果将本来就可能存在争议的保安处分人身危险性判断标准引入我国,在不同文化背景不同司法体系下如何保证人身危险性判断的客观稳定性,存在相当程度的疑问。最后,与轻罪化方案一样,保安处分制度的新设或扩张也容易带来整体违法犯罪治理体系的内部冲突与制度成本高昂问题。如果使用保安处分来代替劳动教养,并使保安处分刑事化和程序化,不仅需要大幅度修改《刑法》,而且《刑事诉讼法》和《治安管理处罚法》等都必须进行大面积的修改,并设立相应的配套措施,否则保安处分制度可能造成与治安管理处罚等的适用对象重叠冲突的问题;而新设的保安处分制度也将给国家在关押、教育和分类管理违法犯罪人员等方面带来庞大的压力,制度再造的改革成本非常巨大。因此,综合可见,在适用范围、制度弊端、评价标准、制度成本各个方面,保安处分化方案都存在诸多问题难以解决,表明这一方案的可行性非常有限。

(三)类型化分流处理方案及其缺陷

类型化分流处理的观点认为,按照以行为的社会危害性为主、行为人的人身危险性为辅的标准,可以把原劳动教养的对象事由分为非处遇的合法行为、治安管理处罚行为、犯罪行为,并按照这一分类对原劳动教养对象进行类型化分流处理,相应采取不予处遇、治安管理处罚和刑罚的不同对待方式。根据原劳动教养的事由类型化分流处理后,原劳教对象被纳入现有法律体系内不同法律的处理或制裁范围。可以说这是一种在体系内解决问题的方法,不需要如前两种方案创设新的类罪体系或处遇方式,而且立足于整个处遇体系进行系统性思考,可以实现不同处遇法律体系之间的协调,保持法律体系的稳定性,避免轻罪化、保安处分化等学说可能导致的由于新设制度引起法律制裁体系出现过大波动的问题[1]。而且这种处理方式充分考虑了原劳教适用对象所具有的不同属性并分别对应采取不同对策,没有采取简单化的一刀切立场,相对于前述两种观点较为客观。但这一立场也面临着分流标准模糊不清、违反刑法谦抑性而扩大犯罪圈以及重惩罚轻改造的种种质疑,难以充分论证逻辑上的正当性。

---

[1] 参见王瑞君:《劳动教养制度废止后原劳动教养对象的类型化分流与处置》,《山东大学学报(哲学社会科学版)》2015年第3期。

1. 非违法化分流及其缺陷

非违法行为是指没有具体构成要件的行为以及轻微扰乱社会治安但不具有社会危害性的行为,如不务正业、不服从工作的分配和就业转业的安置、申诉上访等。对这类原可能被纳入劳动教养的行为应当进行非违法化处理,不能认定是违法行为。对于公民个人来说,法无禁止即自由。非违法化处理后,法定的违法事由减少,限制了执法者滥用国家公权力,保护了公民的自由和权利。维护社会治安、稳定社会秩序、预防违法犯罪不能一味靠强力制裁手段,特别是针对轻微扰乱社会治安的行为,应当回归到疏导、感化、教育、矫正的路径上来,否则反而导致适得其反的效果[1]。例如,部分地方将劳动教养异化为打压申诉上访人员的一种手段,完全背离了劳动教养制度设立的初衷,实际上申诉上访行为并不具有社会危害性,也不会引起社会秩序的混乱。

但是非违法化的范围如何界定,是原劳教对象分流面临的重大难题,如果适用这种立场可能导致真正作为非违法化处理的行为寥寥无几。类型化分流处理的方案更依赖于如下将原劳教对象向治安管理处罚与刑罚分流处理的方法。

2. 治安管理处罚化分流的缺陷

对达不到或者不予刑事处罚的轻微违法行为如常习违法行为或轻度违反治安行为分流纳入治安管理处罚的范围。我国劳动教养对象涉及违反治安行为的主要有妨害社会管理秩序和侵犯公民财产权利等种类,涉及常见的主要违反治安的违法行为,实际上这些行为大部分在我国的《治安管理处罚法》中均有所涉及,两者在处遇对象的行为属性规定上存在不少重合[2]。因而可以通过对相关条款进行细化将这些够不上刑事处罚的违反治安行为纳入已有的《治安管理处罚法》的调整范围,法律制裁体系也不会因此产生较大的波动,对该类违法行为的惩罚仍使用《治安管理处罚法》中的处罚手段,但可以加重行政处罚的力度。

治安管理处罚化的分流做法之优点是不需要创设新的制度、不需要大幅

---

[1] 定性上虽然重合,但定量意义上劳动教养相关规定通常有所谓反复性、严重性的要求,可以说治安管理处罚的对象范围可以涵盖大部分的劳动教养对象范围,但劳动教养对象有其行为属性之外的其他定量标准要求。参见俞倩:《对劳动教养事由分流处遇——写在劳教废止后》,《四川警察学院学报》2015年第2期。

[2] 参见赵秉志、商浩文:《论劳动教养制度的废止与刑法调整》,《法律科学(西北政法大学学报)》2015年第3期。

变动现有违法犯罪处遇体系，仍然在已有的治安管理处罚的规范体系不变的前提下即可以落实，所以制度成本较低，执行方式较为简单方便，也能较好地解决劳动教养制度的规范缺失问题。但是治安管理处罚化的分流也存在三个方面的不足之处，解决问题的程度非常有限：首先，最大的弊端是纳入治安管理处罚从处遇职能意义上完全没有解决劳动教养曾存在的管惩替代教育矫治的根本缺陷，也不能满足多元职能需求。这是因为治安管理处罚顾名思义仍然单纯强调惩罚机制，虽然不像劳动教养一样限于关押式惩罚方式，但对惩罚机制的单一强调使其无法解决原劳动教养对象处遇最为需要的特殊预防职能优先问题，也无法实现多元职能目标，因此难以填补性解决劳动教养的职能弊端。其次，《治安管理处罚法》的程序也存在着过度行政化而缺乏司法监督的问题，如果将劳动教养对象纳入治安管理处罚而施加剥夺人身自由的强制性措施如拘留，则很难解决劳动教养备受诟病的处罚程序缺乏正当性的问题，在实践中仍然同劳动教养一样存在一定的权力滥用可能性。最后，治安管理处罚仍然采取剥夺人身自由的拘留措施，而且与劳动教养制度同样存在缺乏教育矫治机制的问题，甚至在教育矫治方面都尚不如劳动教养曾经实施的措施丰富，即便拘留期限相对于劳动教养而言非常短，但同样职能效力也非常有限，因此对于劳动教养制度的根本弊端问题几乎难以有所改进。所以简单地将部分劳动教养对象纳入治安管理处罚的范围，只是在对象治理空白意义上实现了有处遇制度涉入治理，但在处遇职能问题上并未针对劳动教养的缺陷有实质性改善，反而造成了更多需要解决的问题。

3. 刑罚化分流的缺陷

劳动教养制度废止后，由于治安管理处罚的力度比较小，相比之下部分违法行为的社会危害性又比较大，纳入治安管理处罚制度无法起到有效的行为规制和一般预防作用，于是降低犯罪门槛、扩大犯罪圈，将部分原劳动教养对象纳入刑法的调整范围，但配置相对较轻的刑罚处理就成为分流的另一种制度选择。纳入刑法通过刑罚处理的原劳动教养适用对象主要是指那些常习性违法行为人或接近犯罪标准的违法行为人。常习性违法行为人，是指"具有反复实施某种违法行为之倾向或习惯的人，在劳动教养制度的相关文件中最明显的表述体现为长期屡教不改者"[1]。接近犯罪标准的违法行为

---

[1] 参见赵秉志、商浩文：《论劳动教养制度的废止与刑法调整》，《法律科学（西北政法大学学报）》2015年第3期。

人是指其实施的违法行为在定性上已经与刑法规定的犯罪行为相对一致,只是由于未达到刑法规定的犯罪的定量标准如数额、程度而未能作为犯罪认定。常习性违法行为或接近犯罪标准的违法行为在社会危害属性上都与犯罪相当,但主要基于刑法规定的入罪门槛而被排除在刑法调整之外。因此刑罚化分流的做法就是将原劳动教养对象中那些社会危害较重的行为纳入刑法视为犯罪并施加刑罚处遇。而与前述轻罪说不同,刑罚化分流方案认为不需要将所有劳动教养适用对象纳入刑法处遇范围,从而也不需要设置轻罪实现完全纳入,而只需要通过局部修改刑法或司法解释中局部降低入罪门槛、扩大犯罪圈就可以实现将部分本来就接近犯罪的行为纳入刑法治理,因此即便需要修改刑法也是局部的较小修正,并不如轻罪化方案般涉及违法犯罪治理体系的整体调整问题。

但是,降低入罪门槛、扩大犯罪圈的刑罚化分流与轻罪化方案一样,仍然面临着违反刑法谦抑的基本原则,以及与刑罚轻缓化趋势背道而驰的扩大犯罪圈问题,也与刑法防止权力滥用、保障个体权利的基本价值不相符合[1]。此外,在刑罚制度的处遇职能还需要进一步健全的情况下,是否能在职能完整性意义上彻底解决劳动教养的弊端也存在一定的疑问。

总体而言,类型化分流处遇的方案较为科学地注意到原劳动教养适用对象的不同类型,并根据其不同属性将其分别分流到不同的现有的社会处遇措施之中,从对象全覆盖意义上填补了劳动教养废止后原适用对象的无从管理问题,从形式上看似乎完整性地提出了劳动教养废止后的制度填补方案;但是类型化分流处遇的方案在处遇原理的实质职能问题上也有其明显的缺陷,就是未能从职能需求的整体性与独特性意义上针对劳动教养制度的根本职能弊端寻求对应性解决方案,因此纳入重惩罚的治安管理处罚机制或职能尚不健全的刑罚机制都存在无法彻底解决原劳动教养制度职能弊端的问题,并非真正有效的劳动教养废止后的填补方案。

(四)方案对比与实践进路

如前所述,主张劳教废除论的学者为应对劳教废止问题,设计了针对原劳教对象的诸如轻罪化、保安处分化和类型化分流处理等办法。其中,轻罪化、保安处分化两种思路的展开都需要另外新增设制度(刑法内的轻罪体系或与刑罚并行的保安处分制度),从而不可避免将会导致现有违法犯罪处理

---

[1] 参见褚宸舸:《停止使用劳教制度及其"蝴蝶效应"》,《理论视野》2013年第3期。

体系进行结构性的调整并涉及内部不同处遇措施之间的重新衔接,这种调整对整体法律体系的影响实际上可能比劳动教养废止本身更大,也会带来更加错综复杂的法律体系配合适用问题,需要较为长期的设计规划与较高的制度成本,因此就保持我国现有法律制度和司法环境的稳定与制度效益而言,轻罪化方案与保安处分化方案的现实性和可行性都相对不强。

而仅依靠现有较为成熟的刑罚或治安管理处罚机制就可以覆盖劳动教养适用对象治理的类型化分流处遇方案不需对现有违法犯罪处遇治理体系做较大调整,相对来说就更有现实性与可行性,因此具有一定的实践价值,也是目前实践中已经有所运用的现实方案,即实践中虽未有意识地体系性地实施类型化分流方案,但实际上已经运用现有的刑法体系和治安管理处罚法体系,将原劳动教养对象分流至刑罚或治安管理处罚领域进行处理。然而这样的处理模式虽然相对成本较少、相对便宜,但只是处遇形式上覆盖了原劳动教养对象,从职能意义上并未真正解决劳教废止后的社会治理空白问题,更无法从根本上解决劳动教养制度本身一直存在的社会治理职能缺失问题,因此在实践中仍然产生出劳动教养制度时代就存在的诸多处遇有效性问题。

三、劳教废止后分流实践机制及其缺陷

(一)劳教废止后的实践分流机制

劳动教养制度废止前,我国违法犯罪治理领域存在着三元社会处遇结构,危害社会治安行为人按照相应的处遇规范分别承担治安管理责任受到治安管理处罚、承担劳动教养责任接受劳动教养以及承担刑事责任受到刑罚。在劳动教养制度废止后,实际的社会处遇体系就演变成刑罚和治安管理处罚两大制度构成的二元结构。而劳教废止后,原适用劳动教养的较轻的治安违法犯罪行为,在不改变现有制度结构的情形下,就只能按照前述类型化分流处遇的逻辑往现有的治安管理违法行为和犯罪行为两大方向进行分流处遇[1],主要形成两种方式。

一方面是通过司法解释或刑法局部调整等方式降低犯罪门槛、适当扩大犯罪圈,将部分原适用劳动教养的较重的类犯罪行为纳入刑法的调整范围予以刑罚。近年来,我国相关的刑事立法中对某些分则中犯罪的修改,就体现

---

[1] 参见阮齐林:《后劳教时代惩治违法犯罪的法律结构》,《苏州大学学报(法学版)》2014年第1期。

了降低入罪门槛、扩大犯罪圈的做法。比如,《中华人民共和国刑法修正案(八)》在数额、次数等标准之外增设了盗窃罪的行为方式入罪标准,将原来不够数额仅劳教的扒窃、入户盗窃等直接纳入犯罪范围[1];还将"多次敲诈勒索"行为方式直接作为敲诈勒索罪成立的标准之一[2]。一系列修改,降低了相关罪名的入罪门槛,将原本不构成犯罪仅劳教的行为作为犯罪处理,扩大了轻罪的成立范围,进一步压缩了违法行为与犯罪行为的灰色地带。与此相适应,我国的刑事诉讼程序也在进行多元化改造,特别是针对发案量众多的轻微违法犯罪案件,推行了一系列司法改革。2012年我国《刑事诉讼法》修改扩大了简易程序的适用范围,同时展开了针对轻微犯罪案件更简易的速裁程序试点,目前通过总结试点经验,已经形成了一套高效便捷的轻微刑事案件处理机制,这套机制目前已经纳入 2018 年修订发布的《刑事诉讼法》,从特定意义上就可以为刑法扩张纳入劳动教养对象后案件量大增的状况做好程序准备。

另一方面是在《治安管理处罚法》现有规定的情形下,将部分原劳动教养制度适用的较轻违法行为纳入治安管理违法行为给予治安管理处罚。原劳动教养对象大部分的适用类型属于未达刑事定量标准的违反治安行为,在某种程度上与《治安管理处罚法》的适用类型高度交叉重叠[3]。当然原劳动教养制度对其适用对象有一定行为严重性或人格危险性的要求,但不考虑这种量化差别,仅从规定的适用行为定性上存在重叠之处;甚至可以说,《治安管理处罚法》规定的适用范围几乎涵盖了劳动教养制度的主要部分。例如,《治安管理处罚法》第二十六条规定:结伙斗殴的,追逐、拦截他人的,强拿硬要或者任意损毁、占用公私财物的,以及有其他寻衅滋事行为,处 5 日以上 10 日以下的拘留,可以并处 500 元以下罚款;情节较重的,处 10 日以上 15 日以下拘留,可以并处 1 000 元以下罚款。而《劳动教养试行办法》第十条第(四)项规定:聚众斗殴、寻衅滋事、煽动闹事等扰乱社会治安,不够刑事处分的,收容劳动教养。二者对未达寻衅滋事罪标准的寻衅滋事行为都有相应的处

---

[1] 《中华人民共和国刑法修正案(八)》将原"盗窃公私财物,数额较大或者多次盗窃的"规定修改为"盗窃公私财物,数额较大的,或者多次盗窃、入户盗窃、携带凶器盗窃、扒窃的"。

[2] 将原"敲诈勒索公私财物,数额较大的,处三年以下有期徒刑、拘役或者管制"的规定修改为"敲诈勒索公私财物,数额较大或者多次敲诈勒索的,处三年以下有期徒刑、拘役或者管制,并处或者单处罚金"。

[3] 参见云山城:《劳动教养制度改革研究》,《中国人民公安大学学报(社会科学版)》2008 年第 6 期。

遇规定，处遇对象上存在重叠。因此只需适当补充微调治安管理处罚的范围就相对较为容易地将原来作为劳动教养适用对象的、尚未被纳入刑罚范围的部分纳入治安管理处罚制度进行处遇治理。

这种根据现实法律体系进行的分流处理办法在特定意义上是前述类型化分流处理方案的具体实践，其优势在于能够较为全面地通过分流方式覆盖原劳动教养适用对象：由于受到治安管理处罚的行为与受劳动教养的行为重合度较高，再通过司法解释降低犯罪定量标准可以将部分原劳教行为纳入犯罪处理，所以基本上类型化分流处理的方法可以在较大程度上涵盖对原劳动教养对象的处理，不会导致对原劳教对象一放了之的情形出现，从范围涵盖意义上解决了劳教废止后可能出现的原劳教对象无从管理的问题。

而更进一步就针对性地解决原劳动教养弊端的意义而言，这种分流处遇的实践做法在应对前述劳动教养存在的规范缺失和程序失当两大问题上也相对有效：一方面，就规范完善化而言，原劳教适用的对象行为不管是纳入犯罪行为还是治安管理违法行为的范围处理，都分别受到《刑法》或《治安管理处罚法》这两部基本法律规范的约束，因此不仅在规范授权意义上解决了原劳动教养制度的规范正当性难题，而且在规范定性意义上相对于劳动教养来说也非常明确，犯罪行为与治安管理处罚行为之间的分界由于规范的确定性而相对清晰明确，较少因高度重叠出现适用困难等问题；另一方面，就程序正当化而言，不管是纳入犯罪行为之后的定罪量刑程序，还是纳入治安管理违法行为后的治安管理处罚程序，相对于劳动教养都更加公平、完善和注重权利保障[1]，能相对有效地制约未经正当程序而滥用制裁手段的状况。

（二）实践分流机制的对象与职能缺陷

尽管实践中目前采用的这种按类型分流处理的办法没有造成原劳动教养适用对象缺乏治理的问题，也可以在相当程度上缓解原劳动教养的规范缺失和程序失当问题，但这一实践做法无论从实际操作上还是根本处遇逻辑原理上却都存在严重问题。

一方面，劳教废止后无论是在制度设置层面还是实践层面，相当多的原劳教对象并未被刑罚或治安管理处罚有效分流治理。除了极个别犯罪通过刑法少量修改或个别司法解释的方式降低入罪标准涵盖了极少部分的原劳

---

[1] 尽管治安管理处罚程序仍面临存在某些单一处罚功能弊病的质疑，但是相对劳动教养来说，在规范化、程序化、措施合比例性方面则有明显的优势。

教对象外[1],当前刑法制度总体上并未为了涵盖原劳教对象而针对性地降低入罪门槛,刑法修正案和司法解释也并未体现出相应的体系性考量或安排。同样,除了原本治安管理处罚对象与劳动教养对象就有重叠之外,《治安管理处罚法》也未特别为了涵盖原劳教对象而做出针对性修改,治安管理处罚体系并未明显吸纳原劳教对象,对特定的劳动教养对象如酌定不起诉或虽有罪但免予处罚者,治安管理处罚体系根本无法涵盖[2]。因此,在两大正式处遇制度基本未变的情形下,所谓对原劳教对象进行面向刑罚或治安管理处罚的分流处理更多只是一种理论设想或导向,在制度设置方面两大既存治理制度并未为了纳入原劳教对象予以系统考量或针对性修改,在政策层面或实践层面司法机关也并未有意通过向两大既存制度分流来解决原劳教对象治理问题。

另一方面,但是在劳动教养固有的和更深层次的职能缺陷问题上,按照类型化分流处遇的做法,不管是分流至刑罚还是治安管理处罚处理都并未有效解决原劳教制度基于关押式教养造成的职能缺位与职能错位问题:刑罚相对于劳动教养措施来说是进一步加重了其惩罚机制,虽然刑罚本身有一定的教育矫治职能,但是作为法律体系中性质最重的制裁措施,相对于劳动教养而言,总体上是惩罚机制的大大加强;而治安管理处罚顾名思义更是只强调了作为处罚措施的惩罚性,本身就缺乏教育矫治等其他机制[3]。所以无论是分流到现有的刑罚制度还是治安管理处罚制度中处遇,劳动教养原来造成职能缺陷的重惩罚机制并未得到明显改变,因此劳动教养原本存在的对一般预防外的多元职能无法实现的全面性职能问题以及因对教育矫治机制的忽视而不能保证特殊预防优先性的独特职能问题,就都没有得到有效解决,这就导致了简单运用现有机制的分流化处遇实践做法并未真正实现科学处遇职能目标的问题,所以在处遇职能意义上也就没有真正填补劳教废止之后的制度空白,整体社会处遇仍未摆脱劳动教养所反映出的职能缺陷问题。

总而言之,劳动教养制度废止后,当前违法犯罪治理的刑罚和治安管理

---

[1] 目前仅有盗窃罪、敲诈勒索罪等少量犯罪通过刑法修正案及司法解释扩张了犯罪圈,纳入了少部分的原劳教适用对象,如扒窃行为者、多次敲诈勒索者等。

[2] 参见张敏发:《论劳动教养制度的废除——从收容对象的历史和现状考察》,《犯罪研究》2013年第3期。

[3] 虽然《治安管理处罚法》规定了教育与处罚相结合的原则,但是对如何教育并没有界定,该法中明确列举规定的仅有处罚措施。从名称与制度措施上就可以看出治安管理处罚存在单纯以处罚为处遇标准而缺乏其他处遇功能的问题。

处罚两大体系均无法有效涵盖原劳教适用对象,也无法解决劳动教养的职能弊端以实现对处遇职能需求的全面满足,这就表明仍然需要另行研究提出针对原劳教适用对象特点的填补性处遇制度方案。

四、劳教废止后填补性处遇机制的基本标准

要寻求合理的劳动教养废止后的填补性处遇措施方案,必须回到处遇职能的根本层面上,针对劳动教养制度曾经产生的职能弊端来反思对未来处遇方案的职能要求,以此作为选择填补性处遇制度的基本择取标准;同时兼顾处遇属性、处遇对象、规范性与程序性的要求,在吸取劳动教养各方面制度教训的基础上,确定最契合劳教废止后填补需求的处遇方案。

前面的分析已经表明,劳动教养制度最根本的弊端在于其关押式教养的执行方式所带来的无法满足多元职能的缺陷以及对较轻违法犯罪处遇对象特殊预防职能优先性的背离。此外其他的规范缺失、程序失当以及措施异化等诸多问题也都与关押式教养的执行方式有关。吸取劳动教养制度的处遇教训,劳教废止后的补充性处遇措施必须既能防范劳动教养制度的机制与职能局限,又能在对象与职能上形成有效弥补,这就必须形成几个作为填补方案择取标准的具体前提:首先,在处遇对象上,填补性处遇制度必须是能够适用于作为劳动教养对象的较轻违法犯罪行为人的契合性制度,就制度特征本身适宜应用于较轻违法犯罪行为人。其次,在处遇措施属性上,考虑到劳动教养的关押式教养执行方式是其各种处遇弊端问题的源头,因此未来就必须采用非监禁属性的处遇措施来承担起对原劳动教养对象的处遇。最后,在处遇职能和处遇机制上,考虑到劳动教养职能的全面性和特殊性方面的种种缺失,未来的填补性处遇措施应是既可以全面满足多元职能需求,又能够突出特殊预防职能地位的处遇制度。受此决定且关注到片面倚重惩罚机制是造成劳动教养制度职能缺失的关键教训,因此未来的填补性处遇措施不能以惩罚机制为核心,而应基于特殊预防职能优先性要求以教育矫治机制为优先,同时兼具其他惩罚、管控、修复机制的实现。

第二节　社区矫正方案的最佳契合性

无论是比较审视世界违法犯罪处遇制度经验,还是检视我国当前诸多社会处遇制度,可以发现真正能在前述处遇对象、处遇属性、处遇职能与处遇机制意义上满足劳动教养废止后的填补性处遇措施需求的,都指向一种相对成熟的处遇措施——社区矫正制度。这是因为社区矫正制度较为完整地契合了劳动教养废止后的填补性处遇制度应满足的全部标准,既能弥补处遇对象的漏洞、采取适当处遇属性,又能通过复合机制保障处遇职能的完整需求和特殊需求:社区矫正制度适用对象是与原劳教适用对象同质的较轻违法犯罪行为人,处遇属性上以完全非监禁关押的社区内处遇为特征从而直接避免劳动教养的种种弊端,处遇机制上顾名思义,坚持以教育矫治机制为优先考量,而处遇职能上从制度产生的初始动因到制度的运作核心都坚持特殊预防优先,同时兼顾多元职能的实现。

　　需要说明的是,这里所称的社区矫正制度是指涵盖治安违法处遇与刑事处罚的广义的社区矫正,是指从总体违法犯罪治理机制意义上的在社区内矫正处遇违法犯罪人的治理制度[1]。依照世界较为通行的对社区矫正的理论界定与实践运用,社区矫正制度绝不仅仅限于单纯的刑罚执行制度,甚至也不限于单纯的刑事领域的刑罚或保安处分制度,而是可以横跨违法犯罪整体治理领域的多层面处遇制度类型,国外社区矫正制度可以宽广地适用于未负刑责少年犯观护、刑事程序不起诉者矫治、吸毒酗酒治疗、较轻犯罪人处遇、保安处分措施等多重领域。正是因为广义的社区矫正制度超越了单纯刑事处罚领域的涵盖性和广泛性,其才有可能成为适用于非刑事领域的劳动教养制度的替代性处遇措施[2]。

　　当然,我国当下的社区矫正制度是非常狭义的社区矫正界定,仅限于刑罚执行方式意义上的针对特定较轻犯罪人适用管制、缓刑、假释或暂予监外执行等刑罚特定情形下的具体执行措施。而我国社区矫正制度狭义定性的形成原因在于借鉴引入社区矫正的时机较晚,是在犯罪与刑罚制度已经相对成型的情况下将社区矫正仅作为刑罚执行方式引进的,定位于管制、缓刑、假释等制度的执行手段,不是刑罚的独立种类,也谈不上对刑事领域外的违法行为的处遇[3]。由于这种刑法定位的限制,与世界社区矫正制度的处遇的

---

〔1〕参见程应需:《社区矫正的概念及其性质新论》,《郑州大学学报(哲学社会科学版)》2006年第4期。

〔2〕参见屈学武:《中国社区矫正制度设计及其践行思考》,《中国刑事法杂志》2013年第10期。

〔3〕参见张邵彦:《社区矫正在中国——基础分析、前景与困境》,《环球法律评论》2006年第3期。

广义定性对比,我国社区矫正制度一开始就被定位于刑罚执行方式的狭窄适用范围之内,这在某种程度上严重限制了社区矫正制度职能的发挥,导致了社区矫正制度职能定位偏狭、发展缓慢,与世界社区矫正制度的发达状况不相适应的状况,因而当下我国的社区矫正制度就其未来发展需求而言,本身就有跟世界广泛应用、跨多个领域处遇的社区矫正制度接轨,并扩张现有适用领域的需要。劳动教养废止后的治理空白填补需求恰恰为社区矫正制度发展提供了这样的契机:鉴于与世界接轨的、作为广义处遇措施的社区矫正制度才能适用于原劳动教养的非刑事运行领域,丰富其自身职能与机制,成为最能满足后劳教时代治理空白填补需要的处遇制度。因此,为满足劳教废止后社区矫正制度的填补性处遇需求,我国当下仅限于刑罚处遇的社区矫正制度就应当适度扩张,充分发挥社区矫正的应有机制和职能,最大化体现社区矫正的制度有效性。2020年7月1日生效的《社区矫正法》在此已有所创新发展,并未在条文中明确社区矫正的刑罚执行属性,从而为社区矫正制度扩展提供了一定的制度空间。

一、社区矫正方案的对象优势:专门针对较轻违法犯罪者

就对象意义而言,填补劳动教养废止后缺失的社会处遇措施必须首先适用于原劳教对象,填补性处遇措施与劳动教养必须在适用对象的性质上有契合之处。如前所述,原劳教适用对象主要适用于较轻的临界犯罪的违法行为人,包括部分破坏治安秩序的违法行为人、达不到刑法规定的犯罪定量标准的临界犯罪行为人以及有社会危害性的常习犯或惯犯,涉及犯罪人的仅限于构成犯罪但免于刑事处罚的一种情形。对这些较轻违法行为人或免予刑罚者,无论从一般处遇原理还是通行的有效实践做法上,社区矫正一直以来都是最有效的教育矫治手段。社区矫正相较于其他现有违法犯罪处遇措施而言恰恰最宜适用于较轻的违法犯罪人员,是公认的针对人身危险性较轻的违法犯罪人最有效的处遇方式。

一方面,就处遇原理而言,社区矫正制度之所以在实践中普遍用于人身危险性较轻的违法犯罪人,是由其在社区内进行相对开放的矫正措施而避免了监禁隔离缺陷的特点决定的。首先,在社会中进行矫正的前提是矫正对象不具备直接危害社会安全的高危险性,在社会中矫正不致威胁他人与社会安全,只有较轻的违法犯罪人能符合这一要求。其次,较轻违法犯罪人在监禁状态下更容易受到较重违法犯罪人的不良影响而产生交叉感染问题,从而引

起矫正的困难甚至加重再犯问题。因此从更好的教育矫治的意义上,对较轻违法犯罪人来说,社区矫正相对防范了交叉感染与不良影响问题而适宜适用[1]。反而就较重违法犯罪人而言,社区矫正这一优势就并不明显,没有特别适用的必要性。最后,从罚当其罪(违法行为)的意义上,社区矫正相较于传统监禁处罚方式明显对人身限制更少、处罚更轻,因而对应适用于较轻违法犯罪人。传统监禁关押惩罚的方式由于较为严厉,适用于犯罪行为且较为严重的情形,对比之下,社区矫正严厉性就大大减轻,因此也只能对应适用于较轻的违法犯罪人。

另一方面,从世界通行的社区矫正实践可以看出,原劳动教养适用对象在国外通常都纳入社区矫正适用范围进行处遇[2]。当然由于对犯罪的认识和性质的不同,原劳动教养主要的适用对象都是在我国定性又定量的犯罪体系下因为犯罪量上不足而未纳入犯罪领域的较轻违法者,但这些较轻违法者在国外主要采用定性标准的犯罪认定体系中一般都直接被纳入轻罪或违警罪的范畴。而国外对轻罪或违警罪一类的较轻犯罪基本都通过非监禁化的社区矫正方式进行适当处遇,基本遵循前述对较轻违法犯罪行为人的基本处遇原理。如前所述,由于定罪体系的修正牵一发而动全身,轻罪说提出的在劳动教养废止后通过改变我国犯罪定性又定量模式和重新建立轻罪体系的扩大入罪模式来填补劳教空白很不现实,且可能造成适用困难和违反谦抑原则,因此要借鉴国外轻罪社区矫正模式的经验,较为现实的做法不是从犯罪端着手调整犯罪与违法认定的制度结构,而是从处遇端的处遇方式的完善着手,扩大社区矫正适用范围至较轻违法行为。这样既不会让现有的违法犯罪治理二元体系伤筋动骨,又能贯彻社区矫正在性质上适用于原劳动教养适用对象的较轻违法犯罪行为的优势,填补劳动教养废止后的处遇对象无从治理的空白,可以说是相对来说最合理的补充方案。此外,国外还将未纳入犯罪认定及刑罚处遇的违安犯与常习犯纳入保安处分制度进行处遇,而对违安犯与常习犯通常的实践做法仍然是适用具备保安处分属性的社区矫正措

---

[1] 参见李川:《修复、矫治与分控:社区矫正机能三重性辩证及其展开》,《中国法学》2015年第5期。

[2] 参见杨方泉:《社区矫正本土化若干问题的思考》,《中山大学学报(社会科学版)》2005年第2期。

施[1]。以现有的世界社区矫正实践做法为借鉴,可以发现无论是作为刑罚制度还是保安处分制度的组成部分,社区矫正制度基本上都是一致性地作为针对原劳动教养适用对象即较轻违法犯罪行为人的主要处遇方式,这在某种程度上也体现了社区矫正制度在处遇原理上适用于较轻违法犯罪人的制度优势。就原劳教适用对象而言,世界各种社区矫正实践制度都分别对其有具体处遇经验:一是劳教适用对象中部分破坏秩序性的违法行为人最适于通过社区矫正的方式加以纠正,如美国部分州的行政处罚措施[2];二是对劳教适用对象中部分临界犯罪者,世界通行做法都是纳入轻罪体系,通过社区矫正的方式进行矫正,如英国的社区服务令或惩罚令[3];三是对作为原劳教适用对象的常习犯或惯犯,社区矫正一直以来都是最有效的教育矫治手段,如德国的行为监督措施[4]。

二、社区矫正方案的属性优势:非监禁的社区内处遇模式

(一)针对监禁弊端而生的社区矫正制度优势

如前所述,劳动教养诸多弊端之根源都来自其关押式教养的执行方式,这种剥夺人身自由的监禁处遇方式不仅因为交叉感染和与社会隔离的弊端而背离教育矫治的优先职能,也因为其过度强调惩罚机制与威慑预防而忽视了其他多元职能需求。此外,规范缺失、程序失当与措施异化等种种缺陷在某种程度上也与关押式教养有必然因果联系。因此劳动教养废止后的填补处遇制度必须吸取劳动教养处遇方式的前车之鉴,为避免关押监禁制度属性带来的种种弊端而采用非监禁执行方式。考察社区矫正的制度源起,其设置初衷恰恰就是为了解决监禁式处遇的重重弊端,因此一开始就必然采用了非监禁的社区内处遇制度,其在世界范围内的兴起发达也是因应监禁式处遇弊端的严重化,因此可以说社区矫正的制度属性准确契合了前述避免劳动教养关押式教养根本缺陷的经验要求:社区矫正制度特别强调为了避免监禁处遇交叉感染和社会隔离的问题,而在社会中对违法犯罪人进行开放式处遇,

---

[1] 参见李晓明、郭倩:《社区矫正与"后劳教时代"违法犯罪制裁体系的完善》,《净月学刊》2014年第6期。

[2] See Robert D. Hanser. *Community Corrections*, Sage publications, 2013, p. 204.

[3] 参见刘晓梅:《英国的社区矫正制度及其对我国刑罚制度改革的启示》,《犯罪研究》2006年第3期。

[4] 参见司绍寒:《德国行为监督的管理体制》,《犯罪与改造研究》2010年第10期。

使其在接受处遇措施的同时可以正常工作生活,针对性地避免监禁式处遇带来的诸多不利问题。

(二)灵活满足多元职能的社区矫正处遇优势

虽然社区矫正的具体执行措施在不同的时空条件下有所差别,对社区矫正对象的人身自由限制程度也有所差异,例如既有限制人身自由较多的居家处遇,也有限制人身自由较少的全开放式处遇制度;但就社区矫正制度共性而言,其基本指向非剥夺人身自由的在社区内处遇的制度形式,强调与关押监禁的根本区分[1]。也正是因为在社区内相对开放的处遇方式,社区矫正采用的机制可以相对灵活多样,能满足多种处遇职能需求与社会治理目标,并且可以根据变化中的处遇需求动态调整处遇措施:社区矫正措施中有的可以是体现一定惩罚属性的、较为严格限制人身自由的半开放机构处遇,如中途之家、训练营模式;有的措施形式则是体现教育矫治有效性的精细矫治处遇,如行为心理综合治疗训练模式;还有的措施形式强调风险监督与管控的危险预防式处遇,如电子腕带监控、居家处遇等。此外,社区矫正制度还通常设置了灵活的动态措施调整机制,根据处遇需求的变化在不同的处遇机制之间灵活机动地选择,相对可以实现最佳的处遇效果[2]。

"二战"之后,社会处遇领域面对监禁刑渐趋无效、成本日益高涨的严重问题,就大量采用了社区矫正的解决方案来全面应对,造就了社区矫正制度的兴盛发达和发展成熟,发达国家社区矫正对象人数都远远超过监禁处遇制度。因此无论从处遇原理还是制度实践而言,从解决劳动教养始终无法避免的关押式教养带来的诸多弊端的意义上,摒弃关押监禁属性的社区矫正体现出明显的针对性优势。

三、社区矫正的职能与机制优势:特殊预防与教育矫治为核心

如前所述,社区矫正制度因为采用了社区内处遇的开放式处遇形式,可以采用更加灵活多样的针对处遇职能需求的适应性机制,因此毫无疑问就比单纯关押式的劳动教养制度更能满足多元职能需求。此外,社区矫正在诸种治理方式中最突出的特点就是其体现并满足了特殊预防职能与教育矫治机

---

〔1〕 参见李本森:《劳动教养与监狱、社区矫正吸收并合与可行性探讨》,《中国刑事法杂志》2011年第10期。

〔2〕 See Joan Petersilia. *Community Corrections*: *Probation*, *Parole*, *and Intermediate Sanctions*, Oxford University Press, 1997, pp. 147 - 148.

制的需要,是诸种治理方式中最能表达特殊预防和教育矫治理念的处遇形式,这就进一步契合了针对较轻违法犯罪对象的特殊预防优先的职能需求,弥补了劳动教养制度最明显的背离特殊预防职能的弊端。

而之所以认为社区矫正制度最能体现教育矫治机制、满足特殊预防的职能,是因为无论从制度溯源意义上还是制度目标意义上,教育矫治机制及其保障的特殊预防职能一直是社区矫正的促生动因和指导原则,可以说特殊预防与教育矫治理念产生了社区矫正制度,而社区矫正制度也充分满足和表现了社会处遇中的特殊预防职能需要。

(一)基于朴素特殊预防观的社区矫正制度缘起

就制度溯源而言,社区矫正制度的产生和兴起与特殊预防论和教育矫治理念的流行有密不可分的关系,社区矫正作为社会处遇方式本身肇始于朴素的特殊预防和教育矫治理念,其制度流行也基于满足以教育矫治为核心的时代治理需求。

作为一种刑罚执行意义上的社区行刑方式,社区矫正的萌芽可以追溯到14世纪英国判例法中的承诺缓刑制度。英国法院通过判例允许犯罪人选择宣誓遵守不再触犯法律的诺言时,就予以有条件释放。在释放后当地的牧师基于挽救犯罪人的朴素矫正观念志愿承担了对犯罪人的监督和矫正工作,这成为社区矫正的最早雏形[1]。而近代社区矫正的首次出现是在美国波士顿法院的附条件释放判例中。1841年被誉为"美国缓刑之父"的鞋商约翰·奥古斯塔斯(John Augustus)向波士顿地方法庭请求通过志愿地对一名醉酒暴力犯罪人进行监督教育换取这名犯罪人不再被监禁,这一做法体现了朴素的通过教育矫治救助犯罪人的特殊预防理念。该法庭给了这名犯罪人三个月的改造宽限期,奥古斯塔斯给这名犯罪人提供工作,并教育其不要饮酒,对其行为进行监督,结果对这名犯罪人进行了良好的教育矫治。这名犯罪人在奥古斯塔斯的教育帮助下三个月后表现良好,法院决定不再予以监禁而是释放。此后如法炮制,到1859年奥古斯塔斯去世他使用自己的居所共监督教育了1 956名犯罪人,其中包括大量的未成年犯罪人,但仅有一名犯罪人再犯,他也成为历史上最早也是最成功的社区矫正官。奥古斯塔斯模式就是后来缓刑制度的雏形,波士顿所在的马萨诸塞州借鉴奥古斯塔斯的经验于1878

---

[1] See Vincent O'Leary, Todd R. Clear, *Directions for Community Corrections in the 1990s*, U. S. Department of Justice, National Institute of Corrections, 1994, p. 21.

年颁布了世界上第一部成文缓刑法,规定了对缓刑对象的有条件释放和教育改造,社区矫正由此与缓刑同步制度化[1]。从缓刑制度的历史起源中可以发现,社区矫正措施起源于怀有朴素特殊预防理念的志愿缓刑服务,社区矫正与缓刑制度几乎相伴相生。

后来假释制度自澳大利亚创制并逐步扩张,亚历山大·麦科诺基(Alexander Maconochie)作为英国驻澳大利亚的监狱长自1840年开始在澳大利亚诺福克岛实施有条件的提前释放,成为假释制度的萌芽。但这一做法一开始仅是为了缓解监狱负担,让受刑人自食其力,通过社会和受刑人自己分担受刑成本,几乎没有矫治的考虑,这一做法也并未得到推广。1850年开始,沃尔特·克罗夫顿(Walter Crofton)借鉴麦科诺基的经验在爱尔兰监狱推广"释放券"制度,表现好可以得券从而有条件地提前释放,进一步完善了缓刑制度,并开始要求得到有条件释放的受刑人接受管理,其监狱外教育改造情况受到监督。而缓刑制度真正有制度化的教育矫治措施则是1876年在美国密歇根州开始的由泽布伦·布罗克维(Zebulon Brockway)提出的有条件提前释放,其释放制度中明确附加监管和矫正,这就正式确立了缓刑中的社区矫正的行刑方式[2]。相比缓刑与社区矫正在起源上的相伴相生,假释制度明显并非社区矫正原生制度,是随着特殊预防理念的兴盛在行刑措施中逐渐形成的矫正机制。

由此可见,不管是缓刑还是假释制度的发展史,都体现出社区矫正的产生与教育矫治的理念存在必然联系,出于教育矫治的目的才有社区矫正的实施需要,也才逐渐形成了社区矫正的实践。可以说特殊预防理念及其背后的对矫正对象的教育矫治目标是社区矫正产生的基本动因,因此社区矫正是带有特殊预防与教育矫治先天制度基因的处遇措施。

(二)社区矫正目标主要在于特殊预防与教育矫治

一直到二战前,相对于监禁刑而言,实行社区矫正的缓刑和假释等非监禁刑一直处于绝对弱势和非主导地位,只能作为监禁刑的补充[3]。而社区矫正真正兴盛要到二战之后,当时特殊预防的刑罚理念的流行是社区矫正主导行刑的主要原因。虽然特殊预防论出现很早,但实践中以教育矫治为核心

---

[1] See Robert D. Hanser. *Community Corrections*, Sage publications, 2013, p. 78.

[2] See Joan Petersilia. *Community Corrections: Probation, Parole, and Intermediate Sanctions*, Oxford University Press, 1997, p. 79.

[3] See Robert D. Hanser. *Community Corrections*, Sage publications, 2013, p. 96.

的特殊预防论替代一般预防和惩罚论成为行刑理念的主流经历了一个漫长的过程。1872年在伦敦召开的第一届国际监狱会议,确立了罪犯教育矫治和复归社会的理念,促进了刑罚目的由传统的"惩罚"向"矫治"的转变。但此后两种观念彼此交锋,特殊预防论发展缓慢,一直到二战后才成为行刑处遇的主导理念。而以特殊预防和教育矫治理念审视二战后世界的行刑态势可以发现,监禁处遇主要体现了惩罚威慑的效果,在被赋予实现特殊预防职能时存在严重弊端:被监禁犯人密集接触的危险性感染、脱离社会的隔绝与回归社会困难等问题导致监狱教育矫治的成效非常差,因此再犯率高成为突出问题[1]。尽管监狱部分接受了教育矫治的需求,也采取了相应的改造措施,但基于监禁处遇本身的一些不利于教育改造的特点导致无法缓解监狱的矫治差难题,亟须新的行刑模式缓解监禁刑的问题、分流监禁刑的压力。而基于教育矫治和复归社会观念而生的社区矫正制度无疑成了这一替代性行刑方式的最优选择。监禁刑的种种弊端在社区矫正制度中都得到了针对性克服:社区中相对自由的服刑降低了交叉感染的可能性,在社区中服刑并不隔绝于社会从而不会产生隔离问题,而且社区服刑没有明显的犯罪人标签,犯罪人所遭受到的社会排斥与压力较小。社区矫正制度相对于监禁处遇基于自身优势明显增强了对违法犯罪人的矫治效果和回归融入社会的可能性[2]。所以"社区矫正是通过各种非监禁性刑罚或者刑罚替代措施,使罪犯在社区改造,以规避监狱的弊端,让社会力量参与罪犯矫正事业的罪犯处遇制度"[3]。

可以说从特殊预防论的角度,社区矫正较为充分地克服了监禁刑的矫治弊端,且契合了教育矫治和复归社会的特殊预防职能,从而与特殊矫正理念同步流行和快速发展。在这一过程中社区矫正更进一步顺应了时代流行的处遇轻缓化与人道化的社会需求,成为有效防范再犯、实现特殊预防职能的监禁处遇的最佳替代方案,在世界范围内渐成发达趋势。这一趋势的重要标志是世界上第一部独立于其他行刑制度的专门《社区矫正法》于1973年在美

---

[1] See Eric J. Wodahl, Brett Garland. The Evolution of Community Corrections: The Enduring Influence of the Prison. *Prison Journal*, 2009(1), pp. 91 - 92.

[2] See Elmer Hubert Johnson. *Crime, Correction, and Society: Introduction to Criminology*. Dorsey Press, 1978, p. 117.

[3] 参见冯卫国:《行刑社会化研究——开放社会中的刑罚趋向》,北京大学出版社2003年版,第181页。

国明尼苏达州诞生,该部法律的立法内容专门规定了社区矫正的准入和实施制度,体现了社区矫正在司法行刑中的主流地位[1]。这部法律不仅规制了政府部门的社区矫正计划、社区矫正项目的发展,而且明确了相关权利人的权利与义务,为罪犯提供相应的帮助。此后,美国各州相继制定并通过了本州范围内的社区矫正法律法规。可见社区矫正是专门为了达成有效矫治职能而采用的制度设计。20世纪70年代社区矫正已经占据了世界行刑模式的主流地位[2],"标志着矫治主义的刑罚论述形成从行刑思维、机制、结构到运作实践的话语霸权,而与矫治论述相背离的报应、威慑(或一般预防)等理念都被认为是落后的刑罚观而遭到蔑视与排斥,世界刑事司法处遇进入矫治至上时代"[3]。

社区矫正制度属于整个社会处遇体系之一部,当然遵循作为处遇规范之根基的处遇正当性或处遇目的理论。而对处遇正当性理论的谱系学考察表明,在处遇目的理念从简单到复杂、从一元到多元的进化历程中,秉承悠久历史传统的报应理论、近代兴起的一般预防理论以及折中二者的二元论作为处遇目的的前期理论都只是对强调惩罚意义的传统实刑处遇体系产生直接影响;而孕育社会矫正因子的特殊预防论是伴随着科学主义和实证主义之兴盛晚近方对处遇目的理念产生重大影响,其产生的社区矫正制度更是直到二战后方才勃兴;因此相比于古老的处遇制度,社区矫正可以说是为了适应现代社会违法犯罪控制和社会治理之需要才兴起发达的新制度设计[4]。

综上可见,无论从适用对象、制度属性还是职能合理性意义上,社区矫正都是最能填补劳动教养废止后处遇需求的契合性制度。首先,就对象合理性而言,社区矫正向来都是专门针对性地应用于较轻违法犯罪人的处遇措施。从世界通行的社区矫正实践可以看出,原劳动教养适用对象在国外通常都纳入社区矫正适用范围进行处遇。其次,就制度属性合理性而言,社区矫正制

---

[1] 参见杨彤丹:《评美国明尼苏达州社区矫正法律制度》,《中国监狱学刊》2004年第2期。

[2] 目前在许多国家尤其是发达国家,社区矫正不仅制度多样,适用面广,而且适用人数已大大超过监禁服刑人数,基本占据行刑方式的主流。参见吴宗宪:《社区矫正比较研究(上)》,中国人民大学出版社2011年版,第45页。

[3] 参见李川:《修复、矫治与分控:社区矫正机能三重性辩证及其展开》,《中国法学》2015年第5期。

[4] 参见李川:《修复、矫治与分控:社区矫正机能三重性辩证及其展开》,《中国法学》2015年第5期。

度本身就是为了消除监禁弊端而生，是监禁的替代制度，此外鉴于社区矫正的广泛适应性与形式灵活性，其既可以适用于刑罚制度领域，也可以适用于针对治安违法行为的治理领域，能灵活满足多元职能的各种机制需求。最后，就职能合理性而言，社区矫正不仅能够满足多元职能需求，还特别能够保障特殊预防的职能实现，这是因为社区矫正正基于特殊预防的观念而生，主要设置目的就在于教育矫治。

第三节 社区矫正扩张的必要性与可行性

如前所述，从违法犯罪处遇基本原理而言，劳动教养制度废止后存在着社会处遇意义上的空白之处，需要寻求避免原劳动教养种种制度弊端的新的处遇制度。吸取原劳动教养制度的教训，填补性处遇模式必须满足对象、特征、机制和功能层面上的多方面要求，即填补性处遇方式必须是适宜用于较轻违法犯罪人的、非监禁处遇的、能满足多元职能需求的并以教育矫治机制和特殊预防职能为优先的治理模式。而检视满足这多方面需求的填补性违法犯罪治理方式，无论从处遇制度原理还是现有的成熟实践经验而言，都指向社区矫正这一相对较为成熟的违法犯罪治理方式，即社区矫正相较于其他常见主流违法犯罪处理措施是最适于较轻违法犯罪对象的、满足处遇机制与需求的矫正处遇措施。而社区矫正制度之所以能够针对性地解决劳动教养制度弊端，是因为其恰恰是针对劳动教养的弊端之源即关押监禁特征而兴起和发展的一种处遇制度形式：社区矫正制度正是在发现并反思剥夺自由的监禁模式在教育改造方面的效果不彰问题的基础上而产生、发展并兴盛的，并已经成为针对较轻违法犯罪人的典型处遇机制。因此社区矫正制度作为劳教废止后的填补性处遇措施有其无论理论上还是实践上的最佳契合性。然而在我国当下，社区矫正方案要想顺利展开，还须解决一个基于我国刑事法制度规定性而造就的社区矫正制度扩张问题，即实践中目前将社区矫正仅作为针对犯罪人展开的刑罚执行方式，尚不能直接运用于刑法领域之外的原劳动教养适用对象。因此要想将社区矫正制度作为劳教废止后的填补方案适用，必须首先论证社区矫正制度扩张的必要性与可行性。当社区矫正具备了扩张到刑法领域外的制度可行能力，就能涵盖原劳教主要适用的较轻违法行为人，并扩充其多元机制与职能范围，以能够有效填补劳动废止后的治理空白。

一、我国社区矫正扩张超越刑罚领域的必要性

在我国当下社区矫正制度语境中探讨其对劳动教养的替代可行性,首先需要关注的一个特殊问题是:目前我国对社区矫正的制度定位和适用范围较为狭窄,我国规定社区矫正制度的立法仅限于刑事法律,无论是《刑法》还是《刑事诉讼法》都将社区矫正作为刑罚体系中的执行制度加以规定,这就决定了社区矫正只能作为监禁刑替代措施或刑罚执行方式,仅限于刑罚适用中的执行制度,而不能如曾经的劳动教养般作为针对治安违法行为的治理措施,因此如果未来要使社区矫正可以适用于具有非犯罪人属性的原劳教适用对象,其适用范围就必须扩张至刑罚制度之外,成为可以针对特定治安违法行为人的处遇措施。在这一点上《社区矫正法》稍有进步,虽然仍然未脱离刑事司法领域,但是其并未设定社区矫正刑罚执行制度的属性。

(一)实践经验意义上社区矫正的扩张必要性

就理论上社区矫正制度的完整内涵而言,其是对违法犯罪人在社区中进行教育矫治的处理措施的统称,这种措施与监禁矫正最大的不同在于并不完全剥夺矫正对象的人身自由,只是限制矫正对象在社会中的活动范围,部分限制其人身自由。从一般制度属性而言,社区矫正并不局限于刑罚执行制度甚至刑罚制度领域。纵观世界上对轻度违法犯罪人的治理实践状况,正式规范与司法程序前提下的社区内矫正(处遇)[1]早已超越单纯的刑罚执行措施,成为覆盖违法犯罪治理各个领域的、广泛适用的社会处遇制度,在转处、保安处分、刑后保护各个非刑罚领域都发挥着重要的社会治理功能,这正体现了社区矫正制度灵活的适用性和其功能的有效性,体现了社区矫正充分的制度潜力和发展前景。当下我国的社区矫正制度只有超越刑罚执行制度的定位,才能与世界社区矫正制度的发达态势接轨,也才能最大限度充分发挥社区矫正本应具备的职能有效性,成为真正填补劳动教养废止后治理空白的契合制度。就非刑罚领域的社区矫正适用,国外成熟实践经验主要体现在三大领域:一是直接作为独立于刑罚的针对较轻治安侵害行为的违法处遇措

---

[1] 这里的社区内矫正不同于我国现有法律背景下的社区矫正制度。我国当前社区矫正作为犯罪人矫正方式之一,范围较为狭窄,而世界上的社区内矫正不仅针对犯罪人,在有的国家其还适用于违法行为人或相当于我国治安违法行为人的违警罪或轻罪罪犯。

施,如美国部分州的市民处罚(civil punishment)制度中的社区服务令措施等[1];二是对因刑事程序不需要承担刑事责任者如酌定不起诉或缓起诉的人以及较长的刑事审判前阶段附加一定的社区矫正管理或观察措施,如美国部分州在程序法中设置的审前或不起诉附条件的社区矫正措施[2];三是将社区矫正制度从单纯的刑罚执行方式延伸到对刑罚起到补充作用的保安处分领域,对刑满释放人员、未达犯罪标准的常习犯或未达刑事责任年龄而免予刑事责任的未成年人等施加一定的非刑罚的社区矫正处遇手段,如德国的行为监督制度中的社区监管措施(Führungsaufsicht)[3]。

(二) 处遇原理意义上社区矫正的扩张必要性

就社区矫正的制度设置原理而言,无论从职能有效性、处遇对象必要性还是治理连续性意义上,社区矫正都应不限于刑罚制度的范围,而是有必要具备更广泛的适用性,可以在刑罚之外也作为针对违法行为的处遇措施适用。

一是就职能特征而言,任何处遇领域只要有多元职能需求的同时还需要强调特殊预防职能的有效实现,社区矫正制度都能充分契合满足其要求并加以适用,而强调多元职能与特殊预防优先职能的处遇制度绝不限于刑罚的范围。社区矫正是为了保障教育矫治机制与特殊预防的有效性而针对性地形成的处遇措施,而且如前所述,社区矫正处遇因为在社区内处遇的灵活性也同时具备惩罚、管控与修复各种机制,从而能满足其他多元处遇职能,这就体现了社区矫正制度在社会处遇领域广泛的适用性。而社会处遇领域真正以特殊预防职能为优先的处遇需求恰恰主要不是在刑罚制度之中,而是在刑罚之外的违法行为矫治领域。例如对酌定不起诉的犯罪嫌疑人、未达刑事责任年龄的未成年人、刑满释放又需要后续矫治者等都需要适用一定教育矫治优先的处遇措施,而社区矫正是相对适宜的处遇措施,国外也相应地给予了这些对象一定的社区矫正[4],但这些领域都不属于刑罚领域。在我国社区矫正未能扩张的情形下就缺乏对刑罚之外的需求领域的社区矫正的可能性。

---

[1] See Vincent O'Leary, Todd R. Clear, *Directions for Community Corrections in the 1990s*, U. S. Department of Justice, National Institute of Corrections, 1994, p. 43.

[2] See Joan Petersilia. *Community Corrections: Probation, Parole, and Intermediate Sanctions*, Oxford University Press, 1997, pp. 216 - 217.

[3] 参见《德意志联邦共和国刑法典》第六十八条的规定。

[4] 参见胡必坚、范卫国:《社区矫正与附条件不起诉》,《湖北社会科学》2013年第9期。

二是从处遇对象而言,适合社区矫正的较轻社会危害行为人大部分都不属于犯罪的对象,相应地对这些对象进行社区矫正就自然须超越刑罚的范围。应该说没有严重的对社会安全的危险性而同时又需要加以处遇的较轻危害行为人,从处遇原理上需要优先考量教育矫治的需要并以防范未来再犯的特殊预防职能优先,由此社区矫正都是适合的处遇方式。刑罚处遇对象都是相对具有较重的社会危害性或安全危险性的犯罪行为人,其中只有较少的一部分是对社会安全危险性不大的适合社区矫正的轻罪犯罪人。而大部分适合社区矫正的较轻危害行为人都不属于犯罪人范围进而不属于刑罚处遇的领域,因此针对违法的社会危害行为人也应该是社区矫正必须具备的处遇对象要求,这就必然使得社区矫正超越刑罚成为违法行为处遇的方式之一。

三是从违法犯罪治理的连续性规律原理上,社区矫正也应该是从违法行为到犯罪治理都需要涵盖的处遇方式。犯罪学的研究表明,犯罪人并非一天形成,在实施犯罪行为之前经历了一个犯罪动机与人格不断加强形塑的过程,在这一过程中通常会提前通过较轻违法行为体现出其人身危险性和未来犯罪可能性。因此从前置预防的意义上,应该通过对违法行为的处遇来加强对潜在犯罪人的早期预防治理[1]。而对早期的具有犯罪可能性标示意义的违法行为治理重在教育矫治机制,主要是通过矫正危险人格来实现特殊预防的目的,而要达成这一目标,社区矫正是最适宜的处遇措施。因此就治理连续性而言,不能仅将社区矫正作为刑罚执行方式在犯罪之后加以适用,而需前置在违法行为预防阶段加以适用。因此从连续治理意义上,社区矫正应该成为涵盖违法行为与犯罪的广域社会治理措施。

二、我国社区矫正扩张超越刑罚领域的可行性

无论从设置原理、体系定位还是制度实践而言,社区矫正未来都具备超越刑罚执行机制的制度定位与适用能力,具有理论与实践各个层面上的扩张可行性,这种可行性也是社区矫正制度未来填补劳教废止后制度空白的前提,表明社区矫正适用于原劳教对象,扩张涵盖违法处遇措施并没有理论与实践障碍。我国当下对社区矫正仅作为刑罚执行方式的狭窄定位只是社区

---

[1] 参见康均心、周亮:《论犯罪学研究成果的转化——兼论犯罪学的良性发展机制》,《法学论坛》2007年第4期。

矫正制度引进初期的谨慎做法，并不影响未来社区矫正适用扩张的可行性。

（一）体系定位意义上社区矫正的扩张可行性

当前我国采取治安违法犯罪二元处遇体系，犯罪与治安违法行为之间界限分明，法律规范、适用对象、具体处遇措施各不相同。所以社区矫正制度的扩张容易产生一个自然的逻辑问题：社区矫正目前已经是刑罚执行制度，如超越刑罚范围扩张到治安违法的处遇范围之内，是否会造成二元处遇体系内部的混乱，而扩张后的社区矫正的体系定位是否会模糊不清而导致刑罚与治安管理处罚不分？

深入分析社区矫正的广泛适应性与形式灵活性，可以得知，就社区矫正制度的体系定位而言，社区矫正扩张到违法处遇领域并不会造成现有犯罪与治安违法行为二元处遇体系的混乱，相反基于其自身的制度特点，社区矫正的扩张可以进一步促进二元处遇体系的完善与发展，有助于犯罪与治安违法行为间的处遇衔接。

一方面，社区矫正能适应二元处遇的差别性职能状况，扩张后可以采取多元机制分别满足不同处遇的需求。相对于监禁处遇而言，社区矫正制度因为在社区内处遇，因此其形式可以更加灵活多元，能够采用的机制和满足的职能需求都更加丰富，因此其适用领域也就可以更加宽广[1]。虽然在二元处遇体系下针对犯罪与治安违法行为的处遇需求有所差别，但社区矫正基于其灵活宽广的适用能力相对都能够通过各种矫正形式调整组合加以满足，同时还可以根据处遇过程中的动态需求灵活调整其具体社区矫正的形式。就刑罚制度与治安管理处罚制度的区别而言，二者在处遇的职能要求程度上可能有所差别，基于犯罪人比治安违法行为人社会危害性更重、人身危险性更大的特点，刑罚相对于治安管理处罚可能强调一般预防与危险预防职能的实现，因此可能处遇也更加重视惩罚威慑机制与危险管控机制。而社区矫正的灵活多元机制的特点完全可以通过差别性机制调整满足刑罚更关注的惩罚威慑机制与危险管控机制要求[2]，比如可以通过居家监控或半机构性的中途之家监管处遇对象的风险性，并通过禁止令适度使处遇对象与社会关涉领域隔离，而通过加强对处遇对象的人身限制也可以形成更强威慑效果。而对治安违法行为人则可以通过更加开放性的处遇措施如定期报到制度等节约

---

〔1〕 参见李明：《国外主要社区矫正模式考察及其借鉴》，《中国司法》2008年第1期。
〔2〕 参见蔡国芹：《美国社区矫正体制的中间制裁制度》，《时代法学》2007年第6期。

处遇成本,减小威慑与管控的程度。当然社区矫正在刑罚领域适用有所局限,仅适用于犯罪行为较轻且对社会危险性较低的犯罪人,而治安违法行为人是体现出更低危险性的尚未达致犯罪标准者,因此较轻犯罪人与治安违法行为人都依然是以特殊预防职能为优先的,如前所述,社区矫正在满足特殊预防职能方面恰好有其制度优势。

另一方面,社区矫正从单纯对较轻犯罪人的处遇扩张至对治安违法行为人的处遇,恰好可以对应二元处遇体系形成二元社区矫正机制,二元社区矫正机制的区分可以为二元处遇体系提供相对一致的区分标准及其相应的社区矫正措施。目前犯罪与治安违法行为之区分主要以量化标准为主,即在刑法规定入罪标准时确定一定的定量指标作为危害行为构成犯罪的门槛,而对应的治安违法行为则纳入具有同样危害社会性质但达不到定量标准的行为,二者形成行为危害性的区分标准。然而在定量标准之外,犯罪与治安违法行为还有各种差别性的规定难以确定一致性标准,仅凭行为属性产生差别,会造成二者区分在逻辑上的困难,比如寻衅滋事罪的定量标准可能就在于情节恶劣或严重程度,具体内容为何,单靠内容相对宽泛的司法解释仍然莫衷一是。而社区矫正的扩张为二者的区分提出了统一的其他区分标准。扩张至治安违法行为处遇阶段之后,就可以发现社区矫正也形成了二元机制,针对犯罪的社区矫正属于刑罚执行的范围,如前所述限制人身自由的程度更高,惩罚性和管控性更强;而针对治安违法行为的社区矫正则属于治安管理处罚的范围,惩罚性与管控型相对较弱。当然两种社区矫正都具备社区内进行处遇的基本属性,因此其基本处遇原理一致,处遇的依据标准及其对应的处遇措施的逻辑就相对一致。社区矫正作为教育矫治机制优先的处遇机制,依据的是人身风险性标准,人身风险性主要根据犯罪行为所体现出的行为人的人身危险性因素及其他风险因素进行判断[1]。犯罪与治安违法行为之间在特定意义上也可以通过这种人身风险性标准进行区分。二者区分标准在人身风险性意义上也就是通过行为危害性差别体现出的主体人身风险性的差别,行为定量因素只是判断人身风险性差别的标准之一,其他行为属性方面如情节、行为数额的差别都在某种程度上可以归结为人身风险性因素的差别。因此社区矫正提供了区分犯罪与治安违法行为的新的统一性依据,以此可以进

---

[1] 参见陈伟、谢可君:《社区矫正中人身危险性理论适用探究》,《山东警察学院学报》2016年第2期。

一步完善二者的区分标准,减少不确定性。而在人身风险性差别的基础上,针对犯罪人与治安违法行为人的不同的社区矫正也可以相应施行不同的矫正措施,可以是体现在期限、限制人身自由程度与监控程度的差别上,并最终体现出两种处遇措施的属性差别。因此在社区矫正处遇措施内部,根据统一处遇原理可以更好地区分作为刑罚执行措施的社区矫正与作为治安管理处遇措施的社区矫正。

(二)实践经验意义上社区矫正的扩张可行性

就社区矫正制度实践而言,社区矫正超越刑罚领域扩张到违法处遇措施领域已是许多社区矫正制度较为成熟国家的普遍做法。世界较为成熟的社区矫正制度实践中,社区矫正在违法犯罪处遇领域的适用范围已经十分广泛,不仅可以作为针对犯罪行为的刑罚裁量或执行方式,更可以作为刑罚制度之外较轻违法行为或程序法意义上的非监禁处遇措施,承担作为刑罚制度补充的保安处分的广泛功能。所以广义上的社区矫正制度适用领域其实相当广泛,甚至在许多成熟的犯罪治理体系中成为主要的违法犯罪治理措施。

需要说明的是,在我国作为违法行为处遇的情形,包括劳动教养适用的危害行为类型,在国外基本上作为轻罪或违警罪进行社区矫正处遇,因此类似于对我国劳动教养适用对象所进行的社区矫正在国外其实包括了三个领域:轻罪社区矫正、程序转处或保安处分中的社区矫正以及针对治安违法的社区矫正。首先,针对较轻犯罪而实施相对较轻的非监禁刑措施已经成为刑罚轻缓化思潮影响下世界各国的普遍做法。原劳动教养的适用对象在国外通常被纳入刑法中轻罪或违警罪的范围,由于这类对象人身危险性较轻,不会威胁到社会安全,通常相应地这类较轻犯罪行为对象就不会被关押实施监禁刑,而被处以在社区内处遇的社区矫正刑罚措施。在许多国家,社区矫正不仅是刑罚执行措施,还是与监禁刑、死刑并列的独立的刑罚种类,可以表现为多种不同的刑罚科处形态。例如在社区矫正刑比较完善的英国,社区矫正是可以独立科处的一系列宣告刑与替代刑相结合的多元灵活种类,既可以是强调向社会服务赔偿的社区服务刑,也可以是强调教育矫治的保护观察措施,还可以是与我国相同的缓刑、假释的具体执行方式[1]。其次,世界许多国家也在非刑罚的刑事领域为保障社会安全与矫治危险行为人设置了刑事

---

[1] 参见司法部基层工作指导司:《英国社区矫正制度》,《中国司法》2004年第11期。

程序中或刑罚外的非刑社区矫正制度。这类依然在刑事法范围内的非刑社区矫正有其明显的对刑罚制度的补充特征,主要是为了弥补刑罚制度处遇领域的有限性而设置的补充性衔接处遇机制,通常设置于刑事程序审前或转处中与保安处分两个领域。设置在刑事程序中的社区矫正主要针对审前有一定危险人格的未决犯以及因为不起诉而不承担刑事责任的转处犯,保障能够在程序过程中通过社区矫正管理矫治这些虽然较轻但依然有其人身危险性的非犯罪人,防范其将来行为恶化演变成犯罪人[1]。而设置在保安处分中的社区矫正主要针对因年龄不负刑事责任的未成年人、不构成犯罪的常习违安犯、酗酒毒品成瘾的危险人员以及依然有人身危险性的刑释人员,是基于社会防卫的目的通过社区矫正的方式管束与观护这些有特定人身危险性的对象,防范其危险人格进一步恶化与实施社会危害行为,最终达到维护社会安全与秩序的目的[2]。原劳动教养适用对象中酌定不起诉人员属于程序性适用社区矫正的范围,常习犯与违安犯部分属于保安处分适用社区矫正的范围。最后,在部分国家,也出现了专门针对治安违法行为直接附加一定的非刑罚社区矫正措施的做法。如美国部分州实施的市民处罚制度,将危害性较轻尚不构成犯罪但又经常出现的破坏治安的行为,如乱扔垃圾、打架斗殴等纳入较为轻微的社区服务令或社区管束令的处遇范围,灵活地针对违安行为进行矫治修正,使得社区矫正成为维护治安的有效处遇手段[3]。

综合可见,国外涵盖面广、手段灵活多样的社区矫正的有效实践充分说明了社区矫正的良好制度价值与适用可行性,也为我国社区矫正向非刑罚领域扩张提供了充分的实践可行性依据,在此基础上可以为我国后劳教时代社区矫正从刑罚执行制度向社会处遇全领域扩张提供了良好的制度经验。

三、社区矫正扩张后的二元性

如前所述,采取非监禁处遇方式的社区矫正从适用可能性、功能合理性、对象契合性、权利保障性各个方面而言都是最为适宜的劳动教养的替代处遇方式。但当前我国法律制度将社区矫正相对狭窄地仅定位于刑罚执行方式,使得社区矫正在司法实践中仅能针对犯罪人展开,而无法适用于仅具有行为违法性而不具备犯罪性的原劳教适用对象。因此社区矫正如果要发挥替代

---

[1] 参见贾学胜:《美国社区矫正制度对我国的借鉴》,《法治论坛》2008年第1期。
[2] 参见董蕾:《社区矫正法律定位再思考》,《法律适用》2014年第10期。
[3] See Robert D. Hanser. *Community Corrections*, Sage publications, 2013, p. 204.

劳动教养、填补劳教废止后的制度空白的作用，就需要超越当前刑罚执行方式的属性，扩张至适用于具有行为违法性的原劳教对象，即使得社区矫正成为涵盖轻刑犯及治安违法行为人的综合社区处遇措施。这一扩张不仅具有制度上的必要性，而且从处遇原理、体系定位与实践意义上，都有良好的可行性，为社区矫正实现对劳动教养废止后的治理空白填补提供了充分的理论与实践依据。扩张后的社区矫正成为二元化的处遇制度：一方面针对较轻犯罪人展开，是刑罚执行的处遇方式；另一方面针对治安违法行为人展开，是治安管理处遇的一部分。而为了因应这种全覆盖、二元化的社区矫正制度，我国现有社区矫正的固有职能与制度实践都须作出进一步的研判调整，在合理确定多元职能的基础上，明确二元社区矫正的分立与衔接，确定合理的社区矫正适用机制，并最终进行相应的制度完善与补充。

第四章

社区矫正扩张后的处遇职能原理

由于处遇职能作为一种违法犯罪治理制度的运行方向和目标,是决定制度设置和运行模式的重要基础,因此要深入研究扩张后的社区矫正制度的具体设置及运行模式,就必须首先明确扩张后的社区矫正制度的职能定位。而能够补充劳教废止后制度空白的复合社区矫正制度在职能上具有重新深入研究的必要性,这是因为要替代劳动教养制度,社区矫正必然要超越当前刑罚执行方式的定位,扩张成为涵盖违法行为惩治和轻刑犯行刑的综合社区处遇方式。而这一扩张不仅带来社区矫正适用范围的延展,也必然进一步引起作为制度目标的社区矫正职能的扩张调整。既然社区矫正扩张成为涵盖违法行为和犯罪行为处遇的复合违法犯罪治理制度,其必须同时满足治安违法与轻罪处遇的多元职能需求,也必须满足针对较轻违法犯罪人的特殊性处遇需求,这就对社区矫正的应然职能体系提出了更高的要求:社区矫正的职能体系应该一方面能够检讨劳教废止在职能意义上的根本弊端,满足对原劳教对象处遇的丰富职能要求;另一方面又必须检视当下社区矫正作为单纯刑罚执行方式的职能不足,对当下狭义的社区矫正职能现状进行反思与补充更新。

基于上述要求,要科学确定社区矫正扩张后科学处遇职能体系,就必须以劳教废止后社会处遇的功能需要为目标,在检视反思现有的狭义社区矫正的职能缺陷基础上,形成可以涵盖犯罪处遇和违法行为矫治的、更具包容性和复合性的科学社区矫正职能论。不仅需要注意吸取原劳动教养制度的职能教训,强调教育矫治机制和特殊预防的职能优先性,还要注意作为劳动教养废止后的填补制度所应具备的一般性社会处遇的多元职能目标,在批判原劳动教养制度与当下过于狭窄的社区矫正制度的各自极端职能论的立场上形成与多元职能相适应的复合机制体系,以作为后续研究扩张后社区矫正制度设置与形塑的基础。

第一节　后矫治时代广义社区矫正的多元职能

一、社区矫正职能多元化的演进逻辑

纵观 20 世纪 70 年代世界对特殊预防职能一元论的批判与社区矫正职能的演进史,可以发现社区矫正多元职能的演进逻辑:理论界从双面预防、规范矫正、风险控制、刑罚公平四个方向进行反思,从而超越了传统特殊预防论,体现了威慑鼓励、规范矫治、监督管控、社会修复四种独立分化的职能,这些职能与前述一般处遇职能意义上的一般预防、特殊预防、危险预防、修复预防恰成对照。后形成的四种职能不仅理论上结合社会思潮渐趋成型,在实践中也交错形塑了社区矫正的发展,社区矫正的许多新兴机制如折中处遇等都体现了四者的辩证影响。

如前所述,单以特殊预防理念支撑发展的社区矫正行刑模式虽在二战后就在发达国家普及勃发,却在 20 世纪 70 年代面临理论与实践的双重挑战。实践中出现了四个方面的对社区矫正教育矫治模式的质疑:一是社区矫正相对随意的处遇措施和缺乏标准的不定期释放引起对行刑公平和处遇正义的广泛质疑[1];二是以再犯率表征的改造效果远未达期待,许多实证研究都表明社区矫正效果有限[2];三是犯罪率的高涨和矫正中再犯使得社会对社区矫正开放式处遇之安全性产生疑虑;四是社区矫正本就不强的威慑机制被过于弱化,认为制度无助于社会规范意识的塑造[3]。

---

〔1〕 参见李川:《修复、矫治与分控:社区矫正机能三重性辩证及其展开》,《中国法学》2015 年版,第 5 期。

〔2〕 See Robert Martinson. What Works? Questions and Answers about Prison Reform. *Public Interest*,1974(21),p. 25.

〔3〕 参见张德军、邢占军:《恢复与惩罚:社区矫正功能的双重定位及实现路径》,《理论学刊》2013 年第 12 期。

与社会质疑相呼应,理论界对于社区矫正危机意识亦正弥漫,从四个主要方向进行了批判性反思:第一种进路强调刑罚正义,认为包括社区矫正在内的刑罚处遇存在不公是忽视了刑罚对已然之罪的报应本质,社区矫正仅以未来再犯可能性决定处遇措施存有缺陷,处遇方案也应考虑对已然之罪的均衡与应报(just deserts),满足社会对正义的需求[1]。第二种进路仍然固守特殊预防目的观和行刑社会化逻辑,认为社区矫正预防效果不彰和措施非公平性的原因并非在于社会处遇方向本身,而是医疗模式造成的危险评估和矫治技术缺乏相对明确的规则所致。与定罪量刑的规范化不同,医疗模式的个殊矫正策略要求"诊断式处遇"(the Clinical Treatment),依靠司法专家经验确定个别处遇方案但无有效规则参照,这一方面导致了司法专家自由裁量权过大,矫正质量因人而异,另一方面,对矫治的行为认知和心理学观点差异导致了矫正标准千差万别,"同案不同矫"和过早复归现象比比皆是。因此,当务之急是统一矫治理念,确定抽象和普遍适用的危险评估与矫治规则标准,确保矫正规范化。第三种进路则回应了社会的公共安全期待,强调社区矫正最急迫的要务不是矫治,而是根据罪犯再犯危险确定适度的隔离防范措施,将宽泛处遇与严密监管结合起来,这是对矫正中犯罪危险的直接管理,必须优先于矫正效果而独立考量。第四种进路则认为应该重新塑造刑罚规范的威慑与鼓励守法效应,让社区矫正体现出明显的一般预防效果[2]。

这四种理论进路所体现的处遇目的远远超过了社区矫正传统的特殊预防职能一元论意义,体现了各自独立分化的矫正职能发展趋向:第一种进路要求社区矫正也应表达传统的处遇正义属性,以满足社会的正义需求和恢复社会的公正期待,处遇措施应体现正义相关的社会修复职能。第二种进路认为教育矫治和社会处遇的处遇方式都具合理性,问题在于传统特殊预防秉持的个别化逻辑因缺乏规范性而导致矫正失衡,因此,应通过人身危险性评估及处遇的抽象标准化实现规范矫治的职能。第三种进路认为社区矫正除了

---

[1] 参见许华孚:《傅科对于当代犯罪控制的启发》,《犯罪与刑事司法研究》2004年第3期。

[2] 参见李川:《修复、矫治与分控:社区矫正机能三重性辩证及其展开》,《中国法学》2015年第5期。

对犯罪人的内在改造之外,更要重视对犯罪人危害社会风险的外在监督隔离[1],因此,社区矫正应具备监督管控职能,通过对犯罪人危险性的动态监控,随时调整适当的再犯防范措施。第四种进路认为社区矫正应重新接纳一般预防职能,通过适当威慑与鼓励守法的双面机制实现防患于未然的效果。在此后的社区矫正演变过程中,社会修复、规范矫治、监督管控、双面预防四种职能趋向及其影响的运行逻辑不仅在理论上各自形成相对完整的模型,在实践中也交错融合地形塑了社区矫正制度的具体发展方向:一方面,社区矫正适用范围大大扩展,超越了传统刑罚制度的范围,而扩张到保安处分、程序性矫治、违法处遇各个领域;另一方面,现代社区矫正制度的新兴机制如折中处遇、违法犯罪处遇、资格褫革等无不体现了四者的辩证影响。具备四重特征的复合职能论已成为社区矫正研究不能忽视的理论基因源头[2]。

二、一般预防逻辑指导下威慑鼓励的双面预防职能

受一般预防处遇职能决定,社区矫正应具备规范威慑与鼓励守法的双面预防职能。社区矫正应具备基于规范惩罚机制而产生的双面预防职能,既根据功利主义的原理通过抽象观念上的社区矫正痛苦预期威慑潜在的违法犯罪行为人,使其不敢实施违法犯罪行为,又通过社区矫正机制所体现的规范的有效性使普通民众形成内心的法律信服,正面鼓励民众遵守法律规范,从而形成良好的守法习惯而不愿实施违法犯罪行为。

长期以来社区矫正制度因为特殊预防职能一元论的影响而被认为没有惩罚属性,所以几乎无法发挥惩罚的威慑属性,更难以起到正面鼓励守法的职能作用。然而社区矫正本质上依然是对人身自由的限制性剥夺,是一种对自由权的限制性惩罚,因此不能否认天然具有惩罚机制的成分,也具备一定的通过惩罚规范体现出的痛苦预期引导行为的作用[3]。因此社区矫正也必

---

[1] 隔离或剥夺犯罪能力最初是特殊预防刑罚目的下与教育矫治并列的亚刑罚目标,其与教育矫治构成了新派刑罚处遇观的一体两面,并且代表了严酷的一面,即对人身危险性较高、难以矫正的犯罪人予以隔离或剥夺其再犯能力,直到改造成功或以其他方式解除危险。而随着风险管理理念的兴起,这种刑罚理念与风险防范需求相结合,逐渐向根据犯罪人危害社会的风险性大小进行隔离的思路演化。参见刘军:《该当与危险:新型刑罚目的对量刑的影响》,《中国法学》2014年第2期。

[2] 参见李川:《修复、矫治与分控:社区矫正机能三重性辩证及其展开》,《中国法学》2015年第5期。

[3] 参见武玉红:《社区矫正的惩罚性不容忽视》,《探索与争鸣》2009年第7期。

须通过制度运行使得一般预防职能得到充分体现：一方面，从负向的威慑预防意义上，通过对违法犯罪人的人身自由的限制体现出惩罚属性，使得潜在危害行为人不敢实施危害行为，形成预期威慑职能；另一方面，从正向的鼓励守法意义上，通过对违法犯罪人的惩罚体现出规范的权威，引导民众信服法规范的效力，形成对未来守法行为的鼓励职能。

如前所述，规范威慑与鼓励守法的效力来自规范的稳定性与有效性，而非惩罚的严厉性，因此即便社区矫正制度的惩罚力度并不大、施加的痛苦不深，属于刑罚体系中相对较弱的，但只要其稳定地规定于法律之中并体现出依照规范的运行效力，就可以实现良好的双面预防职能。

三、特殊预防规范化影响下的规范矫治职能

社区矫正的实践失衡难题不仅在特殊预防论外引发了报应主义回潮，更在特殊预防论内部引起了对医疗模式随意性的批判审思和理念变革需要。医疗模式在原理意义上主要有两个基本观点，从这两个基本观点可以探寻矫治个别化与规范逻辑的契合可能性：一是行为人中心论，其以个体危险人格而非行为作为确定矫治措施的出发点，违法犯罪行为仅视为确定危险人格的表征之一[1]；二是处遇个别化原理，其认为处遇措施的程度及性质须根据犯罪人的个殊需要区别对待，难以像古典学派主张的那样实现同罪同罚的抽象规则化[2]。如前所述，行为人中心主义是整个特殊预防理论的哲学逻辑基础而不仅仅是医疗模式的依据，在深层意义上是整个实证学派区别于古典学派的标志所在。正是因为人身危险性体现了社会决定论下个体受社会因素形塑的复杂面向，以教育改造犯罪人才必须从犯罪人人格及其危险表征入手，而行为只能间接、局部地表征人身危险性之一部，不能作为教育矫治的前提依据。如果不以行为人格为判断核心，则社会决定论及其决定的特殊预防也同样落空。行为人中心主义的根基在实证学派内是如此深厚，对其改变意味着对社会决定论哲学基础的违背，因此难以对其进行理论改造[3]。

而处遇个别化作为教育矫治的进程逻辑则相对存在合理的改进余地。

---

[1] 参见[意]菲利：《实证派犯罪学》，郭建安译，中国人民公安大学出版社2004年版，第178页。
[2] 参见翟中东：《刑罚个别化研究》，中国人民公安大学出版社2001年版，第15-16页。
[3] 参见李川：《修复、矫治与分控：社区矫正机能三重性辩证及其展开》，《中国法学》2015年第5期。

处遇个别化可以有绝对和相对意义上的两种理解。绝对意义上的处遇个别化认为人身危险性是无法统一进行分类与分级的完全个殊化的人身特征，无法予以抽象形成量定标准，更无法纳入法律规范的范围。而相对意义上的处遇个别化逻辑则认为人身危险性从总体上虽然具有不同主体体现的个殊性，但是那些形成不同主体个殊性的人身危险性评价因素却是可以归纳总结和形成评估标准的，而评估标准的因子具有定量分析的可能性，可以进行量化比较分析，最终通过统一的评估标准体系实现对不同主体的人身危险性的比较分析，以区分出人身危险性的大小。因此这种可以量化比较的人身危险性评估体系就是可以抽象归纳和总结的规范体系，可以规定在法律之中形成客观、有效的评判机制，并可针对人身危险性的大小差别规定相应轻重有别的矫治措施。在这一意义上，传统的医疗模式的完全个殊化的教育矫治逻辑就转变为依靠固定的规范标准的规范矫治基础。与教育矫治规范化逻辑相比较，坚持绝对的处遇个别化而依靠社区矫正工作人员个别判断采取对应措施的医疗模式就体现出明显的落后之处：医疗模式在实践中过度信任和依赖社区矫正工作人员的判断能力与改造能力，形成一种主观变动且不可预测的判断状况，从而可能导致社区矫正的不公和失效。前述 20 世纪中后期美国医疗模式的刑罚实践混乱问题正是医疗模式这一主观逻辑缺陷的反映。在特定意义上，相对的社区矫正个别化的并没有违背行为人中心主义的教育矫治逻辑前提，只是将这一逻辑以规范的模式加以梳理，使得矫治的需求与措施能够在特定意义上依据规范进行科学评估和实施，使得社区矫正的教育矫治变成一种可以客观评判与提前预测的统一适用规范活动，前述医疗模式矫治不公与适用混乱情况就可以得到很好的解决。当然，规范矫治的职能也可以随着人身危险性因素评价标准的科学化与精确化实现社区矫正规范的渐趋合理化，进一步有效提高教育矫治的效能。

规范矫治职能作为个别矫正的批判替代方案，体现了特殊预防目的所蕴含的刑罚个别化逻辑向规则主义的妥协，在某种程度上是对矫治开药方式矫正的合理扬弃。通过危险性评估和矫正的标准化，不仅可减少矫正个别化的标准混乱和处遇肆意问题，还将特殊预防本身也纳入法治化的轨道，从而在逻辑上与法治规范进一步接轨，消除社区矫正法律体系的任意性。正是在这一有效性认识的基础上，成熟社区矫正实践中，对人身危险性的规范式评估与处遇范式逐步替代了个案医疗模式，并在对人身危险性的规律认识和抽象归纳的基础上渐趋复杂化和科学化，经历了风险静态量化模式、动态结合模式、风险/需求响应模式的三代理论演化,形成均衡整合对象犯因性维度、响应性维度和需求维度的较完善的评估体系,并指导产生了威斯康星矫正评估体系(CAIS)和加拿大矫正量化评估指标(OIA)等许多具有广泛影响与实践有效性的规范评估处遇标准[1]。

我国当下不少地方通过制度考察对国外的成熟矫正评估机制如CAIS和OIA等进行了"拿来主义"式的借鉴,然而却存在许多规范适用问题,不得已在实践中重拾"诊所式"个案应对的方法,处遇改造仍存在随意性大和标准不一的难题。造成这一问题的原因在于对规范的科学性和全面性认识不足。一方面,对国外矫正评估机制进行借鉴时,缺乏对评估因素的在地化论证和实践分析,盲目照搬造成了部分风险评估因素(如国外强调的种族、持枪史等因素)不适用我国国情或在我国意义不大,因此评估结果误差较大或不具有可行性[2];另一方面,借鉴国外矫正评估机制时未能配套借鉴其相应的处遇机制,因此出现重评估轻处遇的难题,风险评估的结果更多是为了方便对重点人员的管理工作,而非出于分类改造的目的,风险评估无法对具体处遇形成有效规范,使得评估失去了基本意义。因此,要将规范矫治落到实处,不仅要形成基于风险评估和处遇的矫正规范,还要保证规范的科学性和全面性,否则就会导致实践中规范落空,实际上退回到矫治个别化和随意化的旧路上去。而要保证规范的科学性和全面性,在形成社区矫正风险评估及其对应的处遇措施规范时就必须考虑我国违法犯罪的实际展现状况和违法犯罪人的在地化特征,在大量实证研究并科学论证的基础上方能形成适应本地需求的风险评估和处遇规范[3]。

四、危险预防思潮推动下的监督管控职能

随着世界进入风险高发与难以预测的风险社会时代,社会矛盾冲突急剧增加,控制社会风险的需求大增,传统社区矫正那种强调福利主义式的教育改造违法犯罪人、帮助其复归社会的职能思路明显不能适应风险控制的即时

---

[1] 参见李川:《从特殊预防到危险管控:社区矫正之理论嬗变与进路选择》,《法律科学(西北政法大学学报)》2012年第3期。

[2] 参见金碧华:《社区矫正风险评估机制的分析与思考》,《南通大学学报(社会科学版)》2009年第2期。

[3] 如江苏省通过对本身社区矫正犯罪人的实际犯罪因素的实证调研和研究,结合在地化特色因素设计了江苏省社区矫正风险评估体系。当然这一体系的完善性还有待进一步考察。参见张新民:《社区矫正风险评估研究》,南京大学出版社2009年版,第32-33页。

与大幅需求,基于福利主义教育矫治逻辑的社区矫正效果有限且成本高昂,由此就要求必须在社区矫正职能体系中增加对监督管控的考量,以社区的安全性隐忧为着眼点,以风险控制为考量依据,社区矫正有限限制人身自由以及监督控制矫正对象的机制得到了重视,推动产生了基于危险预防的监督管控职能思路。

就监督管控职能的具体逻辑而言,对社会冲突的持续担忧产生了风险社会意识,时代发展已经进入风险因素纵横交错和愈加难以把控的风险高发态势。在这种意识的影响下,危机重重的社会的首要任务是危险预防,社会刑事政策应从传统的危害追究和罪犯改造范式向违法犯罪管理与预防范式转型,社区矫正的主要职能应从内在矫治恢复犯罪人的正常人格使其复归社会的长期缓慢运行逻辑向外在控制剥夺罪犯风险制造能力的即时快速功能转换。这就要求作为刑罚处遇方式的社区矫正也须着重风险的评估与直接管控,处遇技术逻辑从个人责任追究与人身危险矫治转变为犯罪人风险标定与分级监管。此外,由于福利主义的不堪重负与矫正效果的有限性,亟须从新的制度效益视角重新衡量社区矫正的有效性,危险预防控制逻辑需求正是与之相适应而产生的。在危险预防的新语境下,能够以最小的成本最大限度上抑制再犯风险的措施就是最为有效的社区矫正措施。因此必须对社区矫正措施中具有风险监督管控职能的措施进行精细计算,根据其所针对的不同类型矫正对象风险控制的有效性形成风险控制体系,由此必须对社区矫正的风险控制进行深入研究[1]。

以上两方面新需求合流,社区矫正的职能重点自然同其他刑罚处遇一样,转变为对违法犯罪人社会危害风险的分流监控。菲利(M. Feeley)和西蒙(J. Simon)认为,这标志着集体主义和危险管控趋向的新刑罚学的诞生,违法犯罪人从可担责和可悔改的能动主体转变为被调控与处理的被动客体,危险预防和社会治理本位得以确立。新刑罚学将社区矫正的职能机制着眼于风险精算基础上的分流监控,并形成一套以风险治理和剥夺风险制造能力为导向的、与教育改造的改善主义相区别的危险管控制度体系[2]。首先,这套体系借鉴保险学"大数法则",在社会风险因素量化数据采集、分类、筛选和归

---

〔1〕 参见李川:《修复、矫治与分控:社区矫正机能三重性辩证及其展开》,《中国法学》2015年第5期。

〔2〕 See Malcolm M. Feeley, Jonathan Simon. The New Penology: Notes on the Emerging Strategy of Corrections and Its Implications. *Criminology*,1992,30(4),pp.449-474.

纳的基础上,科学性地精算违法犯罪因子及其生发、抑制概率,通过对违法犯罪人的社会风险而非人身危险的定量分级与管控效用的收益排列组合,设置一套精确的社会学意义上的风险等级评估标准及其对应的分级分类管控系统,最终根据不同风险等级需要对犯罪人分流设置适度的监督或隔离应对措施,其标准以风险压制必要性和制度效率、效益最大化为限[1]。其次,社区矫正启动时,对管控对象进行风险评估并根据风险预警等级将违法犯罪人分流配置到对应的可靠监管措施下,并在矫正过程中定期根据违法犯罪人风险程度的变化而动态调整监管措施。社区矫正启动时的静态风险评估与社区矫正进程中的动态风险评估应有机结合起来,采取静态犯因史与社会影响史因子和动态行为表征因子耦合评估处遇的方式,针对性地控制违法犯罪人的现实再犯风险[2]。至于基于特殊预防的违法犯罪人内在矫治方法和过程则不再重要,矫治结果也只是用来评估管控措施的风险指标而已。社区矫正要实现这一职能,重要的不是矫正措施有效,而是更广、更严谨、更多样化地控制违法犯罪人,此时社区矫正应扩张监控范围并加强监控网络。最后,社区矫正机制设计要不断适用这种违法犯罪处遇需求,物理设施和思维方法都要面向着密集监控和适度隔离目标创新。正是主要在这种职能意义上,成熟社区矫正实践中发明了电子监控、居家矫正、训练营和中途之家等具备不同等级的社会限制和分离强度的创新性措施[3]。

五、修复预防需求下的社会修复职能

随着被害人保护和恢复性司法理念的兴起,对违法犯罪所破坏的社会关系的修复和被害人正义需求的满足成为包括社区矫正在内的违法犯罪处遇的新目标,从更好地教育矫治违法犯罪人,使其顺利回归社会预防再犯的意义上,社区矫正在职能立场上不得不关注社会修复和被害人保护职能的新内涵,从而形成社会修复职能。一方面,要使得违法犯罪人在社区矫正过程中与矫正后顺利回归社会、融入社会,消除再犯能力,包括被害人与社区在内的

---

[1] See F. Bérard, M. Vacheret, G. Lemire. Risk Management in the Correctional System of Canada: A Problematic Model. *Howard Journal of Criminal Justice*, 2013, 52(3), pp. 254-256.

[2] See Garth Davies, Kelly Dedel. Violence Risk Screening in Community Corrections. *Criminology and Public Policy*, 2006, 5(4), pp. 746-747.

[3] 参见李川:《修复、矫治与分控:社区矫正机能三重性辩证及其展开》,《中国法学》2015年第5期。

社会接纳就是实现这一目标的制度前提[1]。然而违法犯罪对社会和谐与秩序的破坏大大增加了社会接纳的难度,由此社区矫正就应考量首先修复社会关系与社会秩序,特别是受到直接伤害的被害人与社区的损害应该首先被修复,才能形成有效的对违法犯罪人的谅解与接纳。由此考量违法犯罪行为所造成的破坏性,社区矫正可以采取定向修复的处遇措施,通过违法犯罪人实施定向的该当补偿性处遇义务如为受害人提供劳务或帮助等可实现对受害人的物质或劳务补偿,实现对被害人与社区损失的修复。此外,通过向被害人的诚心悔罪而保障被害人的正义心理满足,从而修复加害-被害关系[2]。另一方面,要更好地预防再犯,社区矫正也需要考量因为违法犯罪行为而被破坏的一般性的社会规范效力与社会秩序。可以通过具体的专门针对法效力恢复的社区矫正措施,如社区矫正中通过规范认知学习使得违法犯罪人不仅认识到规范内容,还在内心形成对规范的信服,恢复规范的有效权威地位,就可以实现对再犯的有效预防。

我国刑事司法体系中被害人保护和恢复性司法的力度仍相对羸弱,虽然《刑事诉讼法》中规定了被害人的当事人地位和参与诉讼的各种权利,也专门规定了基于被害人同意的和解程序这一带有恢复性司法意蕴的制度,但这些制度都集中在量刑及其之前的阶段,而在嗣后的行刑阶段仍极度缺乏有效的被害人保护机制。而社区矫正基于社会修复职能,则必须满足恢复性司法和被害人保护的需求,这一方面表明了行刑阶段也必须重视恢复性司法的应用和被害人权利的保护,另一方面也为我国行刑阶段的恢复性司法和被害人保护制度的形成提供了具体的借鉴机制。即在社会修复职能的决定下,社区与被害人在作为行刑方式的社区矫正中居于不可或缺的独立地位,其并非作为服务于良好改造目标的辅助参与者出现,而是对该社区矫正措施具有重要决定权,并作为矫正服务的必然对象和矫正评估的关键主体面貌出现[3]。受此理念影响,扩张后的社区矫正走出刑罚领域,在实践中须逐步重视矫正的

---

[1] See Paul H. Robinson, Joshua Samuel Barton, Matthew J. Lister. Empirical Desert, Individual Prevention, and Limiting Retributivism: A Reply. *New Criminal Law Review*, 2014, 17, pp. 315 - 317.

[2] See Peter Strelan, Jan-Willem van Prooijen. Retribution and Forgiveness: The Healing Effects of Punishing for Just Deserts. *European Journal of Social Psychology*, 2013(43), pp. 544 - 545.

[3] 参见郑列、马放飞:《社区矫正的新发展——恢复性司法的运用》,《犯罪研究》2007年第4期。

回报社会的效果和被害人补偿机制,确定社区矫正的服务令等措施时既需考虑社区的受益情况和公众效应,以满足公众的正义期待心理,又需考虑对被害人的心理和物理补偿,对被害人定向的悔罪式交流和补偿性劳务成为社区矫正的优先选择[1]。

总之,社区矫正的制度实践虽然缘起于特殊预防的目的需求,但亦是随着社会境况变迁和刑事政策演变而不断创制、实验、转捩、形塑并最终重构理念机制的动态发展过程。在这一过程中,来自不同理论预设的威慑鼓励、社会修复、规范矫治和监督管控职能分别满足了对社区矫正的不同制度需求面向,推动社区矫正向目标多元和职能复合的多维图景延展,最终成为社区矫正机制设置与证成、运行导向与规制以及措施分析与择取的决定性因素。注意到这一逻辑演变,未来扩张后的社区矫正必然不能局限于单一的教育矫治职能论,根据社会处遇的广泛职能需求,必须从特殊预防职能一元论向多元复合职能方向延伸扩展。

六、社区矫正扩张后的多元职能定位

在反思特殊预防职能一元论的基础上,须进一步根据扩张后的社区矫正职能多元化的需求,探求科学的社区矫正职能体系。而纵观20世纪70年代世界对特殊预防职能一元论的批判与社区矫正职能的演进史,可以发现社区矫正多元职能的演进逻辑:理论界从双面预防、规范矫正、风险控制、刑罚公平四个方向进行反思,从而超越了传统特殊预防论,体现了威慑鼓励、规范矫治、监督管控、社会修复四种独立分化的职能,这些职能与前述一般处遇职能意义上的一般预防、特殊预防、危险预防、修复预防恰成对照。此后四种职能不仅理论上结合社会思潮渐趋成型,在实践中也交错形塑了社区矫正的发展,社区矫正新兴机制如折中处遇等都体现了四者的辩证影响。

首先,受一般预防处遇职能决定,社区矫正应具备规范威慑与鼓励守法的双面预防职能。社区矫正应具备基于规范惩罚机制而产生的双面预防职能,既根据功利主义的原理通过抽象观念上的社区矫正痛苦预期威慑潜在的违法犯罪行为人,使其不敢实施违法犯罪行为,又通过社区矫正机制所体现的规范的有效性使普通民众形成内心的法律信服,正面鼓励民众遵守法律规

---

[1] 参见李川:《修复、矫治与分控:社区矫正机能三重性辩证及其展开》,《中国法学》2015年第5期。

范,从而形成良好的守法习惯而不愿实施违法犯罪行为。

其次,受特殊预防处遇职能决定,社区矫正应具备超越医疗模式的、体现法律治理逻辑的规范矫治职能。社区矫正的实践失衡难题在特殊预防论内部引起了对医疗模式随意性进行变革的需要。要合理改造医疗模式只能从刑罚个别化的相对性入手,人身危险性的抽象分类和定量分级作为可科学归纳划分的规律对象,能够在特定意义上规范化,并确立普遍适用的类型化处遇措施。成熟经验中,对人身危险性的规范式评估与处遇逐步复杂科学化,经历了静态、动态、风险/需求响应的三代模式演化成完善体系,并产生了如CAIS等许多成熟标准。我国实践对国外的成熟评估机制进行了"拿来主义"式借鉴,却对规范的科学性和全面性认识不足。盲目照搬造成了部分风险评估因素(如种族等因素)不适合我国国情且未能配套借鉴其处遇机制。因此须科学规范研究我国犯罪风险实际状况。

再次,受危险预防处遇职能决定,社区矫正应具备基于人身风险的监督管控职能。在"他者犯罪学"决定和风险社会需求下,社区矫正开始着重风险的评估与直接管控,处遇技术逻辑从个人责任追究与人身危险矫治转变为犯罪人风险标定与分级监管。这标志着集体主义和管理主义的新刑罚学的诞生。社区矫正形成一套以风险治理和剥夺风险制造能力为导向的管理主义制度体系。社区矫正机制设计创新了电子监控、居家矫正和中途之家等不同限制强度的措施。我国社区矫正实践更加重视安全管理工作,却无法上升到风险分流管控理论层面来思考分析;而且我国社区矫正职能研究长期忽视监督管控职能,从而与实践需求脱节。这造成实践中管理监控的责任重大却手段单一、成本高企。这凸显了对监督管控职能进行研究的重要意义。

最后,受修复预防处遇职能决定,社区矫正应具备被害人保护与社区修复的职能。随着被害人保护和恢复性司法理念的兴起,社区矫正被赋予了社会修复和被害人保护职能的新内涵。受此影响,社区矫正应定向满足社区和被害人的正义心理需求及物理性需求,合理修复社会秩序。我国行刑领域的被害人保护制度严重缺失。社区矫正社会修复职能表明了行刑阶段也必须重视恢复性司法的应用和被害人权利的保护。社区与被害人在社区矫正中居于必要独立地位,社区矫正实践应重视矫正的回报社会的效果和被害人补偿机制。

第二节　社区矫正复合职能体系的结构辨析

扩张后社区矫正的四种职能来自各自相对独特的治理目标和处遇理念，共同作用于社区矫正实践时既可能相互补充、均衡互动，也可能带来多元职能的竞争、冲突和择取问题，因此，需要在职能逻辑体系中辩证确定不同职能各自的定位并排定优选序列，确定不同职能逻辑上的互补衔接关系，形成科学的复合职能辩证关系。特别是扩张后的社区矫正作为劳教废止后的填补性制度必须满足对作为原劳动教养对象的较轻违法犯罪人的特殊处遇需求，这就需要在社区矫正复合职能的结构内部反映出其职能的独特性。此外，还需要观察的是在风险社会的当下，四种职能都表明了与特定性质或程度的社会风险控制的必然联系，根据不同风险需求的轻重缓急，也可以确定不同社区矫正职能面对不同风险择取需要时的选择特征。

一、社区矫正复合职能的内在定位

社区矫正的职能目标决定了社区矫正的制度属性和发展方向，因此，社区矫正职能的合理确定也同时保障了具体社区矫正机制的合理性和有效性。多元复合职能的发展趋势表明，扩张后的社区矫正制度应该是体现和满足威慑鼓励、规范矫治、监督管控、社会修复职能的有机整体，一般制度设计应融贯体现四种职能的地位和逻辑。而要想充分保障与实现复合职能体系，必须明晰复合职能体系的内在关系。而要明确复合职能体系的内部关系，就要首先明确不同职能在体系内的各自定位，并在这一定位基础上分析其内部的衔接关系，方能为职能逻辑的展开与实践的择取提供具体指引。而就内在定位而言，一方面，需要考虑到社区矫正不同职能的理论根据以及与社区矫正职能的联系特点，另一方面，更要考虑到作为社区矫正对象的较轻违法犯罪人的特殊处遇需求，保障特殊预防与教育矫治的独特优先地位。

（一）规范矫治职能是社区矫正制度的优先核心目标

如前所述，考虑到作为社区矫正对象的较轻违法犯罪人的特殊处遇需求，社区矫正制度仍然需要以规范矫治职能为制度的优先核心目标。即在社区矫正诸多职能目标中，应该优先满足教育矫治需求，重点采用能够有效实现特殊预防效果的处遇手段。当然，以规范矫治职能为社区矫正的优先核心目标与前述特殊预防职能一元论完全不同，其并不意味着就不考虑其他职能的存在,也不意味着不需要考虑矫治职能在整体职能中的衔接关系,而只是表明在诸种职能需要择取时的选择顺位,否则就又回到了社区矫正职能一元论路径。实际上,从职能互动的意义上,规范矫治职能还需要其他职能的帮助与支持才能有效地实现[1]。如社会修复职能的实现可以有效保障接受社区矫正矫治的违法犯罪人能够顺利回归融入社会,不会因为被排斥而重新走上违法犯罪的道路;而监督管控为社区矫正的科学矫治提供了风险评估依据,能够动态分析了解矫治的具体效果。所以矫治职能的优先性并不意味着对其他职能的削减或剥夺,而只是反映矫治职能在多元职能体系中的地位。

此外,如前所述,吸取传统矫治医疗模式的教训,在法治时代要满足矫治的原生目标,社区矫正制度必须在规范化逻辑下展开,以保证矫治的公平性及其矫治效果[2]。而规范矫治须以风险评估处遇为中心,这就要求未来社区矫正的制度设计应保证设置科学和完整的风险评估及其相应的处遇制度,风险评估因素应在实证研究的基础上充分体现我国国情,而风险评估的结果必须设置相应的多元处遇制度进行衔接[3]。

(二) 威慑鼓励职能是社区矫正制度的基本属性

社区矫正作为部分限制人身自由的处遇措施必然带有一定的惩罚属性,这种惩罚属性通过规范制度预先地、明确地向社会显示出其对违法犯罪人针对性的痛苦的施加,使得社会中的一般人都受到惩罚机制的规范性影响,一方面形成稳定的实施违法犯罪行为会受到惩罚的制度预期,另一方面也通过惩罚实现大家对权威效力恢复的期待,鼓励大家建立对法律的信心。因此威慑鼓励职能是社区矫正制度天然具备的基本制度属性,不需要其他另行规定而仅通过对社区矫正的制度预期就可以实现。因此可以说威慑鼓励职能是与社区矫正规范属性紧密联系在一起的职能属性,其实现效果取决于规范的有效性。

在特定意义上,威慑鼓励职能对社区矫正制度的法治化程度提出了较高标准,社区矫正无论是实体上还是程序上都必须实现规范化,通过立法形式

---

[1] 参见但未丽:《社区矫正:理论基础与制度构建》,中国人民公安大学出版社 2008 年版,第 93 - 94 页。

[2] See Edward J. Latessa, Paula Smith. *Corrections in the Community*, Anderson Publishing Company, 2011, pp. 73 - 75.

[3] 参见李川:《修复、矫治与分控:社区矫正机能三重性辩证及其展开》,《中国法学》2015 年第 5 期。

形成相对完善的规定,方能保证威慑鼓励职能的充分展现。从这一意义上,社区矫正制度就显出针对劳动教养规范缺失弊端的替代优势,为了满足威慑鼓励职能,社区矫正必然通过规范化的形式首先实现规范的完整性,不会重蹈劳动教养规范缺失的覆辙。

(三)监督管控职能是社区矫正维护安全的直接机制

社区矫正不仅是通过教育矫治违法犯罪人防范其再犯而保障社会安全,更是直接和基本地通过对不同风险的违法犯罪人的监管措施直接实现隔离性防范。社区矫正制度设计中不仅应具备科学完善的处遇制度,还须根据风险评估结果设置相应的直接防范措施,根据不同风险程度采取宽紧相应的监控措施,保障社会的直接安全。监督管控职能根据风险需求而对社区矫正具体制度提出了更多元、复杂的规制要求,社区矫正制度设计中的关键机制问题如风险评估属性、禁止令的确定依据以及折中处遇的借鉴等都需要厘清风险机制的决定和影响状况,体现风险社会下对防范风险需求的快速响应与满足。而当下风险评估属性、禁止令的确定依据以及折中处遇的借鉴,由于传统职能一元论出现了许多与危险预防需求实践的龃龉之处,严重影响了社区矫正制度的直接成效,从而需要依托社区矫正的监督管控职能进一步精密计算风险,形成准确的危险预防制度。社区矫正的监督管控职能在实践中可以更好地实现社区矫正的安全管理责任,通过风险的精准管控,以更小的成本实现社区矫正更大的制度收益[1]。

(四)社会修复职能是社区矫正制度的扩展机制

社会修复职能表明作为一种社会治理机制,社区矫正可以满足的社会需求的广度与深度,不仅可以单纯围绕违法犯罪人展开其制度职能,而且可以从更广阔的社会关系与社会秩序角度着眼,从违法案犯罪人与受害人、社区和社会整体互动联系的意义上充分发挥社区矫正对社会秩序的维护功能,因此是一种大大扩展社区矫正制度功能的创新机制。这一机制是在将社区矫正放到整体社会治理的更宽广的背景体系下产生的新的思路,不仅可以充分发挥社区矫正的现有机制,也可以进一步强化社区矫正在整体社会处遇体系中的重要地位,体现出社区矫正相比于监禁处遇的明显制度优势。

在此基础上,恢复性司法和被害人保护都作为对社会处遇的新的时代需

---

[1] 参见李川:《修复、矫治与分控:社区矫正机能三重性辩证及其展开》,《中国法学》2015年第5期。

求从社区矫正的传统职能中自然延伸出来,并通过社会修复职能被纳入社区矫正的职能体系之中,需要社区矫正制度加以体现和表达。因此,未来扩张后的社区矫正制度设计中应明确恢复性司法程序和被害人保护的基本原则,规定具备被害人补偿和社区补偿性质的社区服务,规定被害人和社区代表参与的社区矫正协商圆桌会议等模式,以满足社会修复的基本需求,充分体现社区矫正的制度价值。

二、基于处遇原理的职能辩证关系

要科学分析矫治、威慑、管控与修复四重职能的辩证关系,就要以主体哲学预设及其刑罚学语境为比较平台,深入厘清四种职能的原理区别与重叠关系,以准确判定其辩证适用结构。

首先,威慑鼓励与社会修复在发生阶段上有职能衔接性。社会修复虽然受到被害人保护与恢复性司法的影响,但从原初哲学依据而言,其理论内核以公正应报为核心,其理论基础是刑事古典学派理性人假设及其罪责自负理念[1]。古典学派认为人是具有认识和控制自我行为能力的自决性主体,这一属性是抽象的、共同的,不受社会变化左右。违法犯罪人作为主体,有意识地违背社会规范进行违法犯罪的自我选择,主体就应自我承担由此带来的谴责性和惩罚性后果,这是个人向社会负责的表现。而违法犯罪本身在特定意义上就是破坏了这种个人与社会之间的责任默契理论,因此违法犯罪之后,包括被害人、社区与社会整体就期待违法犯罪人承担与履行自我责任,进一步依据这种理论设定违法犯罪人应向受害人、社区与社会整体承担修复责任,修复责任是自我责任理论之延伸[2]。而这种理性人设定恰恰与威慑鼓励职能有相同之处。威慑鼓励职能如前所述是以一般预防学说为基础的,一般预防学说的代表人物无论是边沁还是费尔巴哈也都在观点立场上做出了理性人的假设,即认为一般社会主体都可以认识控制自己的行为,只不过一般预防认为可以运用理性人的自主控制原理,通过施加法规范规定的刑罚痛苦而使得人们自觉不选择违法犯罪行为[3]。由此可见,就基本原理而言,威慑鼓励与社会修复其实有共同的理性人假设基础,只不过威慑鼓励职能关注

---

〔1〕 参见陈兴良:《刑法的人性基础》,中国方正出版社1999年版,第28页。

〔2〕 参见杜宇:《"犯罪人-被害人和解"的制度设计与司法践行》,《法律科学(西北政法大学学报)》2006年第5期。

〔3〕 参见张明楷:《责任刑与预防刑》,北京大学出版社2015年版,第19—20页。

的是威慑鼓励,尚没有违法犯罪的潜在犯罪人,注重的是违法犯罪前的控制,而社会修复关注的是已经违法犯罪的主体向社会承担修复职责,注重的是违法犯罪后承担责任。以违法犯罪行为发生为界,二者职能实现的阶段与对象有所不同,但可以相互衔接发挥作用,首先社区矫正通过威慑鼓励职能可以预防未来潜在的违法犯罪行为发生,而如果违法犯罪行为未受到威慑而发生,可以通过社会修复使违法犯罪人承担起对被害人、社区与社会的相应责任[1]。

其次,规范矫治与社会修复职能具有职能互补性。规范矫治的理论基础恰是在批判前述理性人假设的基础上形成的社会人设定及其社会决定理念。理性人假设随着科学主义思潮的兴起和实证方法论的流行而受到空前责难,实证学派直指作为应报基础的理性人假设是伪命题,而认为犯罪人应是社会性的、具体的和被决定的。这一社会人设定成为包括规范矫治在内的教育矫治论的理论基础。既然违法犯罪在实证意义上不是一种自我选择,而是受诸种社会因素决定,对违法犯罪人处遇也就不应再秉持罪责自负原则而处罚违法犯罪人,而是根据社会因素决定的人身危险性程度予以处理,除了必要的隔离剥夺外,有矫正可能的违法犯罪人都要接受教育矫治,以消除社会不良因素的影响,恢复被社会扭曲的正常人格[2]。作为矫正根据的不再是应报论视角下的犯罪行为,而是用以表征社会负面影响的人身危险性程度。可以说,社会修复与规范矫治在哲学预设、正当根据和运行逻辑上都有根本差别,典型地体现了处遇面向已然之行为与未然之可能的两个不同方向。但是,正是这种基础意义上的原理差别,社会修复与规范矫治与其说可能提供不同的措施方向选择,不如说可以实现基于不同维度的职能互补。如前所述,社会修复的立场方向是向后的,面向已然之行为和已经遭受违法犯罪破坏的社会秩序和被害人修复展开;而规范矫治的视野则是面向未来的,通过矫治消除违法犯罪人的未来再犯可能性,使其有效复归社会。社区矫正不仅可以通过分开的措施满足这两个不同的面向,更可以设计同一机制效率性地兼顾满足此两种职能。比如专门设计针对财产犯罪受害人的定向悔罪和服务补偿矫正措施,一方面可以使受害人得到心理和物质的满足,修复已然之罪形成的

---

[1] 参见李川:《修复、矫治与分控:社区矫正机能三重性辩证及其展开》,《中国法学》2015年第5期。

[2] 参见邱兴隆:《关于惩罚的哲学:刑罚根据论》,法律出版社2000年版,第162-163页。

加害-受害关系,另一方面,也使得违法犯罪人认识到自己行为对受害人所造成的伤害,有利于其真诚悔过和心理改造,更好地实现矫正效果。出于满足社会修复与规范矫治职能互补的效益性,同时满足复合职能的举措应得到优先采用和实施[1]。

最后,从风险整合意义上,监督管控可以为其他职能提供有效实施的保障。监督管控的理论基础是具备经济理性的情境人立场及其违法犯罪控制理念。20世纪后半期,由于认识到社会人理念及其影响下的特殊预防效果有限,基于自我选择的理性人假设又重回刑罚学视野,但是,新理性人预设吸取了绝对理性主义的教训和社会决定论的合理性,借鉴经济学中受环境变量影响的经济人假设,形成了情境理性的立场,一方面承认主体有自身进行风险与效益评估决策的理性能力,另一方面又强调这一理性决策以社会情境因素为决定性输入变量,受环境因素影响。这种观点是在整合了理性人与社会人设定合理性基础之上的创新发展,不仅在理论基点意义上弥合了报应论和矫正论的落差,也为两种观念融合提供了新的语境平台。特别是随着情境理性研究的深入,违法犯罪作为一种风险成本,其对行为治理的影响日益突出,犯罪学和刑罚学理论皆发展出围绕风险管理为核心的违法犯罪控制治理语境。依据代表性的日常犯罪学之观点,在情境理性的立场下,犯罪行为变为可以根据日常生活中的输入变量进行风险与效益计算的输出结果,因此犯罪不再是反常的、偶然的,违法犯罪成为可以理性分析和预测的对象,包括刑罚处遇在内的社会处遇重点不应再是道德报应、公平正义或罪犯矫正,而是违法犯罪的管理控制[2]。甚至从广义而言,那些传统作为风险外因素的惩罚、矫治、修复通过情境理性基础上的语境转换,作为违法犯罪对策和风险管理的输入变量不再各自为政,而是在危险预防的统一语境下实现职能意义上的定位整合。而监督管控作为危险预防的基础机制,就成为其他惩罚、矫治、修复机制的展开前提,只有首先通过监督管控机制有效控制住了基本风险,惩罚、矫治、修复才能根据其各自体现的风险控制能力具体展开。这一立场在当前风险社会情势下越来越成为社区矫正的处遇共识,实践中风险控制应成

---

[1] 参见李川:《修复、矫治与分控:社区矫正机能三重性辩证及其展开》,《中国法学》2015年第5期。

[2] See Jock Young. Searching for a New Criminology of Everyday Life. *The British Journal of Criminology*, 2003, 43(1), pp. 228-229.

为其他职能展开的基础[1]。

三、职能辩证结构

情境理性和风险犯罪学语境下的违法犯罪处遇有两个不同层面的含义。狭义而言,违法犯罪处遇是基于风险犯罪学而新生的独立处遇要求,在社区矫正中,其职能既不同于社会修复,也不属于规范矫治,而以对处遇对象社会风险性的精算评估并采取相应的监督管控为运作逻辑。这种逻辑秉持"防火墙"式的适度隔离思路,既不像监禁那样物理性隔绝违法犯罪人和直接剥夺人身自由,也不彻底放任处遇对象自由活动,而是通过对处遇对象进行密集监督和恰当限制自由来过滤处遇对象的危险面,以防范违法犯罪。受此职能影响和决定,那些虽无矫治正向效应但具备密集监督职能的电子监控手段与灵活过滤再犯机会的资格褫革措施在西方社会的矫正实践中大行其道。虽然规范矫治职能通过教育改造处遇对象最终也减少或消除了再犯概率,降低了社会风险,但这并非在改造过程中对违法犯罪人当下风险的直接隔离型监管,因此并不属于狭义的违法犯罪处遇。狭义的违法犯罪处遇强调的是从社会集体主义视角的对违法犯罪人危害社会风险的监督预防,对从违法犯罪人个体视角出发的矫正情况并不关心[2]。

然而,随着风险犯罪学逻辑在刑罚处遇领域的不断扩张,对风险的认识和理解愈加丰富,越来越多的处遇职能通过违法犯罪处遇概念的涵摄被纳入这套"违法犯罪人—风险"话语体系中得以整合,惩罚、修复、矫治等各种早期社区矫正职能都具备了广义的违法犯罪处遇意义,广义的危险预防成为真正的处遇一般原理,即在违法犯罪处遇这一语境下,作为社区矫正职能的威慑鼓励、社会修复、规范矫治和监督管控都只是在不同风险层次上的对社会风险的管理和控制而已,且根据这种不同风险层次的重要性可以决定四重职能的择取方向[3]。

第一,监督管控作为最典型的违法犯罪处遇机制,所要预防的是违法犯罪人在社区矫正过程中的现实风险,因此,这一职能在社区矫正违法犯罪控

---

[1] 参见李川:《修复、矫治与分控:社区矫正机能三重性辩证及其展开》,《中国法学》2015年第5期。

[2] 参见吴宗宪:《社区矫正比较研究(下)》,中国人民大学出版社2011年版第403页。

[3] 参见李川:《修复、矫治与分控:社区矫正机能三重性辩证及其展开》,《中国法学》2015年第5期。

制体系中最为紧迫,也最先择取考量。要实现这一职能,重要的是从开始就要准确评估违法犯罪人的风险程度,以采取必要的足够剥夺违法犯罪人再犯能力的监督措施,保证矫正全过程的管控效果。所以不仅处遇过程中对违法犯罪人的风险评估机制需要准确、相关监控措施必要得当,早在决定是否给予社区矫正的处遇决定阶段,就需要对这种现实风险进行有效评估,保证社区矫正措施足以控制违法犯罪人。如我国《刑法》规定的作为社区矫正决定因素的"没有再犯罪的危险"就是基于这一考量。

第二,规范矫治在违法犯罪处遇语境下也可以理解为对风险的控制,只不过其要控制的风险性质与监督管控职能不同,并非矫正中的现实风险,而是矫正后的再犯风险,即保证经过处遇的违法犯罪人不再具备危害社会的直接风险。这一职能防范的风险相对晚于矫正中现实风险的生发阶段,紧迫性相对弱,但最为重要,因此应该作为根本的危险预防问题加以考量。实现这一职能的重点,在于矫正过程中以人身危险性为代表的行为风险评估的准确性和针对违法犯罪人的矫治措施的得当性。

第三,威慑鼓励是通过规范长期实现的对社会一般人的潜在违法犯罪风险之预防,风险针对性弱,也不需要考量紧迫性,因此应作为规范调整时的风险选择考量。威慑鼓励主要通过规范无差别的适用来实现普遍性的威慑与鼓励守法。因为不如规范矫治般具有明确的针对性,因此相对更难表明风险的范围,预防效应更为长远缓慢,因此通常仅作为立法调整的风险影响因素。

第四,社会修复所预防的风险相对更为间接和遥远,其所具备的社会恢复性司法和被害人保护内涵,在某种程度上可以防范违法犯罪行为带来的因为社会秩序和被害人利益受损而造成的社会风险,这种风险可以说是由违法犯罪所带来的间接社会风险,在风险紧迫性和优先保护等级上相对最低。

总而言之,在广义违法犯罪处遇语境下,一方面,无论矫正时的现实风险、矫正后的再犯风险还是间接社会风险都是需要管控的风险的不同侧面,这进一步表明了前述监督管控、规范矫治、威慑鼓励和社会修复职能都是具有独特价值的社区矫正的必要职能,在社区矫正机制和措施可以同时兼顾时不能偏废。另一方面,当社区矫正制度面临职能之间的竞争或优先性选择时,依据预防和管控的风险性质与优先级差,又可以在四重职能中辩证确认其优先适用序列:监督管控所预防的矫正现实风险在急迫时应作为即时考量;规范矫治所管控的矫正后再犯风险时限略晚,但基于社区矫正的职能优先性,其应居于核心地位,是一般意义上的优先选择重点;威慑鼓励所预防的潜在风险针对性弱,相对并不紧迫,主要是规范成立立法时应予以考量的;而社会修复所防范的社会风险相对最为遥远和间接,可在最后考量[1]。

四、社区矫正多元职能的体系整合

复合职能的研究表明,扩张后的社区矫正制度应该是满足威慑鼓励、社会修复、规范矫治和监督管控职能的有机复合整体,社区矫正制度设计应融贯体现这四种职能的地位和逻辑。就各自职能体系内的定位而言:第一,社会修复职能是社区矫正制度作为社会处遇制度得以确立的前提。社会修复职能表明了社会处遇整体所应满足的应报正义需求,社区矫正作为处遇模式也要满足这一需求。因此,未来社区矫正设计中应明确恢复性司法程序和被害人保护原则,规定具备被害人补偿和社区补偿性质的社区服务、被害人和社区代表参与模式等。第二,规范矫治职能是社区矫正制度的优先核心目标。要满足矫治的原生目标,社区矫正制度必须在规范化逻辑下展开。这就要求未来制度设计应保证风险评估处遇制度科学和完整,风险评估因素应在实证研究的基础上充分体现我国国情,并设置相应的多元处遇制度衔接。第三,威慑鼓励职能是社区矫正制度的基本属性。社区矫正天然的限制人身自由的惩罚机制通过规范的稳定预期,不仅起到了稳定的威慑职能作用,也自然鼓励了普遍守法的意识。第四,监督管控职能是社区矫正维护安全的基础机制。社区矫正制度设计中还须根据风险评估结果设置相应的直接防范措施,根据不同风险程度采取宽紧相应的监控措施,保障社会的直接安全。社区矫正制度中的关键机制问题都需要厘清多元机制的决定和影响原理,这是复合职能论制度展开的论理前提。

就职能内部相互关系而言,要科学分析矫治、威慑、管控与修复四重职能的辩证关系,就要以主体哲学预设及其刑罚学语境为比较平台,深入厘清四种职能的原理区别与重叠关系,以准确判定其辩证适用结构。首先,威慑鼓励与社会修复在发生阶段上有职能衔接性。就基本原理而言,威慑鼓励与社会修复其实有共同的理性人假设基础,只不过威慑鼓励职能关注的是威慑鼓励尚没有违法犯罪的潜在犯罪人,注重的是违法犯罪前的控制,而社会修复关注的是已经违法犯罪的主体向社会承担修复职责,注重的是违法犯罪后的

---

[1] 参见李川:《修复、矫治与分控:社区矫正机能三重性辩证及其展开》,《中国法学》2015年第5期。

负责。其次,规范矫治与社会修复职能具有职能互补性。社会修复的立场方向是向后的,面向已然之行为和已经遭受违法犯罪破坏的社会秩序和被害人修复展开;而规范矫治的视野则是面向未来的,通过矫治消除违法犯罪人的未来再犯可能性,使其有效复归社会。最后,从风险整合意义上,监督管控可以为其他职能提供有效实施保障。风险语境下,监督管控作为危险预防的基础机制,就成为其他惩罚、矫治、修复机制的展开前提,只有首先通过监督管控机制有效控制住了基本风险,惩罚、矫治、修复才能根据其各自体现的风险控制能力具体展开。

此外,就风险选择而言,可以通过风险排列进一步确定不同职能之间的先后择取顺序。风险犯罪学语境下的犯罪危险管控有两种不同层面的含义:狭义而言,危险管控是新生的独立处遇要求,其职能以对处遇对象社会风险性的精算评估并采取相应的监督管控为运作逻辑。然而随着风险犯罪学逻辑的扩张,矫治、修复、威慑职能通过危险管控概念被纳入这套风险话语体系中。在广义风险语境下,一方面,管控的现实风险、威慑的预期风险、矫正的再犯风险和修复的间接风险都是管控风险的不同侧面,在社区矫正机制中应兼顾。另一方面,当社区矫正制度面临职能的竞争时,依据风险级差又可辩证确认适用不同情形:监督管控所预防的现实风险最为急迫,应作紧急时考量;规范矫治所管控的矫后再犯风险须在作长远考量时优先选择;威慑鼓励所预防的潜在风险针对性弱,相对并不紧迫,应作为次要选择;而社会修复所防范的社会风险最为间接,应为后选。

为了满足填补劳教废止后的治理空白需求,社区矫正从单纯的刑罚执行领域向违法犯罪整体处遇领域扩张,意味着社区矫正成为涵盖面更广、适用对象更为多元的处遇方式。由此作为行刑方式的社区矫正所存在的职能缺陷就需要从广义处遇职能立场上进行检视反思,在这一过程中既要根据当前时代需求并吸收最新前沿理论发展成果,又必须特别注意吸取原劳动教养制度在职能定位上的错配教训,防止重蹈覆辙,形成真正面对较轻违法犯罪人的科学、有效的矫正处遇职能理论。

第五章

扩张视野下治安社区矫正的新设与衔接

目前社区矫正在我国仅适用于刑罚执行领域,理论上对社区矫正的研究也通常仅限于刑罚领域内的适用问题,较少研究超越刑罚范围的、扩张到针对治安违法领域的广义适用问题。虽然有少量研究主要从介绍国外社区矫正经验意义上涉及社区矫正在刑罚执行领域外适用的可行性[1],但介绍相对简单,也并未体系性地深入研究社区矫正扩张的路径方案。狭窄地定位于刑罚执行领域的社区矫正不能直接作为原劳动教养对象的较轻违法行为人的适用制度。在对象意义上,行刑社区矫正仅作为对犯罪行为的处遇措施而无法直接适用于原劳教适用的治安违法行为处遇的范围;在职能意义上,前述行刑社区矫正适用范围的局限性也导致了教育矫治单一职能的弊端而不能满足对作为劳教对象的较轻违法行为人的多元及特殊处遇职能要求。在我国刑罚与治安管理处罚的二元处遇体系背景下,针对原劳教适用对象的仅治安违法但未达犯罪程度的特点以及多元复合处遇职能需求,契合性地填补劳动教养废止后的处遇漏洞,社区矫正就应适度扩张出刑事法制度范围,能够适用于原劳动教养所属的治安违法行为的处遇范围,如此就产生了新的仅适用于治安违法行为的社区矫正新种类——治安社区矫正。而真正能够涵盖原劳动教养适用对象、满足职能全面性与特殊性需求而填补劳动教养废

---

[1] 参见吴宗宪:《社区矫正比较研究(下)》,中国人民大学出版社 2011 年版,第 423 - 425 页。

止后治理空白的,正是这种治安社区矫正制度。治安社区矫正虽然同现有的行刑社区矫正在非监禁的社会处遇措施的意义上都共同属于广义社区矫正制度,但二者在处遇对象、措施属性、制度定位上又有显著不同,是并列的两种社区矫正制度。这就需要进一步根据劳动教养废止后的社会处遇填补需求明确治安社区矫正特别的处遇目的、适用对象、制度性质、适用条件、适用期限、程序及配套制度,并在此基础上确立其与行刑社区矫正的区分与衔接标准。

第一节 扩张背景下治安社区矫正的产生与定位

一、新设治安社区矫正的必要性

基于劳动教养废止后的漏洞填补要求,我国社区矫正制度应实现超越刑罚领域的制度扩张。社区矫正应扩张其适用范围,并丰富其适用措施,以满足处遇职能的复合需求。由此,社区矫正作为填补劳教废止后漏洞的方式需要扩张到涵盖原劳动教养适用对象的范围,因此就必然使得扩张后新增的社区矫正可以适用于治安违法行为人,明显与作为刑罚执行方式的适用于较轻犯罪人的社区矫正属性相异,成为新的社区矫正形式。而由于扩张后新增的社区矫正适用对象涉及的是治安违法行为,即治安管理意义上的特定危害社会行为,既非刑事法意义上的犯罪行为,也不等同于一般行政法意义上的行政违法行为,因此适用于此种对象的社区矫正也产生了属性上的独特之处,即既非刑罚领域的制度,也非基于行政法目标的一般行政处罚领域的制度,而是以治安管理或社会处遇为目标的针对危害行为的处遇制度,在治安维护与违法犯罪治理意义上与治安管理处罚制度属性相对一致,因此这种社区矫正可以在与行刑社区矫正对照的意义上被称为治安社区矫正。

(一)新的社区矫正形式之产生

作为劳动教养废止后处遇填补方案的社区矫正,必然要从传统的刑罚执行方式的定位向刑罚领域外扩张,这是由其对象和职能属性决定的。基于劳动教养废止后的漏洞填补要求,我国社区矫正制度应实现超越刑罚领域而向治安违法行为处遇领域的扩张:一方面,就矫正对象而言,原劳动教养适用的对象基本都是较轻违法行为人[1]，而当下作为刑罚执行方式的行刑社区矫正仅适用于犯罪人，由此无法直接适用于作为原劳教对象的治安违法行为人，因此无法起到有效的对劳教废止后的治理漏洞的填补作用，此时社区矫正就其对象范围应该扩张至原劳动教养对象所属的较轻违法行为人；另一方面，就矫正职能而言，如前所述，作为刑罚执行方式的社区矫正因为适用范围狭窄也限制了其职能的全面性，狭隘的行刑社区矫正存在特殊预防职能一元论的弊端，难以针对原劳教对象全面满足其多元职能要求和优先满足其特殊预防职能要求，因此也有赖于社区矫正超越刑罚执行领域的扩张，以此赋予其丰富的多元职能满足性。而按照这两方面的要求，社区矫正超越刑罚执行领域的范围扩张到原劳动教养所属的治安违法行为处遇领域后，就产生了新的不同于行刑社区矫正的社区矫正形式。

（二）治安社区矫正之确定

原劳动教养的适用对象是治安违法行为人，而作为刑罚执行方式的社区矫正对象是犯罪人，二者存在属性上的截然差别。由于社区矫正扩张到涵盖原劳动教养适用对象的范围方能填补劳教废止后的制度漏洞，因此就必然使得扩张后新增的社区矫正可以适用于治安违法行为人，明显与作为刑罚执行方式的适用于较轻犯罪人的社区矫正属性相异，由此产生新的适用于治安违法行为处遇的社区矫正形式。由于适用对象涉及的是治安违法行为人，即从治安管理意义上有特定危害社会行为的人；而治安违法行为既非刑事法意义上的犯罪行为，也不等同于一般行政法意义上的行政违法行为，因此适用于此种对象的社区矫正也产生了属性上的独特之处，即既非刑罚领域的制度，也非基于行政法立场的一般行政处罚领域的制度，而是以治安管理或社会处遇为目标的针对危害行为的处遇制度，在治安维护与违法犯罪治理意义上与治安管理处罚制度属性相对一致。根据这种新增的社区矫正主要应用于作为原劳动教养适用的治安违法行为领域的特征，可以在与行刑社区矫正对照的意义上称之为治安社区矫正。通过扩张社区矫正的适用范围形成治安社区矫正制度，不仅处遇范围可以涵盖原劳动教养对象，还可以消除狭义行刑社区矫正的职能缺陷而重新形成广义社区矫正的多元职能与特殊预防优先职能的科学体系，使得社区矫正可有效适用于作为原劳教适用对象的较轻违

---

[1] 根据《公安机关办理劳动教养案件规定》，劳动教养仅有的唯一针对犯罪人的情形是对实施危害国家安全、危害公共安全、侵犯公民人身权利、侵犯财产、妨害社会管理秩序的犯罪行为的人，被法院免予刑事处罚者，可以适用劳动教养。

法行为人,发挥社区矫正制度的更大制度功能。

二、二元社区矫正的差别与关系

(一)治安社区矫正与行刑社区矫正的差别

治安社区矫正与作为刑罚执行方式的行刑社区矫正从社区矫正的制度内涵上具有一致性,即都是通过非监禁的社区内监管与矫治措施而展开的针对违法犯罪和危害社会行为的基本处遇措施,二者在职能与机制上有其基于社区矫正共同制度属性所产生的共性,都应满足多元处遇职能要求并实现特殊预防职能的优先性,因此也都可以形成惩罚、矫治、管控、修复的复合机制。但同时如前所述,治安社区矫正作为扩张到治安违法行为处遇领域的从无到有的处遇制度,与传统行刑社区矫正相比,在处遇对象、措施属性、制度定位上又有显著不同。

首先,就处遇对象而言,行刑社区矫正作为刑罚执行方式,其适用对象是人身危险性较轻的犯罪人。根据刑事法律的相关规定,包括被施以管制、缓刑、假释或暂予监外执行四种情形且在社会中不会造成不良影响或危险的犯罪人方能适用社区矫正。而与之完全不同,治安社区矫正作为劳动教养废止后的填补制度主要适用于作为原劳动教养对象的治安违法行为人而非犯罪人。两种社区矫正对象泾渭分明,分别为犯罪人与治安违法行为人,而从定量入罪门槛的意义上,犯罪人比治安违法行为人的危害行为更重、主观恶意性更高,可以说行刑社区矫正的适用对象比治安社区矫正的适用对象人身危险性更为严重。其次,就措施属性而言,由于适用对象的差别造成适用领域的不同,最终落实到措施属性的差异上。行刑社区矫正的处遇对象就是犯罪人,其本身是刑罚领域的执行制度,所以措施属性上必然带有刑罚特征,是较为严厉的处遇措施;而治安社区矫正如前所述其适用对象是治安违法行为人,其本身是治安管理领域的执行制度,所以其措施属性只能是非刑罚的治安违法处遇制度,是严厉性相对较低的处遇措施。因此,行刑社区矫正是比治安社区矫正相对更重的处遇措施,这就与行刑社区矫正的适用对象比治安社区矫正的适用对象人身危险性更高相对应,重罪重罚,轻行为轻处遇,体现出两种制度属性上的差异。最后,就制度定位而言,行刑社区矫正定位于刑罚制度的执行方式,强调的是刑罚在社会中运行的具体状态,而并不直接体现在独立的刑种或宣告刑之中,因此其适用范围取决于决定其执行状态的管制、缓刑、假释与暂予监外执行的对象范围,无法自由选择;而治安社区矫正可以说是具有独立性的针对治安违法行为的处遇措施,可以与其他违法处遇措施如罚款等选择或联合使用,是相对可以更灵活、更自主的独立违法处遇制度,因此能够较好地自主选择使用,方便按照需求加以规范。由上可以看出,治安社区矫正是与行刑社区矫正明显区分、有独立适用领域和制度定位的社区矫正新制度,但是从处遇对象和措施属性间的比较可见,治安社区矫正与行刑社区矫正在特定意义上非常接近,可以紧密衔接:两种社区矫正适用对象可以共同通过《刑法》对犯罪的界定标准确定其分别适用,符合标准之上的适用行刑社区矫正、标准之下的适用治安社区矫正;也在严厉性意义上透过特定标准实现措施的轻重衔接,相对较重的措施落在行刑社区矫正范围内,相对较轻的则可以归属治安社区矫正。由此,对两种能够区分又有所衔接的社区矫正制度,接下来一个必然要解决的逻辑问题就是:如何确定治安社区矫正与现有的行刑社区矫正的相互关系?

(二)治安社区矫正与行刑社区矫正的关系

就社区矫正扩张后形成的治安社区矫正与已有的行刑社区矫正的关系,根据两种社区矫正的定性与相关的已有制度经验,有三种制度设想可供分析择取:第一,补充制模式,将治安社区矫正作为行刑社区矫正制度的补充处遇制度而规定于刑事法律之中,适用于那些实际上实施了刑法规定的具有犯罪属性的行为却因主体原因或程序原因而未被认定为犯罪行为的人或构成了犯罪被刑罚之外仍有补充处遇需要的人,如年龄或精神状态导致的无刑责、常习犯常业犯等[1]。这是将治安社区矫正定位于保安处分制度并基于保安处分在国外刑法中的定位而确定的制度模式。在这种模式下,两种社区矫正的确定程序与基本条件可以达到一致。第二,统一制模式,将治安社区矫正与行刑社区矫正合并规定于一部单独的社区矫正法律之中,通过该法律统一界定社区矫正的内涵、适用标准、适用程序、负责机关等内容,并对两种社区矫正的定性适用基准进行原则性规定,进而在统一定性适用基准如人身危险性的前提下,以定量标准区分两种矫正措施的适用。在统一制模式下,两种社区矫正主要是定量差异,在处遇性质上并无明显区别[2]。第三,并行制模式,即作为刑罚执行方式的行刑社区矫正制度与作为治安违法处遇制度

---

〔1〕 参见刘仁文:《劳动教养的改革方向应为保安处分》,《法学》2013年第2期。

〔2〕 例如,美国明尼苏达州制定的世界上最早的一部社区矫正法典,就开创了此种模式的先河。参见 Dean John Champion. *Probation, Parole, and Community Corrections in the United States*, 5th ed., Pearson/Prentice Hall, 2005, pp. 33 – 36.

的治安社区矫正制度适度区分、并行各自的规定。一方面,基于治安社区矫正的对象主要是原劳教适用对象即治安违法行为人,而原劳教适用对象在特定意义上又与治安管理处罚制度的适用对象高度重叠,因此可以考虑将治安社区矫正纳入治安管理处罚之中作为其措施之一,将单一惩罚职能的治安管理处罚制度转变为更加科学的多元治安管理处遇制度。可以在治安管理处遇法律中明确规定治安社区矫正的定位、适用对象、决定程序和履行规则。另一方面,行刑社区矫正仍然规定于刑罚制度之中,但应该确定其与治安社区矫正制度的区分衔接标准,比如根据犯罪与治安违法行为区分两种社区矫正的基本准入标准,并进一步根据人身危险性区分适用指标。

以上三种模式各有其思考角度与制度特点,而要确定哪一种模式更为合理,就需要根据社区矫正扩张的具体制度初衷并结合我国社会处遇体系的特点及司法制度背景加以确定。作为劳动教养废止后的填补制度的治安社区矫正根据前述与劳动教养适用对象具有一致性的特点,就必然超越刑罚的范围而成为针对特定治安违法行为的治安管理处遇制度,因此从处遇属性而言,与当下法定的作为刑罚执行方式的行刑社区矫正的对象截然不同,制度定位也相对分开,并且在决定程序上也无法纳入行刑社区矫正适用的刑事诉讼程序,由此导致了两种矫正对象在处遇制度上的全面差别;即便采用的人身风险性评估基准可以相一致,但是适用对象上的犯罪人与治安违法行为人的差别决定了二者人身风险水平的明显差异,犯罪人的人身风险明显大于治安违法行为人,由此导致人身风险准入标准在定量上亦不相同。此外,两种社区矫正的具体处遇措施虽然可以在定性上相一致,但因为适用对象的人身风险性差异,因此措施的轻重必然产生差别,行刑社区矫正应比治安社区矫正总体而言更为严厉。综上可见,作为劳教废止后填补方案的治安社区矫正与作为刑罚执行方式的行刑社区矫正在对象、制度定位、风险属性、适用程序甚至矫正措施上都存在明显的差别,并行制显然比统一制更能体现两种社区矫正的制度差异。尽管补充制也将治安社区矫正与行刑社区矫正进行了区分,但由于刑事法规定的范围限制,这种模式可能导致治安社区矫正仅能适用于因为刑事程序不予追责或因特殊刑事责任状况而免除责任的少部分原劳教适用对象,而无法纳入大量的本就未进入刑事程序的原劳教适用的治安违法行为人,这就导致无法涵盖大部分原劳教适用对象,而使得治安社区矫正失去必要的填补性处遇意义。此外,治安社区矫正如果定位于保安处分制度,如前所述在处遇职能上则存在只重管控的防卫局限性,也难以说明与行刑社区矫正的前述明显区别,显然这一定位并不合适。因此相对而言,将治安社区矫正独立规定并与行刑社区矫正并行的模式更能在我国法律体系下说明两种社区矫正制度的科学关系。

三、双层社区矫正结构的形成

治安社区矫正与作为刑罚执行方式的行刑社区矫正从社区矫正的制度内涵上具有一致性,都是通过非监禁的社区内监管与矫治措施而展开的针对违法犯罪的危害社会行为的基本处遇措施,二者在职能与机制上有其共性;但同时二者在处遇对象、措施属性、制度定位上又有显著不同,需要进一步明确二者之间的相互关系。根据国外相关经验与社区矫正原理,治安社区矫正与行刑社区矫正之间的关系可以有分别规定与各自适用的并行制、合一规定与一体适用的统一制以及前者附属于后者的补充制三种模式选择。结合我国社会处遇体系的特点及司法制度背景,作为劳教废止后填补方案的治安社区矫正与作为刑罚执行方式的行刑社区矫正在对象、制度定位、风险属性、适用程序甚至矫正措施上都存在明显的差别,从而使得统一制模式难以具备现实基础。而补充制虽然也将违法行为的社区矫正与犯罪的社区矫正分开,但将治安社区矫正仍然置于刑事法的范围内,并参照保安处分进行制度设计,必然导致治安社区矫正仅能适用于因为刑事程序事项免除刑罚或因刑事责任年龄而免除刑罚的很小部分原劳教适用对象,而无法涵盖大量的本就未进入刑事程序的原劳教适用的治安违法行为人,在我国犯罪与治安违法行为二元体系下就导致无法涵盖原劳教适用对象,而使得治安社区矫正失去必要的填补性处遇意义。因此相对而言,针对违法行为的治安社区矫正进行独立规定的并行模式更能在我国法律体系下说明作为劳动教养替代措施的社区矫正制度。

由上可见,应确定治安社区矫正独立于行刑社区矫正的治安处遇制度的地位,与行刑社区矫正并列的并行制是可以保障治安社区矫正的处遇填补作用、充分发挥社区矫正职能的较为合理的关系定位。从并行制出发,应承认治安社区矫正与行刑社区矫正具有明显差别,是应分开设计和实施的两种社区矫正制度,由此社区矫正扩张后就形成了双层体系,即行刑社区矫正制度和治安社区矫正制度的二元并行架构。行刑社区矫正制度就是当前立法规定的针对无严重社会危害性的较轻犯罪人的社区内行刑的处遇方式;而治安社区矫正就是针对较轻违法行为人的需要在社区内进行惩罚教育的处遇方式,这种处遇方式是能填补劳教废止后社会治理漏洞的最佳处遇补充制度。虽然广义的理论上的社区矫正可以在社区内处遇的内涵下涵摄治安社区矫正和行刑社区矫正,但在我国现有的对社区矫正的刑罚执行方式的明确法律界定下,另行规定设立针对作为原劳教适用对象的较轻治安违法行为人的治安社区矫正制度,更能充分实现和保障社区矫正的扩张效果与制度功用。由于行刑社区矫正已经有了较为完整的规范与制度设置,因此双层社区矫正体系的重点就应该是治安社区矫正制度的建构和设立,这也是实现填补劳动教养废止后处遇空白之目标的必然要求。

第二节 治安社区矫正之制度设置

治安社区矫正的制度设置既是与行刑社区矫正相并行、能够有效填补劳教废止后治理漏洞的关键环节,也是拓展社区矫正范围、充分发挥社区矫正制度作用的制度契机。与行刑社区矫正实践中已经形成较为完善的运行制度状况相比较,治安社区矫正还需要进一步明确其关键制度要素,设计科学合理的制度目标、对象、适用条件、期限、程序及其配套机制,即一方面需要明确其原理上的目标与属性,另一方面也需要明确其基本制度架构,由此才能真正发挥制度功能。

一、治安社区矫正的处遇目标

处遇目标是处遇措施的灵魂和设立前提。一种新兴法律制度的设计必须以处遇目标为基础和起点,方能保证其制度的合目的性[1]。在违法犯罪处遇和权利保障均衡之下,从作为劳教替代措施的定位出发,结合社区矫正和社会处遇相关理论,我们可以明确治安社区矫正的处遇目标,进而分析其处遇对象、性质、条件,从而确立治安社区矫正的基本实体内涵,指导治安社区矫正的制度设计和展开。

治安社区矫正虽然与行刑社区矫正等制度在对象及性质上有所不同,但是从对有人身危险性的对象进行处遇的目的意义上又有共性。可以说从处遇目的论的角度,治安社区矫正制度与社区矫正和保安处分一致,在基础处遇目的层面都强调了兼具威慑鼓励、规范矫治、监督管控、社会修复的多元职

---

[1] 参见[德]考夫曼:《法律哲学》,刘幸义等译,法律出版社2004年版,第23页。

能,由此决定治安社区矫正制度的基本制度合理性;在特殊处遇目的层面都强调以特殊预防与规范(教育)矫治职能为优先,由此决定了治安社区矫正的制度设计方向。

(一)多元职能处遇目标

保障治安社区矫正符合基本处遇需求的是作为一般性职能目标的多元职能体系。如前所述,行刑社区矫正狭隘性的问题之一就是过于强调教育矫治而走向了特殊预防职能一元论的僵化误区,导致了理论与实践的重重难题,影响了社区矫正制度在我国的顺利发展。因此要想保障治安社区矫正制度不会重蹈覆辙而是健康发展,就必须将符合社会需求的多元职能作为治安社区矫正的基本处遇目标。因此治安社区矫正必须有相对应的机制以实现威慑鼓励、规范矫治、监督管控、社会修复各项职能。而由于社区矫正制度在社区内进行处遇的灵活性与多样性特征,相对恰好可以满足这样的多元职能目标,但前提要求是治安社区矫正制度必须具有相对较广的机制授权或实施范围,也存在多样化的处遇手段,由此才能保障实现多元职能目标。

(二)特殊预防职能优先的处遇目标

控制和引导治安社区矫正基本逻辑和处遇模式的独特职能目标是特殊预防与教育矫治的优先性。虽然威慑鼓励、监督管控、社会修复也是其处遇职能的组成部分之一,但是从治安社区矫正的特殊性而言,与其他处遇模式相区别、反映社区矫正独特之处的优先目标无论从理论上还是实践上都是特殊预防职能决定下的教育矫治。这是由治安社区矫正的处遇对象的特点决定的。治安社区矫正的处遇对象不是社会一般潜在违法犯罪人,而是已经通过治安违法行为体现出人身危险性的违法个体,是危险性程度和内容千差万别的具体个人。对于这样的个体正如菲利的观点,无法一般性地直接规定,而是要根据其具体情况确定具体的矫正方案[1]。治安社区矫正对违法行为人所实施的隔离、教育、治疗和保护都是为了消除行为人的人身风险、矫治其人格、重塑其回归社会的能力,从而实现预防再犯的目标,维护社会安全秩序。此外,随着新派理论的逐步更新发展,特殊预防目的除了在维护社会秩序的意义上是对公共安全的权利保障之外,也强调对被处遇对象的规范权利的保障。这种权利保障体现为两个方面:一是实现特殊预防的机制必须遵

---

[1] 参见[意]菲利:《实证派犯罪学》,郭建安译,中国人民公安大学出版社2004年版,第179页。

循必要性和比例性原则,对被处遇对象的自由的限制和处遇措施必须限于教育改造所必需的,且须与被改造对象的人身危险性成比例。原劳动教养制度虽然与治安社区矫正一样是基于对处遇对象的教育改造而实施的,但其最受诟病之处就是违反了必要性和比例性原则,过度强调了监禁处遇,对本不必实施监禁处遇的较轻人身危险性的处遇对象实施长时间集中处遇,其期限甚至长过针对较轻人身危险性对象所实施的治安拘留和监禁刑罚的期限,从而侵害了处遇对象的权利而应予以废止。治安社区矫正的具体评估和处遇举措都须与处遇对象的人身危险性程度相适应,符合必要性和比例性的原则。二是特殊违法犯罪处遇机制的实现有赖于国家的矫治与修复水平,随着社会福利制度的发展,国家有义务也有责任保障处遇对象复归社会、融入社会的权利。所以安置帮教或更生保护本身就是特殊违法犯罪处遇机制的应有之义,治安社区矫正相较于原劳教制度明显更有利于复归社会、融入社会的实现。从复归社会的福利权而言,相较于劳教制度,治安社区矫正是更加科学有效的替代措施。

因此治安社区矫正所要达到的社会处遇目标本身体现为一种职能均衡,就是在全面满足多元职能与优先满足特殊预防职能之间的平衡,既要反映出特殊预防的优先性,又不能只关注特殊预防重蹈一元论覆辙。原劳动教养制度本应承担起这一权衡职能,但是由于其规定的模糊性、实施的专断性和措施的严厉性导致其关押处遇的弊端被全面放大,从而进一步导致了前述多元职能上的缺位以及特殊预防优先职能上的错位,从而产生了严重的理论与实践问题而被废止。作为替代措施的治安社区矫正必须吸取劳动教养制度的这一缺陷教训,明确处遇目标的具体职能内涵并围绕其展开制度建构,保障治安社区矫正制度设置的科学化和合理化。

二、治安社区矫正的适用对象

(一)治安社区矫正适用对象的确定标准

治安社区矫正适用对象的确定应当立足填补劳动教养废止后治理漏洞的需要,满足如下要求:

首先,治安社区矫正法适用对象应当坚持法定化,对适用对象做出明确的规定。只有通过法律的明确规定才能防范劳动教养对象不当扩张的教训,防止肆意扩张适用范围。法定化原则之下,治安社区矫正适用对象一方面要注意接续之前劳动教养规定的适用对象,另一方面又要与现有的处遇法律规定相适应,注意与刑罚法律制度和治安管理处罚法律制度规定的对象相协调。如鉴于原劳动教养对象几乎可以被治安管理处罚所规定的对象范围涵盖,因此可以将治安社区矫正作为治安管理制度的处遇措施的一种,并将治安社区矫正的对象规定于治安管理相关法律之中。

其次,治安社区矫正的适用对象应当符合处遇基本原理与目标。治安社区矫正制度是一项旨在通过教育矫治机制预防再犯并兼具其他社会危害预防职能的复合处遇机制,其基本原理是建立在人身风险性判断的基础之上的。但同时处遇规范不管是《刑法》还是《治安管理处罚法》都坚持了一定的行为准入标准,影响到后续的处遇措施包括刑罚或治安管理处罚也不得不接受决定性的行为标准[1]。甚至原劳动教养制度的对象确定也是行为性质标准,并结合了特定人身风险性的严重程度要求。与之相适应,治安社区矫正受行为中心主义的影响,也不得不在人身风险性判断标准的基础上结合一定的行为准入标准。因此治安社区矫正对象也要遵循这一行为标准与人身风险性标准相结合的原理,通过行为标准确定准入行为,同时结合人身风险性标准最终确定准入行为人,即应该以行为标准为基本准则,同时结合一定的人身风险性标准。当然从特定意义上说,行为本身也是人身危险性的重要基本指标,因此行为与行为人风险标准并不互相冲突,反而在人身风险判断逻辑上是一致的。

最后,治安社区矫正法适用对象的确定应立足于我国社会治安现实的需要。当前,我国存在大量的反复违法犯罪、屡教不改的人员如卖淫嫖娼人员等,因此曾经对其规定了与劳动教养性质相类似的收容教育与收容教养制度。与劳动教养制度一样,这种制度也采取了关押处遇的制度,同样存在着与劳动教养相类似的制度弊端。因此,对这种对象从现实层面而言同样有将其纳入治安社区矫正范围、纠正制度弊端的需要。此外,对不起诉免罪、免予处罚者的处遇一直是处遇领域的相对空白之处,原来虽然规定于劳动教养的范围之内,但存在着明显的处遇弊端或误区,并在劳动教养废止之后出现现实的处遇漏洞,因此这部分对象也应纳入治安社区矫正处遇范围之内。

(二)治安社区矫正适用对象之设置

综合治安社区矫正目的、宗旨以及现实需要,并分析原劳动教养适用对象的属性,以及从协调与刑罚、治安管理处罚对象的关系入手,笔者认为具体

---

[1] 参见张明楷:《责任刑与预防刑》,北京大学出版社2015年版,第33-34页。

教育矫治措施应主要适用于以下三类人员：实施临界行为人、常习危害行为人、免罪免罚危害行为人。在立法中治安社区矫正适用的对象需要用规范进行明确、具体的规定。

第一类临界行为人是指行为在性质上与犯罪相近，但量上尚未达到犯罪程度、尚不够刑事处罚的对象，与原劳教适用对象范围接轨，主要包括源自《公安机关办理劳动教养案件规定》第九条第一款[1]的前七种情形，但基于危害国家安全的相关立法与措施具有专门化体系的特点，加上其并不属于治安领域的原因，应将第一种危害国家安全的情形除外[2]："（二）结伙杀人、抢劫、强奸、放火、绑架、爆炸或者拐卖妇女、儿童的犯罪团伙中，尚不够刑事处罚的；（三）有强制猥亵、侮辱妇女，猥亵儿童，聚众淫乱，引诱未成年人聚众淫乱，非法拘禁，盗窃，诈骗，伪造、倒卖发票，倒卖车票、船票，伪造有价票证，倒卖伪造的有价票证，抢夺，聚众哄抢，敲诈勒索，招摇撞骗，伪造、变造、买卖国家机关公文、证件、印章，以及窝藏、转移、收购、销售赃物的违法犯罪行为，被依法判处刑罚执行期满后五年内又实施前述行为之一，或者被公安机关依法予以罚款、行政拘留、收容教养、劳动教养执行期满后三年内又实施前述行为之一，尚不够刑事处罚的；（四）制造恐怖气氛、造成公众心理恐慌、危害公共安全，组织、利用会道门、邪教组织、利用迷信破坏国家法律实施，聚众斗殴，寻衅滋事，煽动闹事，强买强卖，欺行霸市，或者称霸一方、为非作恶、欺压群众、恶习较深、扰乱社会治安秩序，尚不够刑事处罚的；（五）无理取闹，扰乱生产秩序、工作秩序、教学科研秩序或者生活秩序，且拒绝、阻碍国家机关工作人员依法执行职务，未使用暴力、威胁方法的；（六）教唆他人违法犯罪，尚不够刑事处罚的；（七）介绍、容留他人卖淫、嫖娼，引诱他人卖淫，赌博或者为赌博提供条件，制作、复制、出售、出租或者传播淫秽物品，情节较重，尚不够刑事处罚的。"

第二类常习危害行为人是指多次实施特定治安违法行为的对象，参考原劳教对象的规定，是指实施"因卖淫、嫖娼被公安机关依法予以警告、罚款或

---

[1] 参见《公安机关办理劳动教养案件规定》第九条第一款前七项。

[2]《公安机关办理劳动教养案件规定》第九条第一款规定的是危害国家安全而不够刑事处罚的行为，因为危害的客体并非公共安全而是国家安全，应采取针对性的专门措施，因此无法纳入治安违法处遇的范围，无法实施治安社区矫正，建议通过国家安全的相关法律对这类行为作出专门规定。如《中华人民共和国反恐怖主义法》专门规定的安置教育措施就是很好的借鉴。

者行政拘留后又卖淫、嫖娼的行为"[1]。而基于戒毒体系的专业性与强制性以及《中华人民共和国禁毒法》(以下简称《禁毒法》)的专门性规定,《公安机关办理劳动教养案件规定》第九条第一款第(九)项规定的"吸食、注射毒品成瘾,经过强制戒除后又吸食、注射毒品的"应不纳入治安社区矫正的范围[2]。其行为特点是行为反复,存在特定的戒除不良习惯或成瘾性的需求,此时劳动教养起到了类似于国外对常习犯和戒瘾需求者实施保安处分措施的作用。目前,类似于劳动教养制度的收容教育制度仍然在适用中,而收容教育的对象就是卖淫、嫖娼人员,而收容教育也与劳动教养一样存在着集中关押的弊端,对于较轻违法行为人的处遇存在特定缺陷。因此应该将收容教育对象也纳入治安社区矫正的范围,以治安社区矫正改革收容教育制度。卖淫嫖娼人员人身危险性相对不高,如果采用治安社区矫正的方式能更好地取得矫正效果,使之改正恶习、复归社会,则在治安社区矫正运行成熟之后,就可以将其纳入治安社区矫正的范围,通过司法程序和科学人身危险性评估确定科学合理的治安社区矫正对策,防范当前收容教育制度对自由的不当剥夺和较差的矫治效果。

第三类程序性免罪免罚危害行为人是指未达到犯罪标准但因情节轻微或不够责任标准而免予刑事责任的行为人。针对经过刑事诉讼程序不予刑罚但又需要采取一定的处理措施的轻微违法犯罪人进行劳动教养,类似于国外保安处分的部分对象:按照原劳教相关规定,应设置为实施"危害公共安全、侵犯公民人身权利、侵犯财产、妨害社会管理秩序的犯罪行为的人,因犯罪情节轻微人民检察院不起诉、人民法院免予刑事处罚"[3]。

---

[1] 值得一提的是,此处的常习危害行为人是指除了第一类临界行为常习人之外的单独规定的特定常习犯。第一类临界行为人本身也可能是某临界行为的常习犯,如盗窃常习犯,但由于这些临界行为已经可以被纳入治安社区矫正的范围了,就不需要另外再规定其常习犯作为治安社区矫正对象了。

[2]《公安机关办理劳动教养案件规定》第九条第一款第(九)项规定的吸食、注射毒品成瘾,经过强制戒除后又吸食、注射毒品的行为虽然也是成瘾性的常习行为,但是考虑到吸毒行为的教育、改造、治疗具有严格的专业性与系统性特征,经常有强制戒毒的特殊需要,因此应通过专门的戒毒治理体系进行一体化的规定,不宜纳入一般的治安社区矫正的范围,因此就不应该规定在这里的一般性治安违法管理处遇制度之中,而是应另行进行专门规定,如规定在《禁毒法》的戒毒措施体系之中。

[3] 参见《公安机关办理劳动教养案件规定》第九条第二款。其中基于危害国家安全的相关法律的专业性与治理体系的专门性,危害国家安全类的行为应排除在外,由专门的国家安全立法来加以规定。

三、治安社区矫正的性质

明确治安社区矫正的性质,就是明确治安社区矫正在社会处遇体系中的定位,是确定治安社区矫正与其他社会处遇方式如刑罚、治安管理处罚之关系的关键前提。对于有别于行刑社区矫正的治安社区矫正的基本属性,可以参考曾经对替代劳动教养制度的违法行为教育矫治的属性的观点,实际上存在多种不同的认识。有的观点认为它是一种行政处罚措施[1],也有的观点认为其可以是刑事法内部与刑罚并列的、具备保安处分属性的处遇措施,还有极端的观点甚至认为在引入轻罪或违警罪属性后,其同行刑社区矫正一体。所以可以从中梳理出三种可能的治安社区矫正的性质定位:首先,"行政处罚措施说"认为在我国刑罚与治安管理处罚的二元机制下,既然行刑社区矫正已然是针对犯罪的属于刑罚的执行方式,则治安社区矫正则应纳入治安处罚手段的轨道成为针对违法行为的治安处罚的具体执行方式之一。其次,"保安处分说"认为治安社区矫正是刑事法内部的处遇措施,这种观点是基于将治安社区矫正保安处分化的前提,认为治安社区矫正是刑罚的补充制度,如有观点认为:"违法行为矫治法(含治安社区矫正)的性质应为刑事性法律规范,所不同的是,违法行为矫治措施是类似保安性质的处分,矫治对象的行为虽然严重危害社会,但未构成犯罪,不予刑罚处罚。"[2]最后,还有更为极端的观点延续前述"轻罪说"思路,认为应当引进西方国家轻罪或违警罪概念,犯罪圈扩张至囊括原劳教适用对象,治安社区矫正自然就与行刑社区矫正同属对罪犯的刑罚执行方式,因此可以一体视之。面对多元观点,要明确对治安社区矫正的定性须从理论应然性和立法实然需求两方面进行考察。

(一)理论层面的性质辨析

从理论视角出发,"行政处罚措施说"显然不符合对治安社区矫正属性的认识。治安社区矫正是对治安违法行为人进行的非监禁性缓和处遇制度,其目的是适度监管并矫正改良治安违法行为人而不是强调惩罚,这也正是社区矫正相对于监禁处遇的优势所在。所以教育矫治是社区矫正的优先职能,惩罚属性并非治安社区矫正的设置目的,治安社区矫正因此并非单纯的行政处罚方式或强制方式。此外,"治安处分说"虽然说明了治安社区矫正的局部功

---

[1] 参见程品刚:《违法行为矫治法应解决的若干问题》,《湖北经济学院学报(人文社会科学版)》2007年第4期。

[2] 参见鲁嘉微:《邵名正教授谈〈违法行为矫治法〉》,《中国司法》2007年第5期。

能,但并不符合社区矫正的整体制度定位。治安社区矫正在强调教育矫治职能优先的意义上与保安处分有性质相似之处,而且也都是应用于非犯罪的行为对象,但是保安处分仅仅适用于已经进入刑事诉讼程序的违法犯罪人,所以仍属于刑事法措施的范围。而治安社区矫正的适用范围要远远宽于保安处分,治安社区矫正不仅可以适用于与保安处分相似的进入刑事诉讼程序的人,还可以适用于仅仅是违反了治安法规的治安违法行为人,因此其当然就不能限于刑事法制度,也不能仅仅被视为保安处分的制度属性[1]。治安社区矫正处遇对象主要是治安违法行为人,虽然在国外这些治安违法行为相当部分属于轻罪而对其进行刑罚处遇,可以适用行刑社区矫正,但在我国依然属于治安管理的违法行为范围,而此时对应的治安社区矫正就只可能具有治安违法处遇的属性,而不能被视为刑罚,更不能被视为保安处分措施。

(二)实然需求层面的性质辨析

从立法实然需求的角度出发,两方面的需求对治安社区矫正属性有决定性意义:一方面,改革原劳动教养制度的缺点应该是治安社区矫正制度设计的重点方向,否则就丧失了基本的设置必要性,因此治安社区矫正的发展方向在特定意义上决定了治安社区矫正的属性;另一方面,治安社区矫正的法律规定应与目前的法律体系协调一致,必须是在我国当下刑法和治安管理处罚法的二元框架下寻求实然属性定位,而非如"轻罪说"般对二元框架进行根本性变革。

从第一方面来说,继续将治安社区矫正作为行政处罚措施难以有效克服原劳教制度的缺陷。治安社区矫正如果是行政处罚措施,就意味着其制度设计仍倾向于行政法性质,原有劳教制度的相关弊端难以有效解决:其一是以往劳动教养制度与治安管理处罚的不相协调问题就又有可能产生。不管治安管理处罚还是行政强制措施,对人身自由的限制时限都有明确的法律规定,原劳动教养的重大缺陷就是教养期限大大超出了行政法和治安管理处罚法的规定。治安社区矫正如果作为行政处罚措施,就又会面临治安社区矫正期限与一般治安管理处罚期限如何协调合理化的问题,如治安社区矫正期限与治安处罚的拘留能否折抵或比较,这又会带来一系列新问题。其二是治安社区矫正行政处罚化会导致原劳教制度非司法化弊端无法消弭。行政法或

---

[1] 参见王晶、张莉:《违法行为矫治法的制定及其与刑法的协调》,《政法论坛》2014年第2期。

治安管理处罚法本身的程序性是非直接司法化的,原劳教制度作为剥夺人身自由措施备受诟病之处也在于此[1]。劳教制度被废除的重要原因在于缺乏相对明确的法律依据,易造成对人身自由的直接侵害。非司法化地剥夺受处遇人的权利,导致无法有效保护受处遇人的各项程序性基本权利和自由基本权利,也不能使其受到司法制度有效保护和司法程序的救济。其三,治安社区矫正行政处罚化依然可能导致延续原劳教重惩处轻改造的问题。治安社区矫正虽然说以消除被矫正对象人身危险性和使其复归社会为目标,但其对自由的限制不可避免带有一定的惩处性质。行政处罚化的结果可能是这种惩处的性质被过度放大使用作为维护社会治安的便宜手段而忽视了原有的复归社会的目标,导致重惩处倾向的继续延续[2]。因此从消除原劳动教养弊端的实然需求出发,也不应将治安社区矫正视为行政处罚措施。

从第二方面来看,在刑法和治安管理处罚法的二元框架下,治安社区矫正并不具备保安处分性质,也不具有部分西方国家社区矫正制度的违法犯罪处遇一体属性。治安社区矫正制定的基本目标与西方的保安处分有相似之处,都与违法犯罪处遇目的的实现有紧密的联系,而治安社区矫正的作用机制和评估处遇标准,又与作为刑罚执行方式的行刑社区矫正高度关联,共享基本处遇适用原理。然而如前所述,治安社区矫正与保安处分的适用对象差别较大,我国实然立法现状中并未有系统的保安处分制度,治安社区矫正也显然无法承担这一重任。此外,治安社区矫正和行刑社区矫正的适用对象具有明显区分,在刑法和治安管理处罚法的二元结构下,治安社区矫正的原劳教适用的对象显然并非刑事违法人,而是未达犯罪程度的违法行为人。这与刑法中作为刑罚执行方式的行刑社区矫正显然不同。虽然"轻罪说"通过轻罪或违警罪制度可以达到不再区别两种社区矫正对象的统一,但设立轻罪或违警罪显然不仅涉及改变犯罪定量属性和重构我国犯罪体系的宏大命题,还需要面对治安管理处罚行为如何定位、刑罚与行政处罚如何衔接的重重难题,对实然问题的解决显然难度过大。因此从实然立法需求的角度,确立治安社区矫正的独立地位,将其定性为一种与保安处分有类似但更有区别的制度不仅更能消除原劳教制度的种种缺陷、填补劳教废除后留下的矫治真空,

---

〔1〕参见刘宪权:《废除劳教:完善法治的重要一步》,《解放日报》2014年1月6日第10版。

〔2〕参见汪玉芳、付姗姗、杜冰花:《劳教事由类型研究——基于劳教案件的实证分析》,《西南交通大学学报(社会科学版)》2014年第4期。

也能有效地与我国当下违法犯罪处理体制相衔接。

综上可见,治安社区矫正在属性上既非行政处罚制度也非保安处分制度,而是综合了保安处分的教育矫治属性与行政处罚体现的行政类处遇属性的独特制度,可以说治安社区矫正就是非刑罚的、独立的治安处遇制度,与作为刑罚执行方式的行刑社区矫正并行存在。

四、治安社区矫正的适用条件

治安社区矫正的适用条件,是指行为人适用治安社区矫正必须具备的实体要件。适用条件对于治安社区矫正来说具有重要的地位,因为它是决定一个人是否应当被决定进行治安社区矫正的先决条件,只有满足了适当的条件规定,才可以对行为人实行治安社区矫正处遇。适用条件是治安社区矫正承办单位、决定机关和执行机构提请、裁决和执行治安社区矫正时应该严格遵循的标准。

由于治安社区矫正的对象与劳动教养对象一致,治安社区矫正是填补劳动教养废止后治理漏洞的补充措施,因此有必要对劳动教养废止前的适用条件进行反思,并在此基础上确定治安社区矫正的合理适用条件。

(一)原劳动教养的适用条件及其教训

劳动教养适用条件包括主体条件和客观条件。一方面,根据《劳动教养试行办法》以及《公安机关办理劳动教养案件规定》的有关规定,劳动教养适用的主体条件为:

第一,适用劳动教养的对象必须是达到法定责任年龄和具有责任能力的人。《公安机关办理劳动教养案件规定》第九条规定,对年满16周岁、实施了应当劳动教养的行为的,依法予以劳动教养。可见,适用劳动教养的对象必须是年满16周岁的人。

第二,适用劳动教养的对象是具有责任能力和劳动能力的人。《劳动教养试行办法》第十四条第二款规定,对精神病患者和呆傻人员,盲、聋、哑人,严重病患者,怀孕或哺乳未满一年的妇女,以及丧失劳动能力者,不应收容。《公安机关办理劳动教养案件规定》第十一条规定,对精神病患者和呆傻人员不得决定劳动教养。对盲、聋、哑人,严重病患者,怀孕或哺乳自己不满一周岁婴儿的妇女,以及年满60周岁又有疾病等丧失劳动能力者,一般不决定劳动教养;确有必要劳动教养的,可以同时决定劳动教养所外执行。

另一方面,关于劳动教养适用的客观条件,根据相关劳动教养的规范,主要是指三个条件：一是行为人必须实施了劳动教养法律规范规定的违法行为；二是行为人必须具有主观恶习，如原劳教规定的"屡教不改"等；三是行为不够严重而不够刑事处分，不负刑事责任。

劳动教养适用条件存在的问题主要是规定过于原则而内涵极不清晰，如作为劳动教养适用条件之一的"屡教不改"就亟待予以明确，"屡教"应该如何予以客观判断并不清楚，因此实践中成为相对随意判断的标准[1]。由于劳动教养适用条件过于原则性与模糊性，缺乏细则而随意性大，如前所述，规范上的漏洞必然引起执法活动的过于肆意，造成不断滥用劳教措施，扩大适用对象的问题。

（二）治安社区矫正适用条件的确定

治安社区矫正的适用条件是在已经明确的具体对象的基础上进一步限缩明确其适用的情形，以在社区中进行矫正的必要性与可行性为考量，吸取原劳动教养的相关教训予以进一步明确。

1. 确立治安社区矫正适用条件的关键属性

明确治安社区矫正的适用条件的前提之一，是要明确治安社区矫正与刑罚和治安管理处罚的衔接关系。根据原劳动教养适用对象的特点，治安社区矫正的适用条件之一就是不足刑事处分，而这与治安管理处罚的适用条件恰恰相一致。因此，治安社区矫正与刑罚的关系相对较为明确，但与治安管理处罚之间就存在条件上的重合之处。当然，由于治安管理处罚范围涵盖治安社区矫正范围，可以考虑将治安社区矫正纳入治安管理处罚制度的范围成为其处遇措施之一，将处罚制度转变为处遇制度，但仍然需要明确的是治安社区矫正的适用条件与现有治安管理处罚措施如罚款、拘留的适用条件的区别。

治安管理处罚制度顾名思义是以惩罚机制为内涵的处遇制度，因此其适用条件以行为的危害社会严重程度为标准，并以对应的惩罚为考量。而治安社区矫正如前所述，其核心是教育矫治机制及特殊预防职能，其适用的优先目的是为了教育矫治行为人而非惩罚。而教育矫治行为人的适用条件是人身风险性标准，即以特定的人身风险性程度确定社区矫正措施的轻重。因此治安社区矫正与治安管理处罚的区别就在于应当以行为人表征再犯可能性的人

---

[1] 参见李晓燕：《论劳动教养制度的废存及违法行为教育矫治法的制定》，《法学杂志》2013年第3期。

身风险性程度为适用条件。当然行为严重程度也可以作为治安社区矫正的适用条件之一,但这只是在危害行为所表征的人身风险性程度的意义上而言的。

从治安社区矫正与治安管理处罚和刑罚制度衔接的意义上,治安社区矫正可以先以治安违法行为作为适用条件之一,特别是如果治安社区矫正被纳入治安管理处罚制度范围之内,则更必须在首要条件上保持与治安管理处罚的行为标准相一致。但在行为条件之外,治安社区矫正还应该继续设置基于人身风险性的危险人格标准,用于体现与强调惩罚的治安管理处罚措施相比的对象的独特性,体现治安社区矫正的适用特征。

2. 治安社区矫正的具体适用条件

根据以上分析,治安社区矫正的具体适用条件应包括以下两个层面:第一,行为人须实施了危害社会的具体违法行为。该违法行为属于严重违反治安管理的违法行为,但尚未达到犯罪的标准或过于轻微而不予以犯罪认定,且特定行为还应具有常习性或反复性。第二,行为人的违法与其人格特征有着密切关系,且从其行为及其他人格因素进行综合判定,行为人具有需矫正的人身危险性,即从人身危险性的程度而言是不会对社会安全造成严重危险但又有矫治的必要性的;如果不予以教育矫治,行为人则具有再次实施严重危害社会行为的现存风险,即行为人具有人身风险性[1]。行为人的人身风险性是适用治安社区矫正的第二层次条件,确立时应明确这种人身风险性必须是满足如果不予矫治就会再犯的程度,针对不同的行为可以确立不同的判断原则,比如同样行为已做出两次或已经受过处罚。此外,还应该规定人身风险性的统一判断标准,明确行为人的人身风险可以根据行为人的危害行为来确认其人身风险程度,还要结合行为人的自身人格特征,如品格、违法犯罪史、日常表现、家庭社会关系情况、悔改程度等各种风险性因素综合评估判断。

五、治安社区矫正的适用期限

治安社区矫正适用期限的确定,必须要首先明确其制度的职能。特殊预防的职能前提,决定了教育矫治而非惩罚是确定治安社区矫正期限时的首要考量因素。此外,期限的确立既要考虑多元职能实现的需求,也要考虑对人身自由的具体限制程度,平衡目的与手段之间的比例关系。此外,确定期限

---

〔1〕 这一人身风险性需求是前述刑事法学新派观点的体现,同样也是刑法判断刑事责任的要素之一。参见李川:《从特殊预防到危险管控:社区矫正之理论嬗变与进路选择》,《法律科学(西北政法大学学报)》2012年第3期。

的合理性还要不得不考虑与现有的行刑社区矫正的合比例关系，形成有效的梯度衔接。

（一）确立期限的考量原则

1. 合目的性原则

治安社区矫正适用期限的确定必须要保证其多元处遇职能，特别是教育矫治优先职能目的之需要。治安社区矫正是一项教育矫治机制优先的制度，其目的是通过教育矫治消除行为人的危险人格，预防其再犯。而要消除危险人格，使其成为守法的人，必然需要足够的教育改造时间。危险人格矫正困难的，如常习犯或反复违法者，存在一定的矫正难度，因此在确定期限时就要充分考量教育改造的过程性，留足合理的时间。因此，教育矫治期限的确定必须要能够保证基本教育工作的开展，为实现教育矫治的优先机制目标提供保证。

2. 人权保障原则

虽然治安社区矫正制度相对于剥夺人身自由的劳动教养制度对人身自由的限制已大大放宽、惩罚机制也大大减弱，但毕竟仍然涉及对人身自由的制度性限制，因此，在确定期限时既要考虑保证特殊预防目的和教育矫治效果，也要充分考虑对社区矫正对象进行人身权利限制的必要性。因此期限的确立以保证教育矫治效果为必要。

3. 期限幅度化原则

治安社区矫正措施以教育矫治机制为核心，因而需要面对的不同对象的人身风险性并不相同，参与社区矫正的顺利程度和反馈率也不尽相同，这就决定了即便实施了同样的危害行为，不同处遇对象所需的教育矫治期限也可能并不一致，因此应针对每个人的不同风险状况来评估确定具体的矫正期限。在风险类型化的前提下，某一类型的危害行为或行为人类型矫正所需的时间是可以抽象规定的，应结合行为与行为人特征相对灵活地评估人身风险，计算所需期限。虽然法律不能规定绝对统一的期限，但可以规定一个相对确定的期限区间，确定上限与下限。具体的期限的确定应当根据不同行为与行为人的风险体现情况，在法定期限的范围内合理决定。

4. 相对个别化原则

治安社区矫正制度的教育矫治期限，还要取决于对人身风险性的评估与判断，因此期限的确定应当根据人身风险的具体特征，区别性地判断其适宜的矫正期限，在行为人与行为类型所决定的期限幅度的基础上实行处遇期限的相对个别化。在确立期限时,应考察矫正对象的危害事实、性质、情节、动机等人身风险性因素,科学评估以确定相适应的矫正期限。

(二)治安社区矫正的适用期限幅度

根据以上原则,治安社区矫正的期限应以保证教育矫治效果为必要,同时考虑到其他职能需要,且在兼顾人权保障的必要性的基础上,期限不应过长。结合前述诸原则,从当前治安社区矫正措施所适用的对象的人身风险性程度出发,并根据其与行刑社区矫正比较衔接的期限要求,通常应以最长 2 年、最短 1 个月为基本期限。对于具有比较严重人身风险性的,比如多次严重违法等情形,法定期限最高不应超过 3 年。对未成年人的治安社区矫正,应更严格限缩治安社区矫正的期限,一般不应超过 1 年,并规定严格的期限调整程序。

六、治安社区矫正相关正当程序的设置

治安社区矫正的适用程序就是指有权机关依照法律规定,对符合治安社区矫正条件的人员决定适用治安社区矫正处遇所必须遵循的法定步骤、方式和时限等规定,它反映了治安社区矫正的办案机关、决定机关等对符合法定条件的人员适用治安社区矫正的活动过程,也是有关权力机关以及当事人等其他程序参加人参与治安社区矫正案件的操作规程和规则。原劳动教养制度备受诟病之处就在于其程序的非司法化和非法定化,从而导致被劳教对象缺乏程序上的权利保障,无法行使程序性救济权利,最终导致自由权和人身权的肆意损害可能[1]。吸取这一教训,治安社区矫正的程序必须纳入法定化和司法化的轨道,程序设计必须充分保障处遇对象的申辩和救济权利,达到正当程序的基本要求。由于治安社区矫正措施涉及在较长时间内对公民人身自由的限制,设立科学、合理的适用程序是治安社区矫正的实体法得以准确、及时实施的保障,对于规范权力运行、保障公民的合法权利具有十分重要的意义。

理论界曾经对劳动教养的程序司法化进行了广泛探讨,提出了诸多改革的建议和意见,可作为治安社区矫正程序设置的参考和借鉴。理论界主张的程序的改造模式有司法化和准司法化两种观点。持司法化模式观点的学者认为应当采取司法化模式,即由人民法院通过公正的审判程序来决定。这一

---

[1] 参见刘仁文:《劳动教养的改革方向应为保安处分》,《法学》2013 年第 2 期。

模式具体又包括三种方案:"一是设立专门的治安法院,负责审理劳动教养案件;二是由人民法院内设的刑事审判庭、行政审判庭负责审理劳动教养案件,在上述业务庭增设劳动教养审判合议庭,或实行审判独任制;三是在人民法院内部单独设立治安审判庭,专门负责审理劳动教养案件。"[1]而持准司法模式观点的学者提出,劳动教养可以借鉴国外保安处分的模式,将决定权由行政大系统中的一个多部门组成的委员会行使(不是单个行政机关行使)。例如美国联邦和州的假释委员会(成员来自多个部门)便享有某种司法权。我国原来劳动教养制度存在时有过劳动教养管理委员会,但实际上已不存在,治安社区矫正是否可以借鉴形成多部门人员组成的"治安社区矫正委员会",由其行使裁决权[2]。

从基本司法规律与我国司法制度背景来看,程序司法化一直都是解决程序失当的重要基础,因此如果希望吸取劳动教养程序上的种种弊端教训,治安社区矫正应与作为刑罚执行方式的行刑社区矫正一样,保障其实现程序的司法化。纵观西方准司法制度的变迁,西方的准司法委员会曾经有过造成行刑畸轻畸重的非公正现象,引起强烈公正性质疑而受到大大压缩。因此程序司法化模式应该是治安社区矫正的基本定位。而在司法化模式中,基于案件量有限与司法资源分类原则,设立单独的治安法院并不现实。从治安社区矫正制度的基本属性来看,其与行政处罚与刑罚都不相同而具有独立性,因此法院已有的刑事审判庭或者行政审判庭都没办法对这一专门的处遇制度做出相适应的审理与裁判。采取治安法庭专门审理治安社区矫正案件相对来说比较合理,虽然也面临着新的法院内设机构设置问题,但相对来说能体现出治安社区矫正的特别属性。

(一)治安社区矫正适用程序的参与方

参与治安社区矫正适用程序的各方主体应当包括诉请方、被诉请方及其代理人、决定方以及其他参与人。

1. 诉请机关

所谓的诉请是指提出适用治安社区矫正处分的建议的起诉,相当于刑事诉讼程序中的公诉。治安社区矫正案件的诉请机关是公安机关,即由公安机关在对涉嫌适用的治安违法行为立案调查后向决定机关提起诉请,同时诉请

---

[1] 参见储槐植、张桂荣:《关于违法行为教育矫治法立法中几个重大问题的思考》,《中国司法》2010年第7期。

[2] 参见储槐植:《劳动教养制度走向》,《犯罪与改造研究》2007年第9期。

中包含对违法行为人适用治安社区矫正的意见。对治安社区矫正案件不采取由检察机关起诉而采用由公安机关诉请的模式,有利于节约司法成本,因为治安社区矫正相对来说违法行为比较轻微、情节相对简单、处罚也不严重,因此无须像刑事诉讼般分开立案调查与公诉机关,而是方便合一〔1〕。公安机关作为诉请机关,有权参加案件在法庭决定的全过程,也有权撤回诉请。

2. 被诉请方及其代理人

被诉请方是实施了违法行为,被公安机关立案调查并向决定机关提起诉请的一方当事人。在公安机关立案调查阶段,其也称为被调查人。被诉请方的代理人包括其法定代理人和委托代理人。在治安社区矫正案件决定过程中,被诉请方有权申请回避,有权参加审理活动,进行辩护或者委托他人为自己辩护,有权提出证据并进行质证,有权进行最后陈述,有权对未生效的初审决定申请复审,对已生效的决定提出申诉。

被诉请方委托的代理人可以是律师或者被诉请方的亲友等。参考刑事诉讼的限制规定,某些特定人员不得担任案件中被诉请方的委托代理人:刑罚尚未执行完毕的人;司法机关的现职人员;无行为能力或者限制行为能力的人;依法被剥夺、限制人身自由的人;本案的证人、鉴定人;与本案审理结果有利害关系的人;外国人或者无国籍人。治安社区矫正案件的被诉请方有权自案件被公安机关立案调查之日起委托代理人代其参加案件的调查活动。委托代理人有权查阅案件材料,了解案件情况,有权与被调查人或者被诉请方会见、通信,有权收集与案件有关的材料,在审理阶段,律师可以查阅、摘抄、复制本案指控的违法事实的材料,其他委托代理人经决定机关允许,也可以查阅、摘抄、复制上述材料〔2〕。在审理过程中,委托代理人有权参加调查、举证、质证,有权参加辩论,并根据被告人的委托申请复审或提出申诉。

3. 决定机关

决定机关是依法行使治安社区矫正的决定权的国家机关,在案件的决定过程中居于主导地位。基于程序司法化的要求,这一决定机关应是法院的内设专门法庭,如治安法庭。在治安社区矫正案件的处理过程中,对受理的案件,有权决定开庭审理的有关事宜,主持调查、辩论等审理活动,有权调查、收

---

〔1〕 参见赵秉志、杨诚:《中国劳动教养制度的检讨与改革》,中国人民公安大学出版社2008年版,第239页。

〔2〕 被提请人及其委托人的权利可以参考《刑事诉讼法》中较为完善的对犯罪嫌疑人、被告人及其辩护人的权利的规定。

集案件有关证据材料,并依法做出是否适用治安社区矫正措施的决定。

4. 其他参与方

其他参与方包括本案的证人、鉴定人以及翻译员等。经过特定授权,人民检察院作为法律监督机关,也可以全程参与案件的诉请与决定过程,比如在案件审理阶段,人民检察院有权对案件审理活动是否遵守法律规定的程序进行监督,并提出意见。

(二)治安社区矫正的司法化决定程序

在具体的制度设计上,可以将治安社区矫正的决定程序划分为立案、调查、诉请、审理和决定、复审几个基本阶段。

1. 立案

公安机关在通过受害人报案、人民群众举报或者公安机关在日常治安管理活动中发现有需要采取治安社区矫正处遇的治安违法行为后,应当在一定的时限内做出立案的决定。立案应当符合一定的条件:

一是出现治安违法行为。确定有治安违法行为的确实存在,公安机关才有可能进行立案调查,这是启动程序的基本要求。二是行为人至少需要接受治安社区矫正。存在治安违法行为,不一定都需要公安机关立案调查,因为有的违法行为人只是初犯、偶犯,人身危险性未达到治安社区矫正的标准,只需要给予批评警告;有的违法行为人行为非常严重,已经构成犯罪。因此,存在违法行为时,公安机关还应当根据治安违法行为所体现的行为人的具体情况,决定是否予以立案。

2. 调查

公安机关在立案后,应当根据法律规定的治安违法行为的构成条件对案件详细的诸多要件进行事实调查,并收集规定的有关证据材料。调查活动由公安机关全面负责进行,由其行使专属的调查性的权力。调查应当规定一定的最长期限,便于公安机关对违法行为准确定性定量,为案件的后续处理过程打下坚实的基础。在调查活动过程中,应当严格遵守法律程序方面的各项规定,尊重公民的人身权利与程序性权利。公安机关对治安社区矫正案件的调查期限应该予以明确,出于人权保障的目的,期限不宜过长。

3. 诉请

诉请是在立案调查结束后,公安机关将需要采取治安社区矫正的案件移交决定机关进行裁决。与刑事诉讼中由检察机关负责案件的审查起诉不同,出于裁决效率的考量,诉请的权力和职责宜由公安机关享有和承担[1]。治安社区矫正案件的案情相对比较简单,矫正的后果相对轻微,因此无须一定将立案调查机关与诉请机关分开,将二者合一可以保证一定的案件效率,节约司法资源,而且对被诉请方而言,也可以尽快明确相应的矫正决定结果。

公安机关调查人员在调查活动结束后,对于事实清楚、证据充分,认为符合治安社区矫正的对象与条件,需要对违法行为人采取治安社区矫正的,应当将诉请文书、案卷材料、证据与诉请一并移送给案件审理与决定机关。对于不符合治安社区矫正的条件或者虽然符合但行为轻微不需要采取矫治措施的,可以相应地执行不予诉请或撤销案件。对治安违法行为有成立犯罪嫌疑的,应当将案件转移给相应的刑事案件侦查部门,启动刑事诉讼程序。

4. 审理和决定

审理和决定是治安社区矫正决定程序的关键步骤,也是治安社区矫正适用正当程序化的标志。应借鉴刑事诉讼审理的完备程序,吸取劳动教养制度的程序弊端教训,以司法化、中立化、救济化原则为前提保障案件的公正裁决与当事人的合法权益。治安社区矫正案件的决定程序,原则上应当简易速裁,这是由案件的较为轻微与明确的性质所决定的,是考虑到效率与公正的关系所做出的平衡选择。由于治安社区矫正案件通常案情相对简单、内容争议较少,按照速裁的程序进行审理可以保证处理的效率。但是,在追求程序便捷的同时,也要符合最低限度的程序公正标准,须满足程序性权利保障的各项要求,不能牺牲被诉请人的程序性权利,片面追求效率。同时也要对决定者的权力给予适当的限制和约束。

案件审理前可以设置审前会议制度,交换证据或证据开示,以提高效率。治安社区矫正案件由于案情比较简单,通常证据比较充分,可以引入审前证据开示制度,提高审理效率。从具体的操作程序来看,决定机关受理案件后,应当给予当事人合理的举证期限,并向当事人及其代理人告知举证的权利、义务,举证期限,证据交换的时间、地点以及超过举证期限提供证据和拒绝参加证据交换的法律后果。通过证据交换,提前确定双方认可的证据,并由审理方提前掌握双方对证据的观点,形成对证据的准备性确认。经双方庭前确认的证据,在案件审理过程中可以直接予以认定或确认其证明效力。

---

[1] 借鉴发达国家速裁程序的经验,轻微犯罪审判可不用检方出庭,而由警方直接作为提请人。

遵循程序司法化的原则,治安社区矫正案件应当在法院治安法庭公开审理,公安机关应出庭支持诉请。审理开始后,应先进行法庭调查,对案件证据在庭前证据开示的基础上进一步质证。辩护是审理过程中的核心阶段,应当充分尊重案件当事人的辩护权。被诉请方的辩护权可以根据需要自行决定行使：既可以自行辩护,即被诉请方为自己直接进行辩解主张,也可以委托律师或代理人进行辩护。应当从其被采取强制措施之日起或者被诉请之日起,被诉请方就可以聘请律师辩护。

经过证据调查和法庭辩论后,应当听取被诉请方的最后陈述。庭审之后应当根据案件的证据证明的事实结合相关的规定做出是否施以治安社区矫正及其期限的决定。可以分为不同情况：可对案件做出施以治安社区矫正决定;也可以因为事实不清或者证据不足而驳回申请;双方也可以在对一审决定不满意的情况下提出上诉。

5. 上诉

对初审决定不服的,被诉请方可以自决定书送达之日起数日内提出上诉。治安社区矫正案件的上诉权一般只应赋予被申请人及其法定代理人。以此实现对权利的充分救济。

上级决定机关审理治安社区矫正上诉的案件,参考刑事诉讼二审,对案情简单、事实清楚的通常不开庭,在调查之后直接做出决定。只有事实不清、证据存在疑问的情况下,上诉机关才开庭审理。上诉机关做出的决定是终局性的决定,但如果存在明显的事实认定错误或法律适用错误,应允许申诉再审。

七、治安社区矫正的制度设置总结

鉴于法律体系的差别和价值取向的不同,我国的治安社区矫正既不同于西方国家的保安处分制度,也不同于行刑社区矫正制度,而是一种具有我国国情特色的、结合了社区矫正和保安处分特点的特有劳教替代填补制度,其目标是为了填补劳动教养废止后的治理漏洞,同时吸取劳动教养制度的处遇教训,更好地实现对原劳动教养治理对象的处遇效果,保障特殊预防职能优先原则的落实与多元处遇职能的实现。根据这一原则,我国治安社区矫正可以进行相应的制度设想。

第一,治安社区矫正处遇目的是制度设置的基础。处遇目的或意旨是处遇制度的灵魂和设立的前提。一种新兴法律制度的设计必须以处遇目的为基础和起点,方能保证其合目的性。明确治安社区矫正的处遇目的,可以进而分析其处遇对象、性质、条件,从而确立治安社区矫正的基本实体内涵,指导治安社区矫正的制度设计和展开。一方面,保障治安社区矫正符合基本处遇需求的一般性处遇目标,即全面的多元职能体系,治安社区矫正必须有相应的机制对应实现威慑鼓励、规范矫治、监督管控、社会修复各项职能。另一方面,控制和引导治安社区矫正基本逻辑和处遇模式的独特处遇目的是特殊预防与教育矫治。治安社区矫正所要达到的社会处遇目的本身也是一种职能均衡,就是在全面满足多元职能与优先满足特殊预防职能之间的平衡,既要反映出特殊预防的优先性,又不能只关注特殊预防重蹈一元论覆辙。第二,治安社区矫正的适用对象应坚持法定化、处遇目标复合化、治安需求现实化的原则,与刑罚和治安管理处罚相协调。综合这些因素,治安社区矫正适用对象应包括:第一类临界行为人是指行为在性质上与犯罪相近,但量上尚未达到犯罪程度、尚不够刑事处罚的对象;第二类常习行为人是指多次实施特定治安违法行为的对象;第三类程序性免罪危害行为人是指本达到犯罪标准但因情节轻微或不够责任标准而免予刑事责任的行为人,未来可以扩展到收容教育的对象。第三,治安社区矫正的性质可能存在行政处罚措施或保安处分的刑罚补充措施等不同认识。一方面,从理论视角出发,治安社区矫正作为一种社区内处遇方式其主要目的是违法犯罪处遇,即适度监管并矫正改良受处遇对象,而非处罚,否则就没有必要进行以复归社会为目标的社会化处遇而干脆直接适用更为严格的监所内处遇,因此行政处罚措施说等单纯强调处罚性的观点都存在认识偏差;同时,作为治安社区矫正对象的治安违法行为人也与国外保安处分制度无法对应,仅有不起诉意义上的对象可以重合,而大量治安行为则无法纳入保安处分范围,因此保安处分说也无法说明其性质。因此,治安社区矫正是我国特有的类保安处分的关于治安违法行为的处遇制度。另一方面,从立法实然需求而言,继续将治安社区矫正作为行政处罚措施或将之行政法化难以有效克服原劳教制度的缺陷;在刑法和治安管理处罚法的二元框架下,治安社区矫正并不具备保安处分性质,也不具有社区矫正制度的一体属性。总之,治安社区矫正制度具有结合保安处分制度和社区矫正制度特点的独立的治安处遇制度的地位和意义。第四,就治安社区矫正的适用条件而言,必须吸取原劳动教养适用条件上的笼统、不明确的教训,同时又要承继劳动教养行为特征与人身危险性特征并存的逻辑,应包括以下两个层面:一是行为人须实施了危害社会的具体违法行为。该违法行为属于严重违反治安管理的违法行为,但尚未达到犯罪的标准或过于轻微而不以犯罪认定,且特定行为还应具有常习性或反复性。二是行为人的违法与其人格特征有着密切关系,且从其行为及其他人格因素综合判定,行为人具有需矫正的人身危险性,人身危险性的程度是不会对社会安全造成严重危险但又有矫治的必要性;如果不予以教育矫治,行为人则具有再次实施严重危害社会行为的风险性,即行为人具有人身风险性。第五,关于治安社区矫正之适用期限,必须根据合目的性原则、人权保障原则、期限幅度化原则、相对个别化原则,根据其与行刑社区矫正比较衔接的期限要求,一般应以不超过2年为基本期限。对于具有多个违法行为并处的,或屡教不改、反复严重违法,法定期限最高不应超过3年。第六,就治安社区矫正的程序及相关制度设置而言,吸取劳动教养制度的教训,治安社区矫正的程序必须纳入法定化和司法化的轨道,程序设计必须充分保障被处遇对象的申辩和救济权利,达到正当程序的基本要求。参与治安社区矫正适用程序的各方主体应当包括提请方、被提请方及其代理人、决定方以及其他参与人,应当允许律师介入提供辩护或代理;基本程序可以包括立案、调查、提请、审理和决定、复审几个步骤,其中立案调查与提请的机关应该与审理、复审的机关分开,前者可以赋予公安机关相应职权,后者应根据司法化需求赋予法院行使相应权力,可以设置治安法庭负责相应案件的审理和决定。

鉴于法律体系的差别和价值取向的不同,我国的治安社区矫正制度既不同于西方国家的保安处分制度,也不同于行刑社区矫正制度,而是一种具有我国国情特色的、结合了社区矫正和保安处分特点的特有劳教替代措施,其目标是填补劳动教养废止后的治理漏洞,以保障特殊预防职能优先原则的落实与多元处遇职能的实现。通过与行刑社区矫正制度并行的治安社区矫正制度的设计和适用,我国可以逐步发展探索出符合我国实际需要的、有中国特色的社区矫正制度体系,这也是基于违法犯罪处遇的综合社区矫正制度可以为立法领域的制度发展所做出的积极贡献。

第三节 治安社区矫正与行刑社区矫正的区分与衔接

一、基于行为定量标准产生的双层社区矫正区分

（一）行为定量标准提供治安社区矫正的存在空间

前述基于适用对象的犯罪与治安违法行为不同产生了行刑社区矫正与

治安社区矫正的双重层次,而如果进一步分析双层社区矫正适用对象上的差异源头,可以发现在特定意义上这是由我国相对独特的定量入罪标准所决定的。我国刑法定罪机制有定性与定量双重标准的特点,除了定性意义上符合刑法规定的犯罪行为性质特征,还要在定量因素上达到一定程度即严重危害社会的标准才能作为犯罪入刑,这与许多国家刑法对犯罪只定性不定量的规定模式不同[1]。在定性分析的视野下,只要符合刑法规定的行为性质上的危害社会的行为都纳入犯罪体系,所以犯罪行为既可以是严重危害社会的行为,也可以是在我国作为一般治安处罚行为的轻微危害社会行为,如违反交通规则或单纯的无伤害攻击行为;这导致西方国家的犯罪违法性范围远远广于我国,从而较轻犯罪的范围可以涵盖我国的治安管理违法行为[2]。而较轻犯罪恰恰无论在西方还是我国都是适用社区矫正的主要对象,这就进一步导致其他国家可以将我国具有治安管理违法性质的行为直接纳入刑法范围定罪并施加行刑社区矫正处遇,因此对这些在国外已经纳入轻罪的而在我国属于治安违法的行为,国外制度中也就没有大范围地另行设置治安社区矫正的必要性。中外对定罪标准的设置落差恰恰体现了我国治安社区矫正制度的特殊适用空间。

(二)行为定量标准成为双层社区矫正的区分依据

我国刑法的定量特点充分体现在犯罪与治安违法行为的二元制之中,犯罪与治安违法行为很多情况下并非定性差异而是定量差异。《治安管理处罚法》第二条的规定就明确了这种区分犯罪与治安违法行为的定量标准:"扰乱公共秩序,妨害公共安全,侵犯人身权利、财产权利,妨害社会管理,具有社会危害性,依照《中华人民共和国刑法》的规定构成犯罪的,依法追究刑事责任;尚不够刑事处罚的,由公安机关依照本法给予治安管理处罚。"此外,我国《刑法》第十三条的定量出罪机制还将情节显著轻微危害不大的定量行为不视为犯罪从而排除在刑罚范围之外。正是由于定量标准的存在,犯罪圈因为定量机制的过滤而相对收缩。犯罪与违法行为区分的定量逻辑因素一以贯之。甚至原劳教适用对象主要都是定性上与刑法犯罪规定的行为特征一致,但定量因素上尚未达到犯罪标准的行为,依然是通过定量因素来划分犯罪与适用劳动教养的违法行为。所以沿用这种行为定性一致与定量区分的逻辑,原劳

---

[1] 参见储槐植:《刑事一体化论要》,北京大学出版社2007年版,第305-307页。
[2] 参见梅传强:《论"后劳教时代"我国轻罪制度的建构》,《现代法学》2014年第2期。

教适用对象的治安违法行为依然不能直接作为犯罪行为来对待,行刑社区矫正不能适用于这些劳教适用的违法行为,西方国家的入罪行为较广的行刑社区矫正就不能为我们填补劳动教养废止后的治理漏洞所直接套用,而是应该遵循犯罪行为与治安违法行为的二元定量区分特征,在行刑社区矫正之外,专门针对原劳教适用对象的治安违法行为另设治安社区矫正制度,作为针对违法行为的专门矫治制度。由此因为定量标准区分了犯罪行为与原劳动教养适用的治安管理违法行为,也就区分了行刑社区矫正与治安社区矫正各自的适用范围,因此可以说定量因素是真正的双层社区矫正的区分标准。

总之,犯罪行为与治安违法行为的定量区分因素导致了行刑社区矫正和治安社区矫正适用的对象迥然不同,前者是较轻的犯罪人,而后者是治安违法行为人。由这种定量区分差异进一步导致了行刑社区矫正和治安社区矫正的制度属性的明确区分,前者针对犯罪行为而落在刑事法的范围内,是刑罚制度的一部分,而后者针对治安违法行为则属于治安违法处遇领域,与治安管理处罚制度一样,属于治安管理制度的一部分。

二、基于人身风险性之定性特征的双层社区矫正的衔接

(一)基于社区矫正共性的双层社区矫正的可衔接性

由上分析可见,行刑社区矫正与治安社区矫正是基于适用的行为定量因素造成制度区分的,但在定量之外的定性因素上,行刑社区矫正与治安社区矫正则具有基于社区矫正共性的一致性,即行刑社区矫正和治安社区矫正存在基于社区矫正的处遇形式和处遇机理上的相同之处。首先,处遇形式上都是采取非监禁的、在社区内限制处遇对象人身自由的形式,对违法犯罪对象都进行惩罚、矫治、管控和修复的复合机制措施,因此二者可以按照需求共用相同性质的处遇措施。其次,二者所要满足的职能目标具有共同之处,都是既要满足多元职能需求,又要以特殊预防职能为优先核心。即便当下行刑社区矫正在实践中过于强调特殊预防职能一元论而出现职能缺陷,但从处遇原理的应然意义上,其与治安社区矫正相同,都应满足多元职能需求与特殊职能需求。再次,它们的处遇对象都是存在危害社会行为的较轻人身风险者,但又必须是对社会安全没有即时危险性,不会造成社会危害,所以才能非监禁地在社区内进行处遇。最后,基于两种社区矫正处遇原理与职能要求的相同性,两种社区矫正可以统一执行机关和执行人员,都可以通过专门的社区矫正工作机构和人员,统一负责社区矫正的具体执行工作。所以治安社区矫

正与行刑社区矫正在处遇目的和评估处遇标准上一致,从而实现定性意义上的二者处遇逻辑的一致性。而正是这些基于社区矫正共同属性的定性因素决定了虽然行刑社区矫正与治安社区矫正有基于定量因素的制度区分,但两种制度又可以在共同属性下实现逻辑上与实践上的整合衔接。

(二)基于人身风险性的双层社区矫正的衔接

进一步探讨双层社区矫正的衔接标准可以发现,行刑社区矫正和治安社区矫正衔接的基础是作为社区矫正制度基础的处遇对象的人身风险性共性特征。人身风险性特征是社区矫正制度的适用起点,是评估采用针对性的社区矫正措施的基础,无论是行刑社区矫正还是治安社区矫正都必须基于被矫正对象的人身风险性特征展开。这是由社区矫正的职能所决定的。如前所述,传统社区矫正采用的特殊预防论走上了医疗模式的歧途,所使用的人身危险性概念如前所述过于个别化和主观化而无法作为比较标准,出现了任意性与主观性的弊端[1]。完全主观化和个别化的人身危险性标准由于过于随意而无法提供双层社区矫正的衔接标准。而新的社区矫正处遇理论通过对人身危险进行抽象化和规范化改造,以可以分类定性和分层量化的、抽象的人身风险概念取代了人身危险概念,使得人身风险成为表征不同类型和等级差别的违法犯罪人社会危害性的可预防、规定和比较的规范化要素,从而解决了特殊预防论反法律逻辑的难题,也实现了社区矫正作为行刑方式的规范可行性[2]。在这一风险等级可以比较的基础之上,行刑社区矫正和治安社区矫正的适用对象范围就可以实现有效衔接,二者都是将危害行为人的人身风险性判断作为使用起点,而由于人身风险性是可以统一规范的社区矫正标准,因此无论行刑社区矫正还是治安社区矫正都可以根据这一标准进行准入判断。同样的人身风险性标准下,行刑社区矫正针对的是人身风险性较重的犯罪人,必然是危害行为已经达到犯罪程度、风险因素较多的情形下才能适用;而治安社区矫正针对的是原劳教对象、达不到犯罪严重程度的较轻治安违法行为人,显然其人身风险性要求相较于行刑社区矫正更轻。

因此只要基于犯罪行为和治安违法行为的定量差别,通过人身风险定量因素合理划定人身风险性轻重不同的犯罪与治安违法行为的边界,就可以通过人身风险性的定性共性和定量差别有效衔接行刑社区矫正和治安社区矫

---

[1] 参见陈伟:《认真对待人身危险性评估》,《比较法研究》2015年第4期。
[2] 参见李川:《从特殊预防到危险管控:社区矫正之理论嬗变与进路选择》,《法律科学(西北政法大学学报)》2012年第3期。

正,即行刑社区矫正和治安社区矫正可以通过犯罪人与违法行为人体现在量上的人身风险性的判断指标实现紧密衔接。在这种衔接的基础上可以进一步发现双层社区矫正人身风险性标准的共性,实现社区矫正双层体系的有机整合。

总之,虽然治安社区矫正制度宜独立规定,但是其并非与行刑社区矫正无关或脱节,而是紧密衔接和职能互补的:治安社区矫正与行刑社区矫正实现了对较轻人身危险性矫治对象的无缝衔接,即以作为社区矫正共性的人身风险性的一致定性处遇逻辑为前提,以行为所体现出的人身风险性定量指标为基准,在定量标准之上构成犯罪的施以刑罚、行刑社区矫正,在定量标准之下构成违法行为的施以治安社区矫正。治安社区矫正与行刑社区矫正在职能、目标和评估处遇标准上实现了一致性,保证衔接不存在空白。

三、双层社区矫正的定量区分与定性衔接

基于作为适用对象的犯罪与治安违法行为的不同产生了行刑社区矫正与治安社区矫正并列的双重层次,而如果进一步分析双层社区矫正适用对象上的差异,可以发现在特定意义上这是由我国相对独特的定量入罪标准所决定的。但在定量之外的社区矫正定性意义上,行刑社区矫正与治安社区矫正则具有基于社区矫正共同特性的一致性,这决定了治安社区矫正与行刑社区矫正在处遇目的和评估处遇标准上一致,从而实现定性意义上的二者处遇逻辑的一致性。而正是这些基于社区矫正共同属性的定性因素决定了虽然行刑社区矫正与治安社区矫正有基于定量因素的制度区分,但两种制度又可以在共同属性下实现逻辑上与实践上的整合衔接。

行刑社区矫正和治安社区矫正衔接的基础是处遇对象的人身风险性特征。人身风险性特征是社区矫正制度的适用起点,是评估采用针对性的社区矫正措施的基础,无论是行刑社区矫正还是治安社区矫正都必须基于被矫正对象的人身风险性特征展开。通过人身风险性的定性共性和定量差别,可以有效衔接行刑社区矫正和治安社区矫正,即行刑社区矫正和治安社区矫正可以通过犯罪人与违法行为人体现在量上的人身风险性的渐进特质实现紧密衔接。在这种衔接的基础上可以进一步发现二者的共性,实现社区矫正双层体系的整合。

第六章

折中处遇模式的形成与借鉴

第一节 折中处遇模式借鉴的必要性

　　扩张后的社区矫正须满足的多元职能决定了社区矫正必须是含有丰富机制的复杂制度，相应地必须有丰富的可选择性措施用来满足社区矫正处遇的多元属性：威慑鼓励、规范矫治、监督管控、社会修复分别强调社区矫正措施的惩罚性、矫正性、隔离性、修复性；且由于不同的处遇对象及同一处遇对象的不同阶段其风险表征都有所差别，因此多元措施的适用也需要动态变化，在此影响下强调不同属性的社区矫正措施也须实现多样化和动态化，社区矫正必须通过丰富多样的举措类型来满足变动中的多种职能需求。基于这一原理，社区矫正发达的国家在长期实践中形成了能满足不同职能需求且可动态调整的、有效而节约资源的折中处遇机制[1]，通过较为丰富的介于全开放与全监禁之间的多元措施体系来较为完善地满足针对不同风险层次处遇对象的动态、复杂、多元的职能需求，最大化发挥社区矫正的制度功效，非常值得我国借鉴。特别是我国社区矫正目前限于刑罚执行方式的狭窄领域，处遇措施缺乏相应的类型化机制建构，使得本应有体系化多元措施的社区矫

---

　　[1] 参见吴宗宪：《社区矫正比较研究（下）》，中国人民大学出版社2011年版，第430－431页。

正实践却采取了接近全开放行刑的宽松处遇模式,导致了满足多元实践需求时的行刑困难:一方面是社区矫正工作强度和压力大,资源紧张,兼顾多元职能时捉襟见肘;另一方面却是制度供给上相对空白,未能提供行之有效的针对性机制。虽然目前我国社区矫正实践中已经有折中处遇制度的零星试点做法,如电子腕带、阳光之家等,但距离体系性、系统性且规范化的折中处遇机制还距离尚远,因此有必要在对成熟的折中处遇机制进行考察借鉴的基础上,为确立我国未来扩张后社区矫正科学的处遇制度机制提供科学方案。

一、处遇职能的复合需求产生中间多元处遇模式

折中处遇(Intermediate Sanctions or Treatments),是介于全开放式的社区内矫正处遇与监禁关押之间的多元化处遇模式,多采用比监禁限制少但是比全开放社区矫正限制多的部分限制人身自由的形式并结合针对性的措施来实现多元的处遇职能目标,既能缓解监禁过于严苛的弊端,又能防范全开放社区处遇过于松散的局限,是目前世界社区矫正领域主流的处遇实践模式,成为社区矫正领域采用的替代监禁的主要形式。常见的折中处遇措施包括居家处遇、电子监控、中途之家等丰富的实践类型[1]。折中处遇的典型特点包括:首先是中间性特征。折中处遇位于过于宽松的、几乎没有有效监督的全开放社区内处遇与全封闭的监禁这两极化处遇措施的中间,通常体现为在社区中施加特定人身自由限制措施的矫正。比监禁更轻,但是比全开放的社区处遇更重[2]。其次是补充性特征。前述过于封闭或过于开放的两极化处遇往往造成社会处遇措施要么过于严厉,要么过于放松,缺乏根据需要适度限制人身自由又能达到特定效果的针对性措施。折中处遇使得对违法犯罪人采取的不一定是相对自由的全开放式社区矫正,而是在社区中补充有各种可调整的隔离风险与有效矫治的补充形态的针对性措施形式。最后是多元性特征。折中处遇的形式从全开放、半开放到紧缩开放不一而足,形成了诸如中途之家、日居中心、训练营等多样化的各种措施形式,一反传统社区矫正的全开放状态,提供针对各种违法犯罪人的风险需求的对应式监管、矫治。

折中处遇对于满足社区矫正违法犯罪处遇的需求而言意义重大。一方

---

[1] See Leanne Fiftal Alarid. *Community-Based Corrections*, Wadsworth Publishing, 2014, p. 122.

[2] See Dean John Champion. *Probation, Parole, and Community Corrections in the United States*, 5th ed., Pearson/Prentice Hall, 2005, p. 67.

面,在处遇制度设置上提供了社区矫正领域内适应不同职能需求的多种折中处遇方案。即在完全剥夺人身自由的监禁处遇与相对彻底开放式处遇如定期报到制之间,分布了各有侧重的各种折中处遇措施:有倾向于隔离性和满足监督管控职能需要的居家处遇、中途之家和电子监控,有倾向于矫正性和满足教育矫治职能的社会服务和日间报告所,有倾向于惩罚性和满足威慑鼓励职能的改造营、强制劳动,还有倾向于修复性与满足社会修复职能的被害人定向服务、加害人-被害人协商会议等[1]。另一方面,通过与定期评估制度相结合,根据违法犯罪人的风险状况和社会需求,动态、及时、灵活地实现不同折中处遇方案的无缝运行衔接,达成矫正效益的最大化。如违法犯罪人在社区矫正过程中社会风险大幅降低,基于风险监管的职能需求下降而基于内在矫治的职能需求增加,则可以从侧重于风险监管的措施例如居家处遇改为具备更多人身自由程度、可使用更多矫治措施的社会服务制和定期报告制[2]。

二、我国理论和实践缺失需要折中处遇机制

(一)理论需求:弥补教育一元论缺失

限于社区矫正仅作为刑罚执行方式狭窄化适用的局限,目前社区矫正的专门相关规定内容非常有限,仅规定了社区内执行的管理基本规定如强制双八小时等,但在具体处遇措施方式方面很少制度化,实践中也不论风险情况或职能需求而主要采取定期报到制和社区服务制的相对强调矫治性的开放式处遇制度,这与理论上过于强调教育矫治的一元职能有关。监督管控的职能及其决定的管控型需求仅作为社区矫正行政管理工作加以强调,但缺乏必要的脱管制约机制和监督隔离方案,脱管情况时有发生;惩罚与威慑机制常常被忽视,备受诟病[3];更被忽视的是基于社会修复或被害人保护的需求,经常无具体实施方案。教育矫治职能一元论使得制度或机构设置层面较多采用仅关注教育矫治的单向制度,其他职能仅靠工作自觉和少量试点从而效果无法保证。所以满足多元职能且提供多样式和灵活性措施方案的折中

---

[1] 参见姜楠:《美国矫正制度中的中间处遇制度》,《中国司法》2015年第3期。

[2] 参见李川:《修复、矫治与分控:社区矫正机能三重性辩证及其展开》,《中国法学》2015年第5期。

[3] 参见金碧华:《社区矫正风险评估机制的分析与思考》,《南通大学学报(社会科学版)》2009年第2期。

处遇机制值得借鉴。随着监督管控、威慑鼓励、社会修复等多元职能得到更多关注,应在我国设置较为正式的折中处遇制度作为社区矫正的重点处遇机制。一方面,明确设置侧重于满足各自职能需要的中间多样处遇措施方案,通过规则明确折中处遇基于职能的适用标准和适用程序,配备折中处遇的制度设置。如基于当下对监督管控和社会修复职能的重点强调,注重隔离性和修复性的折中处遇制度如电子监控、被害人定向服务等应优先加以引进借鉴。另一方面,明确与定期风险评估和社会需求满足相结合的动态折中处遇实施制度,根据定期的风险评估结果和社区及被害人需求所体现的职能重点,动态确定实施相适用的折中处遇方案[1]。

(二)实践完善:保障违法犯罪处遇的科学化

我国社区矫正职能研究长期忽视管理监控这一职能从而与实践需求相对脱节。地方社区矫正工作更加重视安全管理工作,却无法上升到风险社会和违法犯罪处遇这一理论层面来思考和分析安全防范问题和方法,而理论上关于违法犯罪处遇的对应职能和制度设计层面上的研究却长期匮乏,也无法提供相应的对策思路。这就造成实践中管理监控的责任重大却手段单一:相对与西方基于社会风险采取的监督管控等折中处遇灵活手段如针对不同风险主体采取宽紧有别的居家处遇、训练营不同,我国实践仍主要是"盯人防守"的包户分摊责任制,造成地方社区矫正工作人员压力巨大,尽管时时动员,但脱管、违规仍时有发生[2]。而地方社区矫正工作进一步的解决思路仍集中于加大投入、增派人员或者工作人员警备化等传统行政管理或治安思路,在人财物资源有限的情况下效果并不明显而且资源使用效率较低。这就凸显了对社区矫正基于违法犯罪处遇职能出发,引入折中处遇的重要意义。从社会实际风险研究入手,经过大量的实证调研,在前述运用大数法则而确立一套科学的、适合我国的违法犯罪人社会风险评估和分类管控体系,并研究采取与不同风险等级相对应的灵活多元的处遇方式[3]。

三、折中处遇模式借鉴展望

就社区矫正中引入折中处遇的必要性而言,我国违法犯罪处遇在全开放

---

[1] 参见李川:《修复、矫治与分控:社区矫正机能三重性辩证及其展开》,《中国法学》2015年第5期。

[2] 参见任华哲:《社区矫正中重新犯罪的风险与控制刍议》,《理论月刊》2011年第8期。

[3] 参见李川:《修复、矫治与分控:社区矫正机能三重性辩证及其展开》,《中国法学》2015年第5期。

式社区矫正与全封闭监禁措施之间没有中间适应性的处遇措施,造成了社区矫正手段单一、矫治效果差、易脱逃等诸多的问题。这是由于我国在处遇职能上长期秉持特殊预防职能一元论,因此处遇措施除了主要满足教育矫治之外就相对贫乏缺失,对不同矫正职能需要缺乏多元的针对性措施,处遇模式严重单一化,最终导致了社区矫正缺乏动态、科学的措施体系以满足多元职能需求。折中处遇机制可以为解决这一问题提供良好的借鉴模式。一方面,应根据多元职能需求分别设置具有对应职能需求的措施,形成适用面广、内容丰富的社区矫正措施群,如折中处遇制度既有能满足监督管控的居家处遇,又有能满足教育矫治需求的训练营等与各种职能对应的措施手段;另一方面,由于不同的处遇对象及同一处遇对象的不同阶段其职能需求都有所差别,因此满足多元职能需求的矫正措施也应动态变化,在此影响下不同属性的社区矫正措施也须实现多样化和动态化,社区矫正必须通过丰富多样的举措类型来满足变动中的多种职能需求。当前世界先进的社区矫正制度在长期实践中形成了能满足各种职能需求且可动态调整的、有效而节约资源的折中处遇模式,在处遇制度设置上提供了社区矫正领域内适应不同职能变动需求的多类型折中处遇方案。即在完全剥夺人身自由的监禁刑与相对彻底开放式处遇的定期报到制之间,分布了各有侧重的各种折中处遇措施:有倾向于隔离性和满足监督管控需要的居家处遇、中途之家和电子监控,有倾向于矫正性和满足教育矫治的社会服务和日间报告所,还有倾向于修复性和满足社会修复的被害人定向服务等。面对当下社区矫正处遇模式的单一性缺失,在社区矫正扩张后须满足更广范围的处遇需求与更多元的处遇职能时,引入折中处遇模式可以相对有效地解决处遇措施的匮乏性难题。基于社区矫正的职能多元化需求,我国社区矫正处遇实践应借鉴国外多元、体系性的折中处遇模式并依据国情需求加以制度化完善,确立我国的社区矫正的折中处遇模式。

第二节 折中处遇模式的优势与内涵

一、折中处遇的产生与发展

折中处遇机制的产生并不是一蹴而就的,作为介于监禁刑和全公开处遇之间的矫治制度,从欧洲中世纪开始就逐渐萌芽。在宗教力量的介入下,修道院和牧师就为那些被监狱释放的人提供暂时的食物和住处并对其进行帮助教育,或者在社区中负责帮助和支持刑满释放的人顺利过渡和接受教育以回归社会,直到他们能够在社会中稳定为止。可以说早期的折中处遇制度更多是自愿的、福利性的救助制度。在19世纪20年代,人们逐步开始考虑通过建立过渡和矫治场所的形式来帮助刑满释放人员回归社会,但这仍然更多的是具有刑后保护的特征。直到1914年,第一个正式具备折中处遇性质的社会中工作服刑的具体制度才得以实施,作为附条件的半自由式的服刑制度,这一做法居于监禁和彻底释放之间,为那些较轻违法犯罪人提供了适当的行刑处遇制度。而二战之后,随着社区矫正制度的蓬勃发展,作为社区矫正具体形式的折中处遇机制日益多元化和完善化,各种对自由限制不一和附加不同矫治条件的处遇逐渐成型,形成了体系性的折中处遇制度[1];甚至折中处遇制度最终脱离社区矫正行刑体系,成为独立的处遇种类,标志着折中处遇制度的发展高峰。折中处遇能够实现如此快速和迅猛的发展,跟当时处遇的时代理念和现实需求有重要的关系。

(一)时代处遇理念需要

首先,是对处遇矫治至上理念的质疑与精确风控的需要。与违法犯罪处遇产生的时代背景一样,秉持矫治至上理念的行刑领域无论是监禁刑还是社区矫正在七十年后都面临着矫治效果的大幅衰退[2]。单纯追求矫治的教育刑受到了批评和反思,社会上形成了一种设计新的行刑机制以应对矫治不利的新思路。在这一过程中,不是依靠无法规范化和制度化的个别矫正,而是依靠固定特定行刑制度来相对精确地管控违法犯罪的处遇思路逐渐出现。这一思路的必然逻辑结果就是设计新的折中处遇机制以满足各种违法犯罪控制需要。

其次,宽严有序的处遇思想的流行[3]。矫治至上的理念被质疑的另一个重要原因是过于个别化和随意化,缺乏有效的规范处遇措施的机制。因此社区矫正内部有处遇措施理念上进一步的规范化需求。为适应这种需求而产生了处遇措施机制规范化的要求,希望能够形成各种规范化的处遇措施方式,形成宽严有序的处遇措施机制。所以以制度化的形式将处遇措施实践中

---

〔1〕 参见[美]巴特勒斯:《罪犯矫正概述》,龙学群译,群众出版社1987年版,第57页。

〔2〕 参见刘强:《各国(地区)社区矫正法规选编及评价》,中国人民公安大学出版社2004年版,第411-415页。

〔3〕 参见姜楠:《美国矫正制度中的中间处遇制度》,《中国司法》2015年第3期。

各种临时或不确定的做法按照特定规范标准固定化形成宽严有序的状态就成为其必然要求,而折中处遇制度就是对类型化的多元处遇措施机制的确定和规范,正体现了处遇措施的宽严有序。

最后,处遇措施多元化理念的推动。以往处遇措施实践往往在强调严厉的惩罚性的监禁与过于放纵的提前释放之间摇摆,缺乏适应各种需要的居于两极之间的多样的处遇措施方式,因此处遇措施多元化的需求逐渐强烈。秉持着处遇措施多元化的理念,实践中逐渐开始注意创制介于监禁与全开放之间的适合多样需求的各式处遇措施制度并取得了良好的对应性成效。比如服务令之于未成年受刑人、居家处遇之于女性受刑人等都体现了处遇措施多元化的有效成果。因此处遇措施多元化理念不断推动处遇措施实践的多样化及其制度化,并逐渐形塑了折中处遇制度。

(二)处遇实践的现实需求

处遇措施实践中存在的大量的需求促成了折中处遇制度的成熟化。

首先,监狱不堪重负,需要其他成熟的社区处遇措施机制来替代。从20世纪70年代起,世界监禁刑适用率较高的发达国家出现了关押场所人满为患、不堪重负的严重问题,即便有的地方比如美国有的州进行了私人监狱改革或外包也不能解决这一问题,亟须寻求替代性的处遇方式措施。为了解决监狱的种种弊端,只能通过社区矫正的形式不断地分流原来处于监禁状态的违法犯罪人[1]。但社区矫正长期缺乏制度化的、针对性的丰富措施体系,主要依靠矫正人员监督下的全开放处遇,违法犯罪人只需要定期报到就能满足最低监管需求,因此在承接大量监狱分流人员之后人数大量增加与矫正对象犯案程度更趋严重的情况下,过于宽松的处遇模式在实践中出现很多难题。因而需要设计社区矫正中的多元制度来加强社区矫正的有效性,这样既能够节省原来监狱的犯罪改造成本,又可以保证社区矫正的处遇措施同监禁一样安全稳定。而折中处遇就因为满足了这一需求迅速得到了极大的发展。

其次,受刑对象复归社会的需要使得必须寻求矫治和管制并行的新制度设计。出于承接监狱分流人员在社区中良好矫正的需要,必须采用具有更加强有力的监管与更加丰富的教育矫治并行的新的措施形式才能满足监禁替代的需要,因此就需要在现有的宽松矫治的基础上设计过渡性的、能够实现监管与矫治并行目标的新的制度措施,从而既能保证监督防范一定的社会风

---

[1] 参见张崇脉:《欧美社区矫正中的电子监控》,《中国监狱学刊》2011年第3期。

险,又能达到良好的教育矫治效果[1]。

最后,处遇措施特别是社区矫正实践的效益性要求建立折中处遇的制度。社区矫正的有效性需要良好的、有针对性的多元机制发挥作用,必须根据不同的风险等级采取不同级别的自由限制和改造措施,而不能个别和随机地实施矫正。过于严厉的惩罚限制自由或过于宽松的放任式处遇措施都无法满足对中间多层次、多元性风险情况的社区矫正对象的改造。因此只有设计出有针对性的多元折中处遇措施制度才能够保证限制处遇对象人身自由的具体措施有效得力、教育改造明确适当,也才能保证社区处遇措施的具体效益。

二、折中处遇模式的体系优势

在折中处遇制度成型之前,行刑处遇主要以趋向严厉的监禁刑和措施相对随意的社区矫正为主,由此造成的一个直接问题就是缺乏中间的过渡机制和处遇选择空间,这进一步造成了处遇的单一性、僵化性和无效性,因此只能通过相对完整的折中处遇制度体系摆脱这种两极化处遇机制的缺陷,保障处遇制度的整体有效性和科学性,因此充分体现出了折中处遇的制度优势。这一优势也是折中处遇整体制度借鉴所要达到的目标或解决问题的具体依据。

(一)作为独立处遇模式或行刑模式的多元选择优势

折中处遇在现有处遇规范机制框架下的规定模式选择上具有很强的适应性和灵活性,无论是作为整体处遇制度中独立的处遇种类还是仅在行刑领域作为规范性的行刑方式都可以根据制度需要进行选择。一方面,在国外许多国家,特别是美国的许多州特定的折中处遇制度如服务令、居家处遇都是刑事立法规定的刑种,被视为是监禁刑和非监禁刑之间的过渡刑种,可以在处遇裁量时即明确刑种和内容。另一方面,在有些国家或州,具体的折中处遇措施也可以作为行刑规范加以规定,从而依附于行刑的规定,仅具有执行时的意义。因此作为行刑的折中处遇制度可以不通过量刑确认或者在量刑阶段就明确,只在具体的执行阶段进行折中处遇措施的选择适用。这种相对宽泛的选择性就提供了借鉴折中处遇制度的良好适应机会,如果将其直接立法成独立处遇模式有较大难度或缺乏可行性,则可以无须立法规范,而是作为具体的社区矫正执行措施在社区矫正的具体运行中纳入执行规则,作为

---

[1] 参见蔡国芹:《美国社区矫正体制的中间制裁制度》,《时代法学》2007年第6期。

执行方式展开适用。因此折中处遇此时就具有灵活的适用性,不会受到立法条件的限制。

(二) 折中处遇的多重职能优势

如前所述,社区矫正需要在实践中满足惩罚、矫治、管控、修复的多元职能,因此需要相对复杂的措施设置,才能分别满足这些不同的职能需求,而折中处遇由于措施的丰富性,是最佳的契合满足多元职能的处遇模式。首先,部分折中处遇形式如服务令等,本身就蕴含教育矫治的意味,而且还可以针对性地采取各种专门性的教育措施。如训练营就专门以纪律行为训练为目标,针对性地满足规范遵守习惯培养这一教育目标。其次,折中处遇区分的重要标准是对自由的限制程度,通过轻重不一的限制差别可以看出折中处遇通过限制处遇对象的人身自由来进行监管的具体程度,体现了具有相对灵活性和适应性的监管制度。再次,折中处遇也能相对较好地兼顾正义需求和被害人保护的精神。如定向服务令就主要是指面向受害人赔偿服务的具体服务令,从而专门为被害人保护设置专门的折中处遇制度。最后,折中处遇还可以满足特定的惩罚威慑性的需求。折中处遇可以根据处遇对象的规范遵守情况调整实施不同程度的限制人身自由的措施,如果有违反规范的情况发生,可以实施较为严格限制人身自由的居家处遇、半开放中途之家的形式,使处遇对象体会到自由的珍贵意义,从而达到一定的威慑效果。

(三) 折中处遇的多样应对优势

折中处遇的多元职能优势,导致了折中处遇能够在不同层面的风险意义上进行有效管控,实现社区矫正的基本目标。一是折中处遇制度通过对教育矫治职能的满足可以有效管控未来再犯风险。通过具有多种适应性的折中处遇机制的展开,可以有针对性地改造不同情形的处遇对象,量身打造相应的教育矫治折中处遇措施,更有利于改造好违法犯罪人,防止其未来长远再犯风险。二是折中处遇制度也主要体现在对社会风险的即时预防和管控上。由于折中处遇根据实际需要采取了对自由程度限制不一的措施,因此也就同时根据需求针对性地防范了处遇对象的即时再犯风险,保障当下的安全。三是特定折中处遇专门具备被害人保护和恢复性司法的内涵,可以通过具体机制的展开如定向受害人的服务令等实现对违法犯罪人与受害人之间社会撕裂风险的预防和管控。折中处遇可以根据实践需要各有消长地针对不同的违法犯罪处遇需求来设计折中处遇方案,因此有违法犯罪处遇不可替代的应对优势。

三、社区矫正中的折中处遇模式类型

出于对风险特征程度的多样性契合,折中处遇制度介于监禁与全开放处遇之间,采用各种对自由限制程度不一的差别性制度以适应各种违法犯罪处遇需要。其中少部分对自由限制较为严重的制度如半开放监狱、封闭改造营更接近于监禁,由于同社会接触较少而在性质上难以体现社区矫正的社会化性质。但是大部分的折中处遇倾向于部分限制人身自由,处遇对象的社会活动时间和范围都享有很大自由,所以这部分折中处遇制度如密集监控、居家处遇、电子监控等都具有更多社会化的特征,因此可以被视为社区矫正的具体类型。按照违法犯罪处遇的力度,社区矫正可以较多适用的折中处遇措施从相对较严格到相对较轻的类型依次有较重的密集监控、居家处遇、电子监控和相对较轻的中途之家和日间报告模式,可根据不同需要在社区矫正中灵活选择这些折中处遇措施。

（一）密集监控模式

密集监控模式是社区矫正的一种严格类型,它与通常的社区矫正最大的区别就在于,在密集监控模式中,对社区矫正对象实行更加密集的监督控制措施[1]。密集监控模式根据社区矫正来源可以包括两种类型——密集监控式缓刑和密集监控式假释,其中后者措施要比前者更严格,密集监控程度更高。

密集监控模式是为了应对20世纪70年代社区矫正措施过于宽松造成矫治效果低下与风险增多的问题而产生的,对特定危险性较重的违法犯罪人或矫正中违反处遇规定的违法犯罪人起到了良好的危险预防与威慑预防的效果。该模式随着人身风险性较高的监狱分流人员在社区内处遇的增多而被越来越多地采用,是目前应用相对较多的针对风险性较高的处遇对象的折中处遇机制。例如美国几乎所有的州都有了这样的折中处遇行刑方式,有的州甚至将其作为独立的刑种[2]。

密集监控模式针对缓刑和假释两种不同的社区矫正情形都可以适用,其与一般缓刑和假释相比就在于可以通过量刑裁判(作为司法裁判授权)或行刑决定(作为行刑自由裁量权)对少数风险性较高的受刑人附加强于一般手

---

[1] 参见郭建安、郑霞泽:《社区矫正通论》,法律出版社2004年版,第180-183页。

[2] See Gail A. Caputo. *Intermediate Sanctions in Corrections*, University of North Texas Press, 2004, p. 37.

段的更加严密的监控措施或矫治措施,而且一旦发现有违反规定的行为,对其撤销缓刑、假释重新收监后的处罚力度更大。具体而言,密集监控模式具有以下特点:第一,只针对风险性较高的少数危险受刑对象。大多数密集监控措施都适用于徘徊于监禁与非监禁界限附近的违法犯罪人,因此对社区矫正受刑人来说,这部分主体的风险性几乎位于最高等级,因此数量也最少。实践中,社区矫正的密集监控模式多用来作为监禁的宽缓或替代措施。第二,执行人员与处遇对象之间的互动交流要求更加频繁。密集监控模式下,处遇执行人员一般会强制处遇对象接受比一般社区矫正更密集的当面报到和交流次数,甚至那些无须当面的交流如电话报到、文字汇报要求也比一般矫正更加频繁密集。第三,更加密集地实施对处遇对象的考察评估。就定期考察评估而言,密集监控模式往往要求更短更密集的考察时效,并要求附加较多次的不定期临时评估,按照需要随时进行评估。第四,对处遇对象施加更为严格的监控措施,包括各种行动、接触的禁止令和多样化的监控改造手段。例如对行动范围可以给予更严格的限制,限制接触他人的范围更广,并采取循环打卡制、密集的强制服务令等,加强监控和改造效果。第五,更密集地进行成瘾性检验。对有酒精或毒品成瘾史的处遇对象施加更为密集的成瘾检验,并进行密集的不定期的随时抽查。第六,增强监督监控专人力量,必要时设立专门的监控小组。密集监控的处遇对象往往接受至少两人的专门监控,以保证实现对处遇对象的无缝跟踪监督。更有设置社会志愿力量、受害人和社会力量参与的专门监控小组负责专人监控帮扶的小组式监控,达到无死角、无疏漏的全面监控。第七,违规的惩处力度更大。在密集监控模式下,处遇对象违规将更容易被撤销缓刑、假释,且撤销后对其的监禁力度也比一般社区矫正情形更大[1]。

密集监控模式期限通常并不比一般的缓刑或假释更长,但其特点在于采取了与一般缓刑和假释相比较来说特别的逐段递减监控的做法,即通常将整个监控时期分成几个对应不同风险性程度的阶段,对处遇对象的监控程度依据风险衰减的相应阶段的进展而逐渐减弱。当处遇对象经过前面的阶段其风险显著降低达到下一阶段的要求后,对其监控的具体措施就会相应地降低。如果处遇对象在开始的阶段就违反密集监控模式的规定,将更容易面对

---

[1] See Joan Petersilia. *Community Corrections: Probation, Parole, and Intermediate Sanctions*, Oxford University Press, 1997, p. 56.

被撤销缓刑或假释而被继续收监服刑。而在嗣后的风险减弱阶段,如果不是严重地违反密集监控的相关规定,一般不会被直接收监,而是被给予更多的反省悔过机会。密集监控模式的缓刑和假释最早作为监禁刑的替代手段在监禁人满为患时体现出重要的效益职能,从而得到大量应用。后来更因为其成本比监禁低廉,又更有利于处遇对象复归社会,从而成为一种独立的、大量适用于风险较高处遇对象的社区矫正严格手段。

(二)居家处遇模式

居家处遇,也称为居家留置,是指在特定的时间内要求处遇对象留在家中的一种折中处遇机制。居家处遇相对于全开放的社区矫正处遇方式而言,属于偏向较为严格的处遇方式。居家处遇与密集监控模式一样,主要是作为监禁的替代方式开始在世界范围内流行。其低成本、较安全、教育效果佳,又不过于放纵处遇对象的优势使其受到了大范围的应用。而电子监控技术的迅速发展为居家处遇提供了充足的技术执行手段,使得居家处遇的大范围推广使用成为可能。如在美国,自1984年佛罗里达州率先针对未成年处遇对象使用这种措施后,其迅速在全美国推广铺开,成为一种广泛适用于各种处遇对象监禁刑的替代模式[1]。

居家处遇属于对人身自由限制较为严重的社区矫正折中处遇机制,但可以灵活采取不同的方式实施,既可以是全封闭性的24小时居家处遇,也可以是特定时段必须留在家中的行刑方式,比如宵禁式居家处遇(晚八点到早八点)或假期式居家处遇(非工作时间含周末、假日)。其共同特征在于:第一,居家处遇主要适用于非暴力的、没有明显社会风险性的违法犯罪人,同样可以作为监禁刑替代措施,适用于那些介于监禁与非监禁界限的处遇对象,前提是需要有固定的居所。第二,居家处遇在许多国家直接作为独立的刑种或处遇类型加以规定和适用,因此是一种独立的裁量处遇方式,而不能在实践中变更为其他社区矫正方式。第三,居家处遇往往附加特定的定期评估处遇措施,处遇执行人员定期上门评估和决定其他处遇措施。第四,居家处遇是对行动自由限制最为严格的社区矫正折中处遇措施,一般附加违反禁止规定而离家的收监措施。第五,居家处遇可以附加一定的时限,比如晚上必须居家或非工作时间居家等,可以针对不同的风险性程度灵活设定相应的时限

---

[1] See Edward J. Latessa, Harry Allen, Bruce S. Ponder. *Corrections in America: An Introduction*, 14th ed., Pearson Publishing, 2015, pp. 311 - 321.

限制[1]。

居家处遇在结合电子监控手段的情形下,已经能够较为严格地进行监督执行,带有电子镣铐的处遇对象一旦违反规定离开家,就可以迅速地被锁定和抓获。因此,居家处遇的安全性和执行性都能得到很好的保障,成为隔离效果与监禁相当,但成本远低于监禁、改造效果又远优于监禁的良好处遇模式,因此已经成为发达国家经常适用的折中处遇机制。

（三）电子监控模式

作为社区矫正折中处遇模式的电子监控是指充分运用电子科技的设施保证社区处遇对象按照需要服从监督矫治的一种处遇的综合措施机制。作为司法矫正技术的电子监控伴随着电子设备的发展而开始出现,最初这些电子设备用于司法监控是在监禁精神病患者领域,随后拓展到社区矫正所适用的缓刑和假释的领域,并成为社区矫正所广泛采用的监控手段[2]。作为一种处遇措施,20世纪80年代其第一次在刑事司法领域中得到运用,作为有条件释放社区矫正的一种附加措施,并将电子监控信息作为违法犯罪人的隐私进行严格保密。在使用该折中处遇机制时,最为典型的措施除了生活视频监控外,还有通过可穿戴定位装置如腕带、电子脚铐等使得矫正工作人员随时可以掌握处遇对象所处的位置信息或当前情况,可以迅速、有针对性地采取相应处理措施。此后随着电子技术的快速发展和普及,这一矫正做法得到大范围的适用。

作为一种应用最为广泛的折中处遇措施,电子监控既可以作为独立附加电子监控条件的折中处遇机制,也可以与其他折中处遇机制如居家处遇等结合适用。其具体的特点有：第一,在实践中,电子监控通常与其他折中处遇机制结合适用,其他折中处遇机制将电子监控作为执行必备手段。密集监控模式、居家处遇、日间报告等其他社区矫正措施都已广泛采用电子监控技术。当然,不同的折中处遇机制采用的电子监控设置和条件各有不同,需要依据各自违法犯罪处遇需求分别规范其实施。第二,电子监控本身可以成为折中处遇的独立适用模式。可以通过规定对特定风险对象的特定限制性电子监控措施,实施特定的电子监控折中处遇机制。如可以采用分阶段电子监控程度逐步降低的逐级电子监控模式,对风险逐渐降低的矫正对象可区分阶段采

---

〔1〕 参见吴宗宪：《社区矫正比较研究（下）》,中国人民大学出版社2011年版,第534页。

〔2〕 See Edward J. Latessa, Harry Allen, Bruce S. Ponder. *Corrections in America*: *An Introduction*, 14th ed., Pearson Publishing, 2015, p. 347.

用定位手段逐渐灵活化和限制区域逐渐扩大的逐步放松电子管控的措施。第三,电子监控作为折中处遇机制具有良好的安全性和可靠性,因为电子监控技术的发达,受到电子监控的处遇对象可以全程无缝受到良好的监管,且易于定位和发现,既能节省人力资源又能达成良好的监控效果。第四,电子监控可适用于各种风险等级的处遇对象,因此也可以作为监禁的替代措施之一[1]。电子监控可以采用综合密集监控模式替代轻刑犯的监狱关押,减少监狱负担的同时也有利于处遇对象的教育矫治。但是这一替代措施需要经过处遇对象自愿选择,处遇对象必须同意接受电子监控让渡特定的行为隐私才能替代监狱行刑。

电子监控目前已经实现手段的多元化,通信、视频、GPS 行动和信息监控已经使得电子监控成为社区矫正的必备手段[2]。电子监控成套技术的发展已经形成各种适用于不同监控程度和处遇对象控制范围的折中处遇机制,因此具有广泛的适用空间。

(四) 中途之家模式

中途之家通常是指为了实现从监狱分流的违法犯罪人以及有独立生活困难的违法犯罪人逐渐适应社会、恢复社会生活机能而设置的机构型的处遇措施模式。中途之家最早起源于 19 世纪宗教兴办的福利性违法犯罪人回归社会帮助机构(如欧洲贵格会教徒建立的帮助刑释人员机构),并逐渐发展为可适用于社区矫正行刑的独立的折中处遇机制。这一模式主要着眼于对处遇对象复归社会的帮助和支持,有利于处遇对象减少社会排斥、顺利融入社会,因此以其独到的风险化解职能得到广泛的适用[3]。

中途之家的适用对象比较广泛,既可以适用于社区矫正行刑过程中的缓刑假释者,也可以适用于即将复归或已经复归社会但需要过渡帮助的非刑罚对象,还可以适用于作为替代监禁措施而适用的折中处遇对象。这里的中途之家主要是指作为折中处遇机制可以替代监禁或作为社区矫正措施之一的机构处遇做法。

---

〔1〕 参见吴宗宪:《罪犯改造论:罪犯改造的犯因性差异理论初探》,中国人民公安大学出版社 2007 年版,第 93 页。

〔2〕 See Dean John Champion. *Probation, Parole, and Community Corrections in the United States*, 5th ed., Pearson/Prentice Hall, 2005, p. 67.

〔3〕 参见刘强:《英国社区刑罚执行制度研究》,中国法制出版社 2011 年版,第 140 - 143 页。

中途之家主要提供三方面的职能措施：首先，中途之家有一定的监控防范职能。在封闭或半封闭的中途之家模式中，处遇对象可以被约束在中途之家内部活动，也可以在特定的时段如晚间或非工作时间被要求约束在中途之家内部，以起到必要的安全防范的职能。其次，中途之家可以向违法犯罪人提供各种具备教育矫治功能的帮助和服务，可以提供心理咨询、文化和职业的相关教育培训、戒除成瘾性等方面的咨询和帮助以及定期报告和见面交流等措施，达到教育矫治的基本职能。最后，中途之家提供过渡性的必要食宿，保障无家可归或难以立足的处遇对象能够满足必要的生活条件，以有利于其将来顺利地复归社会。实在难以复归社会的，如身患重病、丧失劳动能力等情形，也可以在中途之家过渡之后送归相关福利机构。可以说，中途之家是具备复合职能的矫正处遇机构，完全可以作为独立的折中处遇机制发挥其良好的多元处遇职能。

社区矫正意义上的中途之家作为折中处遇机制，根据不同的适用对象，可划分为两大类型：一方面是适应性中途之家，作为判处监禁的替代措施或违反缓刑假释规定的加重处遇措施，具有更强的惩罚和监管属性，因此对人身自由也施加较为严格的限制。此类中途之家具备更严密的监控安防措施，可以实施半封闭甚至全封闭的自由限制措施，属于较为严厉的中途之家形式。此种类型的中途之家，在许多国家可以作为一种监禁的替代或补充措施。此外，也可以作为针对特殊的风险监管需要的违法犯罪人而实施的严格监督管理的风险控制措施。另一方面是过渡性中途之家，作为复归社会前的过渡性措施，首要目的是提供良好的教育帮助措施和基本物质帮助，促进处遇对象能够平稳融入社会。此类的中途之家一是可以作为从监狱回归社会前的过渡，将要出狱的处遇对象可以提前进入中途之家，进行适应性训练，获得进入社会的基本经验和技能；二是作为一种社区矫正中的折中处遇机制，专门针对缺乏基本生活条件的处遇对象或需要接受较为紧密教育矫治的处遇对象，进行相应的生活扶助和教育矫治[1]。

（五）日间报告模式

日间报告模式是指社区矫正过程中要求违法犯罪人定期在白天前往特定日间报告中心进行报告从而对其进行监管与矫治的机构矫正模式。日间

---

[1] See Joan Petersilia. Probation in the United States. *Crime and Justice*, 1997, 22, pp. 149-162.

报告制度自20世纪80年代从英国起源而后在各国迅速扩展,其主要优势是以固定的监管与矫治机构为行刑安排的中心来设计矫正制度,能够适用于各种风险层次的处遇对象,并且通过设施完备的日间报告中心开展实施,可以更好地贯彻落实矫正措施,可靠地实现矫正效果。

日间报告模式的特点有:第一,日间报告模式所依靠的日间报告中心是一种非居住性质的矫正场所,作为一个可以进行监督和开展矫正计划的固定场所,其与中途之家不同,并不为处遇对象提供食宿或福利服务。第二,日间报告模式要求违法犯罪人定期或按照一定的时限到日间报告中心固定进行报告,以此来监督和指导处遇对象接受行刑矫正。对不同风险程度的处遇对象可以设定频率宽严不一的见面时限,并在见面时确定相应的监督矫正措施。第三,日间报告中心是该模式的核心矫正机构,起到开展社区矫正工作的核心作用,该中心具备多种职能形式。日间报告中心既起到处遇对象报告其具体情况的监督管理职能,同时还具有提供多种形式的教育矫治或交流手段的职能,如开展成瘾性治疗、进行必要的心理咨询和职业培训等。所以日间报告中心是具有复合职能的社区矫正专用机构,设置除福利救助之外的其他各种职能。第四,日间报告模式可以根据处遇对象的风险程度选择适当的监管见面频率和教育矫治措施,因此适用的处遇对象层次可以非常广泛,是具有最为广泛的适用领域的折中处遇措施,而且能够与多种形式的其他折中处遇制度相互配合、结合适用。第五,相对于其他可以作为独立刑种的折中处遇机制而言,日间报告模式是作为专门行刑模式而出现的,可以相对灵活地在行刑过程中由行刑机关决定适用,而不必在量刑时就加以决定。

日间报告模式基于适用阶段有不同的类型划分,可以将日间报告模式的具体适用区分为四种类型[1]:第一,作为判决前候审监督模式。判决前部分犯罪嫌疑人和被告人并没有被羁押,在许多国家就要求这些人员采用定期前来报告的日间报告模式服从监督考察,并同时参与刑事诉讼流程。这种模式主要属于量刑前的刑事诉讼程序的一部分,并非行刑的具体程序。第二,社区矫正改造模式。在这一模式中日间报告中心的适用对象主要是进入社区矫正的处遇对象[2]。这一模式经常作为社区矫正一般监督和矫治的常规部

---

〔1〕 See Gail A. Caputo. *Intermediate Sanctions in Corrections*, University of North Texas Press, 2004. p. 37.

〔2〕 参见吴宗宪:《社区矫正比较研究(下)》,中国人民大学出版社2011年版,第534页。

分,依托日间报告中心实现处遇对象接受定期的观察监督和教育改造的目的。通常每次日间报告中心的活动可以实现多职能合一的效果,强制性报告可以首先考察处遇对象最近的改造状况和遵守规范情况,进而可以对其进行相应的心理咨询、教育指导和职业培训等教育改造措施。需要时日间报告中心还可以提供处遇对象与受害人和社区交流沟通的平台和机会。第三,监禁替代模式。监禁替代模式是指日间报告中心可以让处遇对象通过较为密集的报告接受教育义务要求如每日报告和教育,替代监狱较为严厉的监督和改造措施,同时可以保证处遇对象既受到严格监督又能够避免监狱行刑的弊端,处遇对象可以不与社会完全隔离,因此能更好地复归和融入社会。这一模式只适用于风险较高、介于监禁与非监禁行刑的处遇对象,且对其监督报告义务的要求也相对较高,通常采用每日或隔日报告教育模式,对监督职能的强调高于教育改造。但随着处遇对象日后风险程度的逐渐降低,日间报告义务也可以随之相应降低频率,职能重点可以转向教育改造。第四,作为缓刑、假释的特殊结合模式。日间报告中心也可用作在缓刑、假释的特殊情况下对处遇对象的处理模式。一方面是被判处缓刑和假释的处遇对象需要一段时间的过渡期来适应和融入社区矫正行刑之中,这段时间需要更多的监督帮助,日间报告中心可以提供固定频率的监督和帮助措施,帮助缓刑假释者有效过渡进入社区矫正进程;另一方面,违反缓刑假释规定者在直接收归监狱之前应给予一定的悔过缓冲机会,日间报告模式可以通过较为严密的报告义务措施等提供违反规定者一定的观察缓冲期,减少直接监禁[1]。

第三节 折中处遇模式的制度定位选择

一、折中处遇的两种制度定位模式

由于我国当前社区矫正仅限于行刑的狭窄领域,以手段较为单一的相对开放式处遇为基本方式,导致社区矫正缺乏有效的、固定的措施机制,针对性矫正措施较少,矫正随意性相对较大,难以真正满足多元职能需求,这就体现

---

[1] See Joan Petersilia, *Community Corrections: Probation, Parole, and Intermediate Sanctions*, Oxford University Press, 1997, p.56.

了引入折中处遇的必要前提与制度契机。特别是在社区矫正扩张的背景下,治安社区矫正与行刑社区矫正双层体系所赋予的宽广的适用范围为折中处遇机制的实现提供了丰富的需求前提与保障。但引入折中处遇机制,首先要考量的则是其制度定位问题。

我国在设置折中处遇机制时,需要解决的重要基础问题是折中处遇在社区矫正扩张过程中的制度定位选择,即究竟是将折中处遇的多种措施作为独立的、分散的社区矫正法定种类还是仅原则性地授权规定可以采取折中处遇模式,具体措施在具体执行过程中选择。这两种制度选择也是世界社区矫正实践中常见的两种模式:一是作为独立的、提前规范的不同社区矫正种类,将折中处遇的各种措施如中途之家、居家处遇等列为与监禁、罚金等相并列的刑种或治安管理处遇方式,作为全监禁与全开放之间的过渡性处遇手段;二是仅授权性地规定折中处遇机制可以作为社区矫正的具体执行模式,在社区矫正具体的执行过程中可以相对自由地灵活选择相适应的折中处遇措施[1]。

二、授权执行机制的应然定位

将折中处遇具体措施作为独立的处遇种类或治安管理违法行为种类需要对当前的处遇体系进行刑种或治安管理措施种类的重构和设计,不仅会从根本上影响违法犯罪治理体系的总体制度设置,还会涉及处遇体系的衔接与配合问题,制度成本与现实性考量上操作难度都较大,并不利于社区矫正当下为填补劳教废止后制度漏洞急需扩张发展的需求。而将折中处遇模式作为社区矫正的执行机制,并通过规范提前授权在执行过程中按照需要实施具体折中处遇措施,不仅制度成本较小,不涉及违法犯罪治理机制的重大调整,而且相对运行动态灵活,可以在执行过程中根据处遇对象的处遇职能需求随时调整适用相应的折中处遇措施。如违法犯规人身风险性增大,可以从定期报到处遇转为居家处遇;如果矫治效果好而修复需求强烈,可以采取犯罪人-被害人协商会议形式增强修复职能的实现。此外,将折中处遇模式作为执行机制引入,对于折中处遇机制的引入并稳妥推进也意义重大。折中处遇模式有多元化措施,究竟哪些更能良好地适用于我国的特色国情与制度需

---

[1] See Gail A. Caputo. *Intermediate Sanctions in Corrections*, University of North Texas Press, 2004. p.61.

要,就需要先在社区矫正执行领域通过措施试点先行确认具体折中处遇手段的有效性,在积极成效的基础上再通过立法由点到面地推开,才能真正发挥其灵活宽广的良好适用功能,而这点只有通过将折中处遇作为执行方式引入才能实现。

因此,从以上理论与实践立法因素考量,未来在扩张后的社区矫正制度中,折中处遇应作为社区矫正的具体执行措施为宜,待远期社区建设等配套体系完善后可以考量将折中处遇的常见措施直接作为独立的刑罚或治安管理处罚的处遇种类。

第七章

后劳教时代治安社区矫正的实践路径

如前所述,治安社区矫正作为社区矫正扩张后可以填补劳动教养废止后治理漏洞的重要制度,有其制度实现的必然性与可行性。在明确了治安社区矫正的职能定位、属性衔接、制度设置、处遇模式、多元机制、配套制度之后,要使得其真正能够在我国当下社会处遇制度体系中落地实现,还需要明确其具体的制度实践路径。而治安社区矫正制度落地时,首先要面对的无法回避的关键问题就是明确治安社区矫正与治安管理处罚的制度关系与协调方案。这是因为如前所述,治安社区矫正的适用对象决定于原劳动教养制度的适用对象,而劳动教养适用对象所实施的治安违法行为类型几乎都是治安管理处罚对象的一部分,这就会导致治安社区矫正适用范围与治安管理处罚制度在行为类型上几乎重合,由此处遇重叠现象几乎难以避免[1]。考虑到减少对原社会处遇制度的大幅变动与制度设置的成本,以及处遇职能与规范完整度的对比关系,相对较为合理的治安社区矫正落地方案应该是借助治安管理处罚制度,将治安社区矫正纳入治安管理处罚制度作为措施之一,同时将治安社区矫正多元职能优势作为解决治安管理处罚制度过于单一地强调处罚职能问题的契机,将吸纳治安社区矫正的治安管理处罚制度完善改革为治安管

---

[1] 当然虽然适用范围的行为类型高度重合,但是原劳动教养规定的适用对象以及治安社区矫正的适用对象如前所述,都还另外具有特定的人身风险性水平的要求,因此亦有其独特之处。

理处遇职能,处遇职能上从惩罚一元化到实现多元化。也就是说,借助治安社区矫正落地的契机实现治安管理处遇制度的形成与完善,包括处遇措施多元化与司法程序化的合理改造,最终打造统一的治安管理处遇制度。此外,在我国仍然存在与劳动教养有同样制度问题的针对较轻违法行为人的监禁式处遇制度,如收容教育制度,也同样需要对其制度加以变革。由此,应进一步充分发挥治安社区矫正的治理优势,将这些制度适用对象纳入治安社区矫正,并根据其各自的职能需要设置针对性的灵活处遇措施,实现治安社区矫正对较轻治安违法行为处遇的全覆盖。

第一节　从处罚到处遇:纳入治安管理的治安社区矫正实现路径

一、社区矫正纳入治安管理措施的必要性

(一)对象一致性基础上的社区矫正纳入治安管理的契合性

社区矫正制度如果要填补劳教废止后的制度漏洞就必须扩张到对作为原劳教适用对象的违法行为处遇的意义上,成为治安违法的处遇措施。而就这一治安社区矫正制度的具体落实而言,并不需要重新建构一种新的处遇制度,而只需要对现有的治安管理处罚制度加以扩充,增加社区矫正使其成为治安管理的措施之一就可以实现治安社区矫正机制的建立。这是因为原劳教适用对象与治安管理处罚适用对象存在重合之处,几乎所有的劳动教养对象的行为类型都是治安管理处罚的行为类型的一部分[1];劳教适用对象都是接近但未达到刑事责任标准的社会危害行为、治安威胁犯或惯习犯,而依据《治安管理处罚法》第二条,治安管理的对象是"扰乱公共秩序,妨害公共安全,侵犯人身权利、财产权利,妨害社会管理,具有社会危害性","尚不够刑事处罚的",因此范围极其宽广,可以说原劳教适用的那些违法行为几乎都可以纳入治安管理处罚的治安违法行为范围。因此,如果单独设立一种针对原劳

---

[1]《公安机关办理劳动教养案件规定》规定的十类劳动教养对象之中,除了涉及国家安全、毒品类的属于特殊的法律规定领域的违法行为之外,其他对象的行为类型都能被治安管理处罚覆盖。而涉及国家安全类的劳动教养案例,实践统计数量极其微小;吸毒的对象即便在劳动教养存在时期也早就被纳入了《禁毒法》规定的专门戒毒体系。因此可以说治安管理处罚几乎可以完全覆盖原劳动教养适用对象。

动教养对象的治安社区矫正制度,就会出现同一对象既适用有惩罚属性在内的治安社区矫正,又适用治安管理处罚的双重处罚不合理现象,也会造成制度之间的冲突问题。因此,较为合乎治理逻辑的治安社区矫正的制度实现方式应该是扩充现有治安管理处罚的处遇措施范围,将治安社区矫正作为其处遇措施之一而纳入,并在治安管理处罚制度的范围内,规定原劳动教养适用对象的情形适用于治安社区矫正的措施,实现治安社区矫正对劳动教养废止后的制度填补功能。

(二)从处罚到处遇:治安管理的职能多元化与机制复合化

扩充治安管理处罚制度,将治安社区矫正纳入作为处遇机制之后,治安管理处罚制度面临着一个深层的处遇职能的转向问题,同时这也是解决治安管理处罚制度职能过于偏狭强调惩罚之局限的契机:社区矫正作为复合处遇机制的代表纳入治安管理处罚制度之后,治安管理处罚制度顾名思义所强调的处罚机制就无法再涵盖这一制度的处遇属性,从而出现了从单一强调惩罚机制向惩罚、矫治、管控、修复多元机制转变,治安管理处罚制度也就转变为治安管理处遇制度,为治安违法行为的具体治理提供了新的多元职能与复合机制,这在特定意义上进一步契合了处遇原理科学化的要求,是解决治安管理处罚制度职能与机制局限的良好契机。

之所以如此认为,一是治安管理处罚作为独立处遇制度之一,其职能应如刑罚等处遇职能一样实现多元化,受此决定其处遇机制不能局限于单纯的惩罚,这就需要进一步扩展为复合性的多重机制[1]。而治安社区矫正的纳入恰恰实现了这种职能的多元化与机制的复合化。二是治安管理处罚作为针对较轻治安违法行为人的唯一处遇制度按照处遇原理应以特殊预防职能与教育矫治机制优先,但治安管理处罚制度顾名思义长期以惩罚为中心,虽然《治安管理处罚法》中有强调惩罚与教育相结合的原则,但其目前的法定措施无一具有教育职能成分[2],实施中也对教育机制没有具体要求,因此长期实践仍然以惩罚为主要内容,这就与特殊预防的职能与教育矫治优先的机制需求相反,从而存在相当的职能合理性问题和机制缺陷,而社区矫正作为强调特殊预防与教育矫治机制优先的制度恰恰针对性填补了这一缺陷,使得治

---

[1] 参见禹竹蕊、李宗侯:《论治安管理处罚中"社会服务罚"的增设》,《山东警察学院学报》2016年第5期。

[2] 参见胡人斌:《社会服务令的本土化之路——兼论治安管理处罚种类的完善》,《公安学刊(浙江公安高等专科学校学报)》2007年第2期。

安管理处遇更加科学有效。三是治安管理处罚制度与刑罚制度相比,长期存在着单纯惩罚机制的职能与方法单一的问题,因此与早已强调职能多元化与机制复合化的刑罚之间难以实现有效衔接,造成刑罚早已具备社区矫正处遇方式,比刑罚惩罚程度更轻的治安管理处罚本来更适宜采用社区矫正,反而没有采用社区矫正,因此两种处遇制度之间无法建立很好的职能衔接与机制配合。而社区矫正纳入治安管理处罚之后,就可以形成作为刑罚执行方式的行刑社区矫正与作为治安管理处遇的治安社区矫正的双层机构,由于同属社区矫正的处遇方式,其衔接标准和具体处遇措施都可以实现比较紧密的衔接,在特定意义上也可以实现刑罚与治安管理处遇的良好衔接,保证职能之间的对应与机制间的配合。

因此扩充治安管理处罚制度,将治安社区矫正作为处遇手段之一纳入,治安管理处罚制度就需要转变为治安管理处遇制度,在处遇职能与处遇机制的根本理念上进行更新完善,并进一步在配套规范、实施程序与措施确定方面进行制度上的配合。

二、治安管理处遇中社区矫正的定位

目前的治安管理处罚制度除了针对外国人的限期出境或者驱逐出境措施外,有警告、罚款、行政拘留、吊销公安机关发放的许可证四类一般性处罚措施。此外《治安管理处罚法》第七十六条还规定了三种零星适用的强制性教育措施制度,在劳动教养尚未被废止时,公安部的司法解释将其限定为劳动教养制度。而在劳动教养废止之后,可以说法定的强制性教育措施目前处于空白状态[1]。而纵观其他条文,也几乎围绕处罚展开,教育职能可以说极度空白。在劳动教养废止之后,如前所述,补充治安管理处遇体系的最佳方案是将治安社区矫正作为与罚款、行政拘留等并列的治安管理处遇措施之一,废止《治安管理处罚法》第七十六条的规定,一般性地将这种多元职能的处遇机制引入治安管理处罚制度,实现治安管理处罚向更为科学、有效的治安管理处遇制度转变,因此治安社区矫正的引入也成为治安管理处遇机制完善的契机。

---

〔1〕 据2006年1月23日公布的《公安机关执行〈中华人民共和国治安管理处罚法〉有关问题的解释》,"强制性教育措施"就是指劳动教养。虽然劳动教养废止后《治安管理处罚法》的强制性教育措施出现空白,但除此之外,不属于《治安管理处罚法》规定的强制性教育措施情形的,还有起到同样功能的治安违法领域的强制戒毒等制度,存在一定程度的规范缺失。

而将治安社区矫正纳入治安管理处遇措施之中时,与当前规定的治安管理处罚措施的关系需要进一步厘清,这决定了确定治安社区矫正在治安管理处遇体系中的基本定位,是治安社区矫正制度展开的基础。根据社区矫正形式相对灵活、适应性强的基本处遇原理,结合国外社区矫正制度的丰富多元实践,治安社区矫正在治安管理处遇制度中可以采取相对灵活多样的定位,即可以作为与几种治安管理措施并列的独立的处遇种类,也可以作为拘留的具体替代性或缓执行措施,充分实现其良好的制度适用性,最大化发挥其处遇功能。

(一)作为治安管理处遇的独立类型

当前治安管理处罚规定的几种一般性的处罚措施,无论是罚款、拘留还是吊销许可证,都仅是惩罚机制的一元性体现,仅仅满足了诸多处遇职能之中的一般预防的目标,而对其他处遇目标都没有涉及,从处遇职能上可能造成的问题就是针对治安违法行为人的教育矫治、监督管控及社会修复目标都无从实现。由此,当特定治安违法行为人的处遇需要其他处遇职能时,就出现职能不足的问题。比如较为典型的就是反复打架斗殴、寻衅滋事而破坏社会治安的常习犯,针对其处遇职能中最重要的就是通过教育矫治机制实现对其危险人格的纠正改造,保障特殊预防职能的实现;而在未能改造纠正危险人格之前对其的监督管控机制也非常重要,以保障危险预防职能的实现;还有从防范社会排斥的意义上,着重社会修复的修复预防职能也非常必要。但实践中这类常习犯因为不够刑事责任标准而不能被定罪处以刑事处罚,在劳动教养制度废止后在处遇层面就只能施加治安管理处罚,最为严厉的举措也只能是强调惩罚机制的短期拘留[1],虽然有一定的预防职能的实现,但是既无法实现最需要的预防再犯的特殊预防职能,也无法达到监督管控的有效危险预防职能,更对修复预防职能完全未予涉及。因此从全面保障处遇职能的意义上,治安管理不能仅着眼于处罚,而必须引入专门针对较轻治安违法行为人的以特殊预防优先的、能全面满足处遇职能需求的合适机制。且考虑到此种措施必须与刑罚的诸种处遇措施形成措施的轻重衔接,满足较轻违法行为人处遇的矫治优先需要,按照前述处遇原理,治安社区矫正就是最适宜的处遇措施种类。由于治安社区矫正本身覆盖了全面的处遇职能,且与治安管理处罚当前的各种处罚措施并不交叉重合,因此其适于作为与警告、罚款、

---

[1] 参见张晶、刘焱:《中国治安管理处罚法律制度研究》,安徽大学出版社2014年版,第94页。

拘留、吊销许可证并列的独立处遇类型，既可以针对原劳动教养适用对象单独适用，即应用于相对较重的治安违法行为情形，也可以按照需要与现有的治安管理处罚措施一起并用，达到同时强调一定的惩罚机制的作用。

（二）作为拘留替代措施

如前所述，针对较轻治安违法行为人首要的处遇考量是特殊预防职能及其教育矫治机制，而监禁关押方式与这种处遇需求严重背离，劳动教养的废止动因正是如此，因此在社区内处遇的社区矫正制度应该是较轻违法行为人处遇的首选。治安管理处遇作为针对较轻违法行为人的处遇措施应该遵循前述原理，以非关押的处遇措施作为制度首选，即便针对少数相对较为严重的治安违法行为人已经规定了可以适用短期剥夺人身自由的拘留措施的情况下，也应设置作为拘留有条件替代的治安社区矫正作为替代性措施。替代拘留的治安社区矫正制度借鉴于刑罚制度中适用社区矫正的缓刑制度，既能保障特殊预防职能的优先，同时又能实现一定的惩罚威慑职能。在治安管理处遇制度中设置拘留缓执行制度，将治安社区矫正设置为拘留的有条件替代措施，在对少数严重的治安违法行为人本可处拘留的情形下，有条件地以治安社区矫正作为拘留的替代措施，如果在替代性治安社区矫正期间认真接受教育改造，遵守社区矫正规定，社区矫正到期后原决定拘留措施就不再执行。作为替代性措施的社区矫正期限应长于拘留期限，一般以拘留期限的两倍以上为宜，将处遇对象纳入社区内教育矫治的范围，通过教育矫治机制重点实现特殊预防职能，同时也能通过社区矫正措施保证监督管控与社会修复机制的实现。可以在治安管理法律规范中规定作为拘留替代措施的社区矫正的相关管理与矫治规定，同时规定如果处遇对象在替代性社区矫正措施中严重违反社区矫正规定或者又实施违法犯罪行为的，取消矫正恢复拘留措施，从而保证原刑罚机制与一般预防目标的实现。

三、治安管理处遇中社区矫正的适用对象

如前所述，治安管理处遇的范围相对较广，基本可以涵盖原劳动教养的适用对象，原劳教适用对象相对于治安管理处遇其他对象的特点是属于治安管理处遇对象中危害相对较为严重或行为反复的违法行为人[1]。治安社区

---

[1] 参见冀洋：《被劳教行为该向何处去——以治安管理处罚与刑罚的衔接为中心》，《甘肃政法学院学报》2015年第3期。

矫正作为针对原劳动教养适用对象的针对性处遇措施,规定于治安管理处遇制度中时,须根据原劳动教养适用对象的特点,在治安管理处遇相对宽泛的对象范围内进一步明确其适用的对象。针对治安社区矫正处遇原理中强调人身风险性的特点,治安社区矫正的适用对象应该是治安管理范围内的部分具有以危害行为为基准、兼具人身危险性的独特特征的治安违法行为人。

(一)附加人身风险性标准的治安管理原有适用对象

原劳教适用对象中以定量不构成犯罪却具备犯罪行为性质的情形[原《公安机关办理劳动教养案件规定》第九条第一款第(二)到(七)项[1]]可以有条件地纳入治安社区矫正范围,明确以实施了这些种类行为尚不构成犯罪标准的作为治安社区矫正适用对象的前提,以与行刑社区矫正相区分。而这些适用对象的违法行为种类本来就与《治安管理处罚法》规定的适用范围存在重叠,因此就治安社区矫正适用的违法行为性质而言,《治安管理处罚法》不需要做另外扩充性规定。

但需要明确的是,虽然在作为处遇对象的行为属性上,现有治安管理处罚规定不需要做出调整,但是基于治安社区矫正以人身风险性为核心的行为人判断依据的特性,应该在行为标准之外,再附加行为人标准,使得只有具备特定人身风险性特征的违法行为人才能被纳入治安社区矫正的范围,如不能满足人身风险性特征,可以采取诸如罚款、拘留等其他治安管理的处遇措施。

因此并非一切具备上述治安违法行为的对象都需要纳入治安社区矫正,适用治安社区矫正的这一类对象采取了行为与行为人的双重标准,并将之与现有的治安管理处遇对象进行分散结合性规定。

一方面,在行为标准意义上采取定性与定量相结合的方式。定性依据为实施了《公安机关办理劳动教养案件规定》第九条第一款第(二)到第(七)项行为,并结合定量意义上的尚不够刑事处罚的依据,这些对象都可以被《治安管理处罚法》囊括:一是结伙杀人、抢劫、强奸、放火、绑架、爆炸或者拐卖妇女、儿童的犯罪团伙中,尚不够刑事处罚的;二是有强制猥亵、侮辱妇女,猥亵儿童,聚众淫乱,引诱未成年人聚众淫乱,非法拘禁,盗窃,诈骗,伪造、倒卖发

---

〔1〕《公安机关办理劳动教养案件规定》第九条第一款第(一)项规定的是危害国家安全而不够刑事处罚的行为,因为危害的客体并非公共安全而是国家安全,应采取针对性的专门措施,因此无法纳入治安违法处遇的范围,无法实施治安社区矫正,建议通过国家安全的相关法律对这类行为做出专门规定。如《中华人民共和国反恐怖主义法》专门规定的安置教育措施就是很好的借鉴。

票、倒卖车票、船票，伪造有价票证，倒卖伪造的有价票证，抢夺，聚众哄抢，敲诈勒索，招摇撞骗，伪造、变造、买卖国家机关公文、证件、印章，以及窝藏、转移、收购、销售赃物的违法犯罪行为，被依法判处刑罚执行期满后五年内又实施前述行为之一，或者被公安机关依法予以罚款、行政拘留、执行期满后三年内又实施前述行为之一，尚不够刑事处罚的；三是制造恐怖气氛、造成公众心理恐慌、危害公共安全，组织、利用会道门、邪教组织、利用迷信破坏国家法律实施，聚众斗殴，寻衅滋事，煽动闹事，强买强卖、欺行霸市，或者称霸一方、为非作恶、欺压群众、恶习较深、扰乱社会治安秩序，尚不够刑事处罚的；四是无理取闹，扰乱生产秩序、工作秩序、教学科研秩序或者生活秩序，且拒绝、阻碍国家机关工作人员依法执行职务，未使用暴力、威胁方法的；五是教唆他人违法犯罪，尚不够刑事处罚的；六是介绍、容留他人卖淫、嫖娼，引诱他人卖淫，赌博或者为赌博提供条件，制作、复制、出售、出租或者传播淫秽物品，情节较重，尚不够刑事处罚的。

另一方面，人身风险性标准方面，可以借鉴当下作为社区矫正对象的管制、缓刑、假释等情形的人身风险性特征规定逻辑与模式，应对治安社区矫正具体适用对象附加不需要治安处罚、有悔改表现、没有再犯的危险和不会对居住社区造成重大不良影响等条件，以保证治安社区矫正不会威胁到社会的安全，且有矫正的可能性，并且能够实现治安社区矫正与行刑社区矫正的人身危险性标准之接轨。

(二) 带有一定人身风险性的常习行为对象

对于作为原劳动教养对象，性质上虽不具备犯罪行为同样的定性特征，但是属于威胁治安的常习性违法行为人也应纳入治安社区矫正的对象，即《公安机关办理劳动教养案件规定》第九条第一款第(八)项规定的卖淫、嫖娼行为[1]。这些主体实施的并非刑法定性意义上的犯罪行为，但由于其特殊成瘾问题而可能带有一定反复危害的人身危险性，应对此做出规定，由此社区矫正时应通过一定的治疗和心理辅导使其戒除恶习，消除本身的社会危险

---

[1]《公安机关办理劳动教养案件规定》第九条第一款第(九)项规定的吸食、注射毒品成瘾，经过强制戒除后又吸食、注射毒品的行为虽然也是成瘾性的常习行为，但是考虑到吸毒行为的教育、改造、治疗具有严格的专业性与系统性特征，经常有强制戒毒的特殊需要，因此应通过专门的戒毒治理体系进行一体化的规定，不宜纳入一般的治安社区矫正的范围，因此也就不应该规定在这里的一般性治安违法管理处遇制度之中，而应另行进行专门规定，如规定在《禁毒法》的戒毒措施体系之中。

性,正常回归社会。治安社区矫正此时应与特定的戒除机构紧密合作,实施治安社区矫正的同时进行强制戒瘾或治疗处遇。卖淫、嫖娼人员本身属于《治安管理处罚法》的适用对象,但由于治安社区矫正需要一定的人身风险性特征作为依据,因此并非一切的卖淫、嫖娼人员都纳入治安社区矫正对象,可以在现有《治安管理处罚法》规定的卖淫、嫖娼行为特征的基础上附加特定的表征行为人人身风险性的规定,如可以借鉴原《公安机关办理劳动教养案件规定》,附加规定体现更严重人身风险性的"因卖淫、嫖娼被公安机关依法予以警告、罚款或者行政拘留后又卖淫、嫖娼的"特征。

此外,根据国务院《卖淫嫖娼人员收容教育办法》,曾经可以对卖淫、嫖娼人员集中进行六个月到两年的法律教育和道德教育,组织参加生产劳动以及进行性病检查、治疗的行政强制教育措施。收容教育作为非正式法源的关押式集中教育方式存在着与劳动教养相同的诸多弊端而进一步被废除。收容教育被废除后,卖淫嫖娼人员人身危险性相对不高,采用治安社区矫正的方式在社区内处遇相对能取得更好的教育改造效果,可以使之更好地改正恶习、复归社会而不会再犯。因此应采用治安社区矫正措施取代收容教育制度,在治安社区矫正运行成熟之后将其纳入治安社区矫正的范围,并统一在治安管理处遇制度中加以规范,通过司法程序和科学的人身危险性评估确定科学合理的治安社区矫正对策,以防范对自由的不当剥夺和较差的教育效果。

(三) 治安管理新扩张的免诉免罚适用对象

对检察机关免予起诉、人民法院免予刑事处罚的实施危害公共安全、侵犯公民人身权利、侵犯财产、妨害社会管理秩序的犯罪行为的人(即原《公安机关办理劳动教养案件规定》第九条第二款规定的对实施危害国家安全、危害公共安全、侵犯公民人身权利、侵犯财产、妨害社会管理秩序的犯罪行为的人,因犯罪情节轻微人民检察院不起诉、人民法院免予刑事处罚的情形,但危害国家的情形应需另行规定[1]),如果确有人身风险性,在经过科学评估后可以进行治安社区矫正。这部分属于治安管理处罚制度原来并没有规定的对象,在从处罚到处遇转变之后,基于其刑罚之外的治安管理全面处遇职能要求,应将这部分对象纳入治安社区矫正的对象范围。检察机关免予起诉的

---

[1] 如前所述,危害国家安全的行为因为不是治安违法行为的一部分,需要专门国家安全立法如反恐法等另行加以规定,所以这里并不包含涉及危害国家安全的行为。

主体不是罪犯,不能纳入刑事法的范围定罪量刑;而人民法院免予刑事处罚的人经过了刑事诉讼程序,严格来说是犯罪人,只不过免予刑事处罚而已,因此对之不能适用作为刑罚执行方式的行刑社区矫正,而只能适用治安社区矫正。这两类主体都有可能存在一定的人身风险性,如果仅是一放了之则可能出现威胁社会治安的再犯,因此应首先将其纳入治安管理处遇的适用范围,并根据治安社区矫正人身风险性的需求设置适用的人身风险性标准,必要时在评估其人身风险性的基础上可以实行治安社区矫正。

四、治安管理处遇中社区矫正的处遇原则

由于治安社区矫正作为一种在社区内综合处遇的职能多元化制度而被规定于治安管理处遇制度之中,因此其既有符合治安管理处遇基本原则的一面,也有体现社区矫正处遇特色原则的一面。除了在治安管理处遇法律中规定一般的制度原则之外,也应该根据社区矫正处遇原理明确治安社区矫正制度的独立处遇原则。

(一)必要性与比例性原则

治安社区矫正的实施应符合必要性和比例性的原则。从受处遇对象的权利保障目的出发,治安社区矫正措施就受处遇对象的人身风险性而言必须是必要的,且处遇必须与受处遇对象的人身风险性水平相适应。一方面,只有在违法行为人具备治安社区矫正的必要性、有能够通过矫正消除其人身风险性而复归社会的情况下才需进行治安社区矫正。这就要求事先对违法行为对象的人身危险性进行科学评估,进而对其治安社区矫正必要性进行判断。另一方面,治安社区矫正的具体处遇举措也必须与被处遇对象的社会危险性水平相适应,其对人身自由权和社会权的限制及强制不能超过遏制社会危险性所需要的比例。这就需要治安社区矫正确立合理可行的危险性评估及处遇规则,保证实施合比例的处遇措施。

依据这一原则,可以从对外衔接与对内平衡两个方面确定治安社区矫正在整个治安违法管理处遇措施体系中的实施地位。一方面,就对外制度衔接而言,治安社区矫正与行刑社区矫正之间的衔接也就代表了治安管理处遇制度与刑罚制度之间的衔接,因此应按照比例性原则,根据治安管理违法行为与犯罪行为之间的轻重比例合理确定治安社区矫正措施与行刑社区矫正措施之间的比例,形成横向行为的严重性与社区矫正措施的严厉性(如时限长短)、纵向行刑社区矫正与治安社区矫正之间的合比例性。因此,对于同类性质的违法犯罪行为,治安社区矫正最长期限与行刑社区矫正应形成有序衔接,根据违法定量因素选择合适的社区矫正措施及其时长。另一方面,就治安违法处遇体系内部的适当措施判断而言,治安社区矫正应与其他的治安管理处遇措施如罚款、拘留等形成轻重有序的合比例性判断。治安社区矫正作为部分限制人身自由的处遇措施,严厉性上比剥夺人身自由的拘留要低,但又比单纯罚款相对要高,因此应形成纵向比例性结构,具体须根据违法行为的严重性程度,合比例性地选择具体的治安违法处遇措施。

(二)教育矫治优先原则

治安社区矫正必须坚持教育矫治优先的违法犯罪处遇基本原则。虽然治安社区矫正也具有隔离和管理的职能,但必须以教育矫治目的为优先,这是由治安社区矫正的对象和性质所决定的。所以治安社区矫正的制度设计重点应放在科学有效的教育矫治措施上,而不应重点以管制和隔离矫正对象为目标,否则就会重复原劳动教养走向随意剥夺人身自由的缺陷。

在教育矫治优先的意义上,治安社区矫正可以弥补治安管理处罚制度的教育职能的严重不足。虽然《治安管理处罚法》规定了处罚与教育相结合的原则,但是其具体规定都未体现出教育的可实施性,而是围绕着惩罚性的规定展开,这就造成实践中惩罚功能的决定性地位,教育矫治职能几乎无法体现的问题[1]。而治安社区矫正所坚持的教育矫治优先原则可以通过治安社区矫正灵活多样的、丰富的教育矫治机制得以实现,治安管理也从单一处罚措施向多元职能处遇措施转变。此时教育矫治优先职能就可以借助治安社区矫正的展开得以贯彻展示,避免了单纯惩罚主义造成的种种职能弊端,防止重蹈劳动教养制度的职能弊端覆辙。

(三)社会参与保护救助原则

治安社区矫正出于复归社会的要求,应坚持社会参与和保护救助的原则。治安社区矫正实施期限较长(如前所述最长两年为宜),又是在社区内进行处遇,因此社会的参与帮助必不可少。如前所述,社会修复职能主要依靠各种社会力量参与实现,可以说社会参与是保障被处遇对象能有效复归社会的必然手段,只有持续参与社会活动,依靠社会力量的帮助挽救才能保障教育矫治效果和复归社会的可靠性。保护更生是国家责任的体现,是保障被处

---

[1] 参见张晶、刘焱:《中国治安管理处罚法律制度研究》,安徽大学出版社2014年版,第94页。

遇对象实现复归社会平稳过渡的有效途径。通过更生保护或安置帮教，被处遇对象能更加无碍地融入社会，进一步消除其再犯的可能性。

五、治安管理处遇中社区矫正的程序设置

治安管理处罚制度的程序最受诟病之处就是相对简单，且缺乏司法化保障。按照前述治安社区矫正的程序设计，治安管理处罚制度在转变为治安管理处遇制度之后，其基本程序也应该遵循司法化的要求，做相应改造。治安管理处遇的启动机关、司法裁判和证据规则等都可以参酌同样司法化的刑事诉讼法的基本原则和权利保障机制，最大限度地保证程序的正当性和权利保护性。当然治安管理处遇程序可以与治安管理处遇实体规则同步规定，相互协调，程序作为实体的保障，实体作为程序的实现。除了前述治安社区矫正自身的程序要求之外，出于治安社区矫正作为治安管理处遇整体措施的一部分的特点，治安管理处罚程序应适应治安社区矫正的处遇程序规范化、司法化、救济化的需求，做出面向正当程序的调整。

（一）立案调查与申请的机关及程序

出于程序司法化的需求，将公安部门的治安管理处罚决定机构转变为专门的治安管理处遇立案调查机构，作为治安管理处遇的启动和调查机关。治安管理处遇的启动方式依情形不同可分为三种：第一，由违法行为被害人或利害关系人向治安管理处遇机构提出矫正申请，由矫正机构具体受理判断是否启动治安管理处遇的认定程序。这种情形限于违法行为有被害人或利害关系人且治安管理处遇机构未主动启动程序的情形。第二，治安管理处遇机构依据违法行为的性质和人身危险性的判断，主动启动治安管理处遇程序。对于无被害人或被害人未申请启动治安管理处遇的，治安管理处遇机构也可以根据违法行为性质和人身危险性程度，认为有必要进行治安管理处遇的，主动启动治安管理处遇程序。第三，检察院免予起诉或法院免予刑罚的情形下，检察院和法院认为有必要启动治安管理处遇的，应向治安管理处遇机构提出启动治安管理处遇程序的申请。治安管理处遇机构可以进行社会调查程序，拥有公安机关侦查权水平的调查权，必要时可以申请对被申请人的相关医学鉴定或专业鉴定，证明其吸毒情况或精神状况等。

进一步，治安管理处遇机构须向法院提交申请实施治安管理处遇的申请书和相关证据材料。治安管理处遇机构负责申请治安管理处遇而无直接决定权，由法院来决定是否实施治安管理处遇。治安管理处遇机构应该根据治安管理处遇实体法的规定准备申请书和证据材料，以证明被申请人的人身危险性，以及其符合治安管理处遇的相关条件。

（二）庭审程序

出于程序司法化的进一步要求，应由法院作为治安管理处遇的决定机关开庭审理，通过判决决定是否予以治安管理处遇措施。根据前述治安社区矫正程序设计，应在法院内部设置专门的治安处遇法庭审理治安处遇案件。当然，考虑到社会实际发展状况以及新设制度带来的调整适应过程，可以采取分阶段设置发展的过程，先由公安机关设立与调查申请部门相分开的独立的决定部门以实现部分的中立性，将来条件成熟再过渡到专门的治安法庭设置[1]。从前述劳动教养教训可见，行政内部自定和非司法化程序是造成权利侵害的重要原因。作为很可能限制人身自由权的举措，按照权利保障的相关要求，治安管理处遇理应纳入法治化和司法化的轨道，通过申请与判决相分离的制约程序和庭审程序，保障被申请对象的程序性权利。只有严格程序的公正性和救济性，才能最大限度地实现权利保障的目标："规定有一个'申请—决定'的程序，也就是由公安机关提出申请，法院作为中立机关来决定是不是要采取治安管理处遇措施以及具体时间。"[2]法院内部应设立专门的治安管理处遇审理机构[3]，由专任法官来决定是否判决施加治安管理处遇措施。借鉴刑事诉讼的经验，实行公开庭审原则，刑事诉讼程序中的证据提交、质证和辩论环节都可以直接借鉴，证据规则和专业鉴定都可以严格按照刑事诉讼的相关规定加以严格要求，被申请人享有充分的发言权、举证权、质询权和辩论权，当然也有权利聘请律师或进行专业鉴定。判决可以采取两审终审制，确有错误的还可以再审，充分保障被申请人的上诉权、申诉权和救济权。法院作出的判决应说明判决依据和理由，并明确不采用治安管理处遇或采用相应的治安管理处遇措施的判决结果。

（三）执行程序

法院做出的治安管理处遇判决交由专门的治安管理处遇机构来执行。治安管理处遇中社区矫正的实施机构同刑罚的社区矫正机构可以是同一机构，但必须分开实施。治安管理处遇与社区矫正在对象属性、人身危险性程

---

[1] 参见陈瑞华：《警察权的司法控制——以劳动教养为范例》，《法学》2001年第6期。

[2] 参见曾祥华：《行政立法与人权保障——兼以行政许可和劳动教养为例分析》，《西南政法大学学报》2005年第7期。

[3] 参见熊秋红：《完善废除劳教后的法律制度》，《中国社会科学报》2014年3月5日。

度和矫正举措方面都存在相应的差别,不能混同实施,而应由专门人员各自负责。而且治安管理处遇机构还可能与戒瘾机构、心理矫正机构、未成年人学校和家庭密切配合,形成开放而高效的社会参与的完整的治安管理处遇执行机制。被矫正对象应按照机构要求定期参与矫正活动,进行定期风险评估,以合理确定下一步矫正处理措施。除上述制度外,治安管理处遇还应建立执行中的救济制度。被处遇对象认为在执行过程中其权利受到侵害,可以向治安管理处遇机构或人民法院进行申诉控告的,治安管理处遇机构或人民法院应进行必要的审查,做出处理意见。而治安管理处遇到期或治安管理处遇机构认为不需要进一步矫正的,治安管理处遇机构应提请人民法院做出解除矫正的判决。

此外,必须与治安社区矫正制度相配套的是治安社区矫正的评估和处遇机制设计。科学的治安社区矫正的评估和处遇机制是治安社区矫正成功运作的核心,也是治安社区矫正的核心制度[1]。而科学的治安社区矫正评估和处遇机制需要吸收消化最新的社区矫正理论成果,掌握学科前沿。必要时治安社区矫正制度可以与行刑社区矫正制度风险评估和处遇机制进行衔接和一体化,前述对行刑社区矫正的处遇模式发展和评估机制的辨析由于制度相似性都适用于治安社区矫正。当然,由于治安管理处遇的基本法律法规主要是规定治安社区矫正的基本定位与程序,与刑法规定类似,相对只限于社区矫正的入口机制设定,因此对治安社区矫正完整的评估与处遇机制并无法做详细规定,这就需要通过社区矫正专门立法将社区矫正完整的评估与处遇机制加以明确界定,凸显了社区矫正专门立法的必要性。

第二节 治安社区矫正制度对收容教育的替代

2019年12月28日,第十三届全国人大常委会第十五次会议通过了《全国人民代表大会常务委员会关于废止有关收容教育法律规定和制度的决定》,该决定废止了《全国人民代表大会常务委员会关于严禁卖淫嫖娼的决定》第四条第二款、第四款,以及据此长期实行的收容教育制度。收容教育与劳动教养制度性质相近,同样在废除后需要寻求替代处遇机制:收容教育制度不仅同劳动教养制度一样存在着规范缺失、程序失当以及措施异化三大弊

---

[1] 参见张新民:《社区矫正风险评估研究》,南京大学出版社2009年版,第11页。

端，而且核心制度都采取了较长期限的关押式教养的模式，因此同劳动教养一样存在着处遇职能与机制上的根本缺陷。如前所述，劳动教养制度废止之后，通过扩张社区矫正可以契合性地满足对原劳动教养的处遇需求和处遇职能目标，构建治安社区矫正，使之成为解决劳动教养缺陷的关键模式。而这一模式也完全为解决具有类似缺陷的收容教育废止后的问题提供了标准的解决样板，通过将原收容教育的处遇对象纳入治安社区矫正的范围，成为治安管理处遇制度的一部分，就可以较好地解决收容教育制度废止后的处遇需求问题，又能防范收容教育曾带来的种种弊端。

一、收容教育制度的缺陷

（一）收容教育制度的规范缺失

收容教育制度的法律依据主要是1991年9月4日第七届全国人大常委会第二十一次会议通过的《全国人民代表大会常务委员会关于严禁卖淫嫖娼的决定》和1993年9月4日国务院发布并在2011年修改过的《卖淫嫖娼人员收容教育办法》。《卖淫嫖娼人员收容教育办法》第二条规定："本办法所称收容教育，是指对卖淫、嫖娼人员集中进行法律教育和道德教育、组织参加生产劳动以及进行性病检查、治疗的行政强制教育措施。收容教育工作实行教育、感化、挽救的方针。"该办法第七条第一款规定："对卖淫、嫖娼人员，除依照《中华人民共和国治安管理处罚法》第六十六条的规定处罚外，对尚不够实行劳动教养的，可以由公安机关决定收容教育。"[1]第九条第一款规定："收容教育期限为6个月至2年。"

由此可见，收容教育制度在规范方面的缺陷与劳动教养制度相同：首先，收容教育作为集中式的限制人身自由的强制措施，按照《立法法》的规定至少应通过正式立法的方式作出规定，而收容教育仅由国务院的行政规范加以规定，无论是《行政处罚法》还是《治安管理处罚法》等相关立法中都无收容教育的规定[2]。其次，按照《治安管理处罚法》的规定，卖淫、嫖娼人员最多

---

[1] 2006年3月1日实施的《治安管理处罚法》第六十六条规定："卖淫、嫖娼的，处十日以上十五日以下拘留，可以并处五千元以下罚款；情节较轻的，处五日以下拘留或者五百元以下罚款。在公共场所拉客招嫖的，处五日以下拘留或者五百元以下罚款。"第六十七条规定："引诱、容留、介绍他人卖淫的，处十日以上十五日以下拘留，可以并处五千元以下罚款；情节较轻的，处五日以下拘留或者五百元以下罚款。"

[2]《治安管理处罚法》中语焉不详的强制性教育措施针对的三种情况不包括卖淫、嫖娼人员，因此该规定也不能作为收容教育制度的法源。

仅能处以15天治安拘留、5 000元罚款,而《卖淫嫖娼人员收容教育办法》的规定则大大超过这一惩罚限度,而可以处以6个月至2年的集中关押式收容教育措施。因此,对于同样的卖淫嫖娼人员处遇对象,就出现了国务院的相关行政规范的严厉程度大大超过了立法规定的强制措施程度,这是明显的对法治原则的背离[1]。最后,收容教育制度仅靠《卖淫嫖娼人员收容教育办法》一部行政规定而运行,无论从决定、实施程序到制度配套、权利救济等各个方面都欠缺明确的规定,措施随意性较大,规范缺失现象非常明显[2]。

（二）收容教育的程序失当

审查收容教育的程序性规定,有如下几个特点:第一,程序上收容教育是由公安机关全权查处与直接决定的。国务院发布的《卖淫嫖娼人员收容教育办法》第八条明确地将收容教育的决定权赋予公安机关。加之公安机关又有查处卖淫嫖娼人的权力,所以可以说查处、决定基本上由公安机关一体化掌握。第二,收容教育场所也属于公安机关管理范围,因此决定机关与执行机关也未能有效区分。第三,收容教育可以复议,复议不服的才能诉讼。除此之外,并没有其他具体的救济性规定。

从这些程序性规定可以看出,仅靠《卖淫嫖娼人员收容教育办法》少量规定的收容教育程序不仅存在大量的适用时的程序模糊与不健全之处,也存在着缺乏司法化和监督救济途径的严重弊端。首先,作为期限较长的限制人身自由的强制措施,缺乏中立的、司法属性的决定程序,导致了程序的任意性和倾向性。特别是决定机关和执行机关未能有效区分,导致了决定程序容易沦为形式,成为限制被教育对象的工具。其次,决定机关与执行机关合一,导致了收容教育程序被滥用的可能性大增,缺乏相应的司法监督又导致程序相对裁量权过大,不能防范措施滥用的可能性。最后,收容教育的权利救济程序缺失,收容教育对象缺乏明确的救济程序。直到复议后提起行政诉讼之前,收容教育对象只能通过在公安机关系统内复议的方式进行权利救济,而对执行过程中的投诉申诉则缺乏正式程序性保障,由此导致了收容教育对象权利救济手段的缺乏且难以实现,难以充分保障被收容教育者的权利[3]。

---

[1] 参见周国兴:《法治思维视野下的收容教育制度之检讨》,《法学评论》2016年第2期。

[2] 参见彭泽虎:《收容教育违法性研究》,《西南民族学院学报(哲学社会科学版)》2002年第11期。

[3] 参见何海波:《论收容教育》,《中外法学》2015年第2期。

（三）收容教育的执行异化

卖淫、嫖娼人员被决定收容教育后，送入公安机关的收容教育所，一般情况下是不允许离所的，也就是收容教育的执行方式与劳动教养极其相似，都是相对封闭式地进行教养，人身自由受到了严重限制。仅在少量特别情况下，才允许在收容教育期间经过审批离所或提前离所。如《卖淫嫖娼人员收容教育办法》第十六条规定："收容教育所应当允许被收容教育人员的家属探访。被收容教育人员在收容教育期间，遇有子女出生、家属患严重疾病、死亡以及其他正当理由需要离所的，由其家属或者其所在单位担保并交纳保证金后，经所长批准，可以离所。离所期限一般不超过七日。"第十九条规定："对收容教育期满的人员，应当按期解除收容教育，发给解除收容教育证明书，并通知其家属或者所在单位领回。"

收容教育制度同劳动教养制度相同，在执行上存在措施异化的严重问题。首先，收容教育对象的行为性质与其受到的处罚严重程度不相适应。收容教育作为一种适用于较轻违法的卖淫嫖娼行为的行政强制措施，其对象都是不会构成犯罪而被施加刑事处罚的人。但从收容教育的期限以及剥夺被教育对象的人身自由程度看，如前所述却比适用于犯罪人的管制和拘役这两种刑罚还要严厉，甚至比短期徒刑也要严厉[1]。因此就会出现违法性相较于犯罪人更轻的收容教育对象却被实施了比部分刑罚更重的较长期限集中关押式教育。卖淫嫖娼就可能被关押两年，甚至监禁时间超过较轻犯罪人。其次，收容教育措施由于最长两年关押的实质监禁措施而可能出现严厉性超过刑罚的扭曲问题。最后，收容教育采取监禁关押的模式完全违背了矫治目的，成为过分强调惩罚的威慑单一措施[2]。集中监禁如前所述可能存在交叉感染、脱离社会的弊端而矫治效果差，是应尽量少采取的措施。而从卖淫嫖娼的人身危险性来看，其并非对社会有严重安全隐患而必须监禁关押的对象，因此监禁关押就丧失制度上的必要性，成为单纯的惩罚威慑手段。

二、收容教育制度的本质缺陷

从本质而言，收容教育制度与劳动教养的根本缺陷相同，都是采取了监禁关押的形式而过分强调了惩罚威慑的单一职能，从而造成了根本无法实现

---

[1] 参见叶良芳：《废除抑或改造：收容教育制度的反思和检讨》，《政法论丛》2015年第2期。
[2] 参见詹伟、李楠：《新时期我国收容教育制度改革创新研究》，《中国人民公安大学学报（社会科学版）》2005年第3期。

多元处遇要求,也不能实现对较轻违法人的矫治优先的职能目标的问题,无论是矫治、管控还是修复机制上都无法满足社会处遇需求,因而应该废止并被更加能够科学地均衡多元职能需求、保障矫治职能优先的非关押性处遇措施替代。正如何海波所言:"收容教育适用条件不够明确、实施程序缺乏保障、事后救济软弱无力、日常管理刻板粗暴,使它同样沦为中国法治和人权的一个幽暗角落。更为重要的是,收容教育在实践中蜕变为主要针对卖淫嫖娼下层人员的一项严厉惩罚,它的教育挽救功能不足,对遏制卖淫嫖娼的作用不明显,反而滋生出腐败,映照着社会的不公。这些事实使它从根本上丧失了正当性,所以应当予以废除。"[1]

如前所述,收容教育作为游离于治安违法管理制度之外的非规范化弊端之制,之所以没有改造保留的需要,最根本的原因在于其关押式执行方式在处遇职能上的根本缺陷。而正如对劳动教养制度最有效的替代制度是治安社区矫正一样,治安社区矫正也是替代原收容教育制度的、最为契合的满足多元职能需求的非监禁化的理想制度,可以将卖淫嫖娼人员作为治安社区矫正制度的对象之一纳入社区矫正的范围,这与《治安管理处罚法》一直将卖淫嫖娼人员作为治理对象的规定可以一致,无须扩大治安管理处遇的对象范围。

三、以治安社区矫正替代收容教育制度的设想

正如劳动教养制度最佳的解决办法是以社区矫正扩张之后新增的治安社区矫正制度来填补劳动教养废止后的治理空白,收容教育制度的理想化解决方案也应该是寻找契合性地满足科学处遇职能需求,解决规范、程序与集中关押措施的种种弊端的最佳方案,如前论述,治安社区矫正仍然是现有诸多处遇手段中最佳的处遇措施方案。首先,在处遇对象意义上,治安社区矫正针对的是治安违法行为实施人,而收容教育所针对的卖淫嫖娼行为是治安违法行为之一种,完全可以涵盖在治安社区矫正的对象范围之内。其次,在处遇职能意义上,治安社区矫正可以较为完整地实现多元处遇职能目标,保证多种处遇机制的兼顾,同时还能满足对收容教育所属的较轻治安违法行为的特殊预防职能的优先实现。再次,在处遇措施意义上,治安社区矫正的社区内处遇的方式有效解决了集中关押措施带来的种种弊端。最后,就规范、程序意义上,如前所述,治安社区矫正实践化的方法应该是将其纳入治安管

---

[1] 参见何海波:《论收容教育》,《中外法学》2015年第2期。

理处遇制度,通过正式的治安管理处遇制度加以规范,并对治安管理处遇措施决定程序进行司法化的改造,由此,治安社区矫正替代收容教育就能保障其正式法律授权以及规范的完善性问题,将游离于法律之外的以收容教育为代表的对卖淫嫖娼的额外处遇措施纳入正式法律的规制范围,与原《治安管理处罚法》规定的对卖淫嫖娼的惩罚措施合一规范,也同时解决了决定与执行程序的正当化与司法化问题。

（一）保障矫治优先与兼顾多元的职能

如前所述,原收容教育对卖淫嫖娼人员的集中关押教育的措施主要体现了惩罚性的职能,与《治安管理处罚法》规定的对卖淫嫖娼人员的惩罚性措施在职能取向上相重复,但忽略了规范矫治、监督管控、社会修复等其他职能及其机制的实现。虽然收容教育初衷是教育矫治的需求,但正如劳动教养的教训所示,集中限制人身自由的措施本身具有社会隔离与交叉传染的弊端,基本原理上是反矫治效果的,而且实践中易走向强调惩罚的极端。特别是在《治安管理处罚法》已经对卖淫嫖娼人员规定了惩罚措施的前提下,收容教育无疑强化了惩罚这一单一属性,而严重忽略了其他多元职能的实现。这在某种程度上造成了收容教育在预防再犯效果上的有限性。此外,就处遇原理而言,对卖淫嫖娼人员这类的易反复的较轻违法常业犯,处遇措施必须以教育矫治职能作为优先考量。而只重视惩罚威慑的收容教育显然无法达到这一目标。治安社区矫正充分体现了社区矫正措施对卖淫嫖娼人员所代表的较轻违法犯罪人的全面的处遇职能考量:一方面,不仅可以实现威慑惩罚之外的教育矫治、监督管控、社会修复的多元职能,如出于矫治管控等目的可以施加特定场所的禁入令,对嫖娼人员进行社会道德教育矫治与正常社会交往能力修复等;另一方面,也可以更好地实现矫治优先的目标,通过多元矫治手段防范矫治人员再犯,如社区矫正中对卖淫人员回归社会能力进行指导扶助等以复归社会为着眼点的矫治措施效果都更加理想。

（二）全面规范化和适宜化处遇

原对卖淫嫖娼人员的收容教育与《治安管理处罚法》规定的治安处罚形成法内法外两套惩处制裁机制并用的问题,而且法外的收容教育因为集中限制人身自由可以长达2年的措施属性更大大严苛于《治安管理处罚法》的15天拘留措施,造成明显的法外重罚弊端[1]。一方面,对卖淫嫖娼人员施加了

---

[1] 参见叶良芳:《废除抑或改造:收容教育制度的反思和检讨》,《政法论丛》2015年第2期。

过重的惩处措施,考虑到刑罚中的非监禁的社区矫正执行方式和监禁刑的起刑点为一个月,导致法外施行的长达两年的收容教育大大超过了相当数量的轻罪犯罪人所处的刑罚的严厉性;另一方面,处罚严厉性如此之重的制裁措施却是法外行政规范文件所规定施加的,如前所述,这严重违反了法治正当授权的原则,缺乏正当性法律依据。而前述治安社区矫正通过纳入治安管理处遇措施,将治安管理处罚法转变为治安管理处遇法的路径就可以有效地解决收容教育所造成的规范正当性缺失与处罚过于严厉的弊端。将治安社区矫正作为治安管理处遇措施之一,将治安管理处罚制度转变为治安管理处遇制度,并在处遇制度中规定治安社区矫正作为可以针对卖淫嫖娼的优先处遇原则性措施,同时规定严重的可以进一步选择拘留而较轻的可以选择罚款,一方面可以保证对卖淫嫖娼人员处遇规范的统一性,顺利解决了收容教育造成的法外惩罚、规范依据缺失难题,另一方面根据刑罚处罚对象与治安管理处遇对象的平衡性考量,通过治安社区矫正的规定降低对卖淫嫖娼人员处遇措施的惩罚性,使之与卖淫嫖娼人员体现的违法性水平和社会危害性水平相适应,实现处遇措施与人身风险的适宜性,解决收容教育处罚畸重的问题。

此外,针对收容教育对象的卖淫嫖娼人员,治安社区矫正作为措施灵活多样的处遇方式,还可以针对这两类人员的特殊教育矫治需求实施针对性的处遇措施,如心理治疗、戒瘾治疗,基于矫治目的还可以设定进入特定场合或接触特定人员的禁止令。

(三)决定程序的司法化

如前所述,治安社区矫正纳入治安管理处遇措施的范围之后,治安管理处遇措施的决定程序应进行相应的司法化改造,提请机关、决定机关、执行机关应该在不同机关之间进行分工制约:提请机关应该保证具有专门的立案调查权,因此仍然以公安机关为宜;而决定机关应该具有中立性,以防范处遇措施被不当地扩张滥用,因此应归属于法院,并允许两级终审,与现有诉讼制度保持一致;而执行机关应具备社区矫正措施的执行能力,考虑到现有的社区矫正归司法局具体执行,因此适宜合并归属于司法局专门的社区矫正执行机关。原收容教育在程序上存在明显的失当性,容易被滥用、缺乏司法化且救济保障措施不足,而治安社区矫正依托治安管理处遇制度实现了决定、执行程序的司法化改造,就针对性地解决了程序失当的问题,不仅可以防范收容教育措施的滥用行为,也可以通过中立决定性保障程序的公正性,提供司法救济途径。

收容教育制度与劳动教养制度性质相近,同样需要寻求废除后作为替代机制的专门处遇制度,这一制度不仅同劳动教养制度一样存在着规范缺失、程序失当以及措施异化三大弊端,而且核心制度都采取了较长期限的关押式教育的模式,因此同劳动教养一样存在着处遇职能与机制上的根本缺陷。治安社区矫正模式也完全为解决具有类似缺陷的收容教育的弊端问题提供了标准的解决样板,在收容教育制度被废止之后,将其处遇对象纳入治安社区矫正的范围,就可以较好地解决目前处于争议之中的这种制度弊端,解决局部处遇制度难题。

结　语

后劳教时代社区矫正扩张的核心价值

　　传统的社会处遇制度研究通常在现有处遇原理内部寻求理论支持和实践基础，常常陷入理论要素反复整合、循环论证的逻辑怪圈，对解决制度实践中的具体问题作用有限。而社会处遇制度实践是司法体制甚至社会整体违法犯罪控制的关键环节，不可避免地受到社会背景特征和流行司法理念的影响，从而出现传统社会处遇理论所不能说明和理解的问题，因此必须跳脱出传统的逻辑限制，在考量时代的独特背景和影响特征的前提下，反思和重塑名实相符的理论模型，形成对实践有指导意义的理论体系。

　　而以社区矫正为典型代表的社会处遇制度正面临着后劳教时代社会治理新形势的考验。无论是较为现代的社会处遇矫治主义还是更为传统的社会处遇惩罚主义，都无法体现和表达当下后劳教时代随着社会形势的变化而形成的对社会处遇需求多样而广泛的深刻影响。作为社会治理的重要环节，社区矫正制度实践对后劳教时代违法犯罪多元职能需求的关注与满足应当成为社区矫正扩张发展的中心考量因素，这是社区矫正作为灵活多样的社会处遇制度在职能满足优势上的必然要求。然而与劳教废止前深入热烈的劳动教养存废之争不同，社会处遇领域还未充分意识到劳动教养废止后对社会处遇实践带来的深刻变化和重要影响，因此包括社区矫正在内的社会处遇实践机制在应对后劳教时代的处遇漏洞时对处遇职能科学化需求的关注和考量仍然薄弱，从而无法有效地满足后劳教时代填补处遇漏洞的制度需求，出现种种实践问题。因此从社会处遇职能多元化与机制复合化的机理出发，适当跳脱出传统一般预防与特殊预防的双重预防的社会处遇旧有逻辑，从理论和实践两个基本层面考量后劳教时代社区矫正制度灵活丰富的实践机制对多元职能的充分满足与价值发挥就成为本书的出发点和落脚点，理论上研究社区矫正制度对解决劳动教养职能弊端、填补劳动教养废止后职能漏洞的最佳契合价值，实践上结合我国社会处遇制度特点研究扩张后的社区矫正的职能定位、处遇模式与实践方案，可以为完善当下社会处遇体系提供最佳的研究范本和制度进路，这也正是本书的核心价值。

从社会处遇职能多元化与机制复合化的逻辑出发，来自不同理论预设的威慑鼓励、监督管控、规范矫治、社会修复机制分别满足了对社区矫正的不同职能需求面向，推动社区矫正向目标多元和广泛适用的多维图景延展，最终成为后劳教时代社区矫正职能证成与制度扩张、模式择取与实践路径的决定因素。在这一过程中，我国社区矫正职能与机制无论在理论研究还是制度实践层面都面临着从矫正一元向复合多元的延伸扩展。这种延展主要是面向两个方向的：一是强调教育、修复的社会复归，即通过对处遇对象的良好改造消除其人身危险性，同时修复其与被害人、社会的冲突关系，实现和谐，从而使处遇对象作为一个正常人回归融入社会，前述规范矫治与社会修复职能都体现了这方面的意义，这是社会融合意义上的处遇表征；二是强调惩罚、管控的社会防范，即通过对矫正对象的惩罚威慑，预防社会潜在危害者，同时将其与社会隔绝使其人身危险性无法转化为对社会的伤害，从而使得社会能最大限度防范现实危害风险，法律威慑、监督管控正是在这个意义上起作用，这是社会排斥意义上的处遇目标的体现。所以可见在社会处遇职能复杂化的语境下，社区矫正既有社会融合机制的一面，也有社会排斥机制的一面。然而这种社区矫正的一体两面由于体现了不同层面的职能需求，因此并不会造成机制之间的绝对冲突，而是可以互相辅助：一方面，社会复归所代表的融合的一面针对的是矫正后违法犯罪人人身危险性消除的情形下所具有的社会处遇意义；而另一方面，社会防范所代表的排斥的一面针对的是矫正中违法犯罪人仍然具备人身危险性的情形下威慑隔离所具有的社会处遇意义，社会防范是社区矫正对即时社会风险的当下应对，但并不排除未来违法犯罪人人身危险性消失之后可以继续复归社会，长远意义上实现社会融合。

而更进一步来说，社区矫正之所以能够承担起劳动教养废止后的治理漏洞填补功能,值得全面扩展以充分发挥制度职能,是因为社区矫正恰恰体现了复归与防范的综合处遇价值,复归与防范不仅不会冲突,反而在社会机能意义上更能起到互为补充的积极作用。一方面,社会防范是社会复归机能实现的基础。社区矫正的一个基本理念前提是矫正对象不会对社会构成风险或者风险能够得到很好的抑制,而这种抑制就依靠社会防范实现。社区矫正在通过社会防范机能实现当下风险抑制时,改变了过去以劳动教养为代表的关押监禁所使用的物理式隔绝的僵化手段,而采用灵活多样的折中处遇措施,监督与控制并重,保证矫正对象既能最大限度融入社会,又不会对社会构成威胁性风险。在此基础上社会复归机能才能通过与社会的融合得以优化实现。另一方面,社会复归是社会防范的目的。相对于社会复归,社会防范的当下风险控制只可能是临时性的治标之策,由于治理成本和治理技术的限制,社区矫正的防范之策无法长期持续进行。而社区矫正措施中真正实现长期、稳定的矫正对象之危险预防的,是通过社会复归机能实现的人格正常化和社会融入:不管是通过社会修复实现的社会对矫正对象的谅解和接纳,还是规范矫治实现的对矫正对象的人格修复,最终都保证了矫正对象作为正常社会化主体融入社会,成为社会的正常一员,从而彻底消除人身风险性,实现根本预防。所以社会防范本身并不是社区矫正的根本目的,而是为了维护社会复归而提供的基本保障手段。因此,要想无缝实现社会处遇的最终预防目标,就必须将社会复归和社会防范两种功能紧密结合,以最终保证社会处遇社会化实施的最佳效果。这也是社区矫正相较于监禁关押和全开放处遇措施的制度优势:监禁关押在社会复归方面无法达到有效社会融合的目标,只有暂时控制风险的临时效应,这也正是劳动教养的重大弊端;而诸如罚款等全开放社会处遇则在社会防范方面又难以有效隔绝当下的侵害风险,安全机能不足。社会复归和社会防范相互配合、相互保障的双面机制,是在后劳教时代社区矫正制度应该扩充以应对社会处遇需要的关键原因,即劳教废止后,社区矫正通过复归与防范机能的相互配合实现了其对原劳教对象的契合性处遇价值,为社区矫正的制度扩张与制度演进提供了基本动因,并为其他处遇制度设立了标杆性的完善处遇职能定位与处遇模式设置思路,标志性地体现了新时代社会处遇体系的发展方向与演进逻辑。